Modern
Leadership

现代领导方法与
领导艺术概论

谭劲松 / 编著

ZHEJIANG UNIVERSITY PRESS
浙江大学出版社

图书在版编目(CIP)数据

现代领导方法与领导艺术概论 / 谭劲松编著. —杭州：浙江大学出版社，2018.8(2025.11 重印)

ISBN 978-7-308-18460-1

Ⅰ.①现… Ⅱ.①谭… Ⅲ.①领导学 Ⅳ.①C933

中国版本图书馆 CIP 数据核字（2018）第 170383 号

现代领导方法与领导艺术概论

谭劲松 编著

责任编辑	徐 霞	
责任校对	张培洁 杨利军	
封面设计	春天书装	
出版发行	浙江大学出版社	
	（杭州市天目山路 148 号 邮政编码 310007）	
	（网址：http://www.zjupress.com）	
排 版	杭州青翊图文设计有限公司	
印 刷	杭州高腾印务有限公司	
开 本	787mm×1092mm 1/16	
印 张	16.25	
字 数	328 千	
版 印 次	2018 年 8 月第 1 版 2025 年 11 月第 12 次印刷	
书 号	ISBN 978-7-308-18460-1	
定 价	38.00 元	

目　　录

第一章　领导者素质

领导方法和艺术取决于领导者素质。好的领导方法和领导艺术的掌握与运用，不仅要以领导者个人的知识、经验为基础，而且还要以领导者个人的才能和素质为前提，良好的领导素质在提高领导艺术中具有非常重要的作用。优秀的领导素质是孕育科学领导方法和良好领导艺术的基础，领导者素质的高低直接影响领导方法与领导艺术水平的优劣。实践证明，良好的领导素质是提升领导方法和领导艺术的基础，领导方法和领导艺术水平的高低与领导者个人素质的优劣成正方向变化。创新领导方法和提升领导艺术，要注重提高领导者素质。

第一节　领导者素质概述

一、领导者素质的含义

（一）素质

"素"，即本来的、原有的意思。

"质"，是一种事物区别于他事物的内在规定性。

素质是事物固有的性质和特点。

素质有狭义和广义之分。

狭义的素质是指人的神经系统、感觉器官等方面的先天特点。这些先天特点是人们在实践中获得各种知识、才能的基础。

广义的素质是指人的性格、毅力、兴趣、气质、风度等。它是指一个人在先天基础上，通过后天的实践形成的基本特征，是一个人与另一个人相互区别的基本特点。

（二）领导者素质

所谓领导者素质，是指在一定心理、生理条件的基础上，通过学习、教育和实践锻炼而形成的在领导工作中经常起作用的那些基础条件和内在要素的总和，是领导者具有的素养、品质和能力的总称。

领导素质包括领导者的政治素质、思想素质、能力素质、知识素质、身体素质和心理素质等内容。

（三）领导者素质构成

（1）核心素质。领导者的核心素质是指对领导者素质本质特征及其所达到的水平具有决定意义、起着主导作用的关键因素，它规定着领导者素质的性质和发展方向。这种核心素质包括领导者的价值观、见识和品格等方面。

（2）基础素质。领导者的基础素质是全部领导者素质体系的基石，是决定领导者整体素质高低的前提条件。这类素质主要包括：政治素质、思想道德素质、科学文化素质、专业知识素质、能力素质、心理素质、身体素质等。

（3）职能素质。领导者的职能素质是指领导者履行领导职责的特定能力。这些能力素质是领导者开展工作的必备条件，是提高领导绩效的决定性因素，是领导者素质体系的主要内容。这类素质包括：科学决策能力、选人用人能力、组织协调能力、沟通与人际交往能力、调动与发挥被领导者积极性的能力、开拓创新能力、应变与解决复杂矛盾的能力等。

二、领导者素质的特征

（一）社会实践性

领导者的素质是与生俱来的还是后天养成的？如果从生理和心理条件看，领导者的素质具有一定的先天性。如领导者的气质、个性、智商、情商等都或多或少与先天因素有关。但需要强调的是，领导者素质主要是后天学习和实践锻炼的结果。实践对领导素质的作用和影响极大。领导者的品格、智慧、能力和领导艺术等基本素质不仅是在社会实践中逐步形成和发展起来的，而且会随着实践的发展而不断发生正向和反向的改变。没有领导工作的实践，领导者素质只是纸上谈兵，只能是无源之水、无本之木的空中楼阁。

（二）环境适应性

领导环境与领导者素质相互影响。领导环境影响和制约领导者素质，领导者素质影响和改变领导环境。领导者必须首先在整体素质上和主导行为方式上与特定的社会环境以及组织环境相适应。领导者只有先适应、融入环境，然后才谈得上利用和改造环境。环境是不断发展变化的，不断地对领导者的素质提出新的要求，对领导者的素质进行验证和筛选。适者生存，不适者淘汰，领导者要在领导工作实践中不断提升和优化自身素质，提升适应和驾驭客观环境的领导能力。

（三）多种相关性

领导者的素质与领导领域、领导层次和领导职位等具有多种相关性。不同的领导领域、领导层次和领导职位对领导者素质的要求是不一样的。一是领导者的素质与领导工作领域有相关性，如对党政领导素质的要求不同于企业领导的素质。二是领导者素质与领导层次有相关性，如对高层领导、中层领导、基层领导的素质和能力水平要求明显不一样。三是领导者素质与领导职位有相关性，我国古代把领导者分为帅才、相才、将才。帅才需要的是运筹帷幄的能力,相才需要的是出谋划策的能力,将才需要的是冲锋陷阵的能力。

（四）可变可塑性

领导者的素质不是一成不变的,具有可变性特点,它随着主、客观条件的变化而改变,有的可能变好,有的则可能变坏。好的领导者素质是可以培养和塑造的。一代之治有一代之才,不同的历史时期和不同的任务,对领导者素质有不同的要求。领导者的素质既有稳定的一面,一经形成,便相对稳定地发挥作用;又处在不断变化之中,领导者素质会随着环境的变化和职务的升迁而变化。其变化可以是积极的、上行的,也可以是消极的、下行的。例如,有的领导者在实际领导工作中积极上进、严格要求、刻苦学习、勤奋工作、廉洁自律,其素质不断提升和完善,成为优秀领导者;有的走上领导岗位后,放松对自己的要求,忽视学习和思想改造,得意忘形,忘乎所以,沉迷于声色犬马、陶醉于灯红酒绿,挡不住钱色诱惑,最后蜕化变质为道德堕落、信仰缺失、贪得无厌的腐败分子。

三、领导者素质的作用

（一）影响和决定领导方法与领导艺术

（1）良好的领导素质是领导者正确决策的前提。领导决策来源于正确的判断,正确的判断取决于领导者较高的综合素质。领导者素质越高越全面,处理问题的方法越灵活,判断事物越准确,决策拍板越科学。

（2）良好的领导素质是领导者发挥其影响力的保证。领导者的影响力,一方面来自领导者手中握有的权力;另一方面来自非权力影响力,即来源于领导者的个人素质,主要是优秀品质和人格魅力。

（3）良好的领导素质是密切与被领导者关系的关键。与被领导者或下属建立融洽密切的良好关系,是做好领导工作的前提。密切与被领导者或下属的关系,关键是领导者要以身作则,只有领导者自身优秀、素质高,才能让被领导者心悦诚服、把你当亲密朋友,乐意听你指挥。

（4）良好的领导素质是提高领导工作效率的基础。领导工作效率的提升,来自组织机构的合理设置、管理方法和手段的现代化,以及全体人员的业务素质和管理能力的提高,等等。这些都要靠提高领导者素质来实现。所以,提高领导工作效率,应高度重视优化和提升领导者素质。

（二）领导素质是重要的领导力

领导力是在领导活动中领导者影响被领导者所产生的作用和结果的叠加。衡量领导力的大小要看领导者所起的作用及其结果。领导力或领导影响力,可分为职权影响力和统御权影响力两类,两者之间既有联系又有区别。

职权影响力,一是由法定权、强制权、奖励权等构成;二是以外推力形式发生作用;三是被影响者的心理和行为主要表现为被动服从。

统御权影响力,一是由领导者的专长、个人影响、人格魅力构成,包括领导者的知识、技能、才干、专长及良好品质等;二是以内驱动力形式发生作用;三是被影响者的心理和行为主要表现在信服、敬佩基础上的自愿、主动的过程。

职权影响力和统御权影响力是辩证统一的,优秀的领导者应把二者统一起来,使它们各显其能。一般说来,职权影响力是个常数,而统御权影响力是个变数。统御权影响力在整个领导影响力中起着重要的制约作用。一个领导者,如果他的统御权影响力较大,他的职权影响力也会增强,反之亦然。提高领导影响力(即领导力),关键在于在正确行使职权影响力的情况下,努力提高统御权影响力。而提高统御权影响力重点在于全面提高领导者素质。

(三)领导素质是核心竞争力

当今世界是充满竞争的世界,竞争无处不在、无时不有。竞争规律是优胜劣汰。领导者不仅要有强烈的竞争意识,更要有较强的竞争能力。从一定意义上说,领导工作就是竞争,领导者要能够勇敢面对竞争、善于驾驭竞争,且有能力赢得竞争。竞争力取决于多种因素,但领导素质是领导者的核心竞争力。领导者素质越高,竞争力越强;领导者素质越低,竞争力越弱。领导者要在充满竞争的领导工作中赢得竞争,其根本在于提升自身素质。

四、领导者素质的养成途径

(一)勤于学习理论

博学方能多才,重学方能成德。圣贤由学而成,道德由学而进,才能由学而得。学习是领导者提高素质修养的先导。在新的历史时期,要胜任领导工作,必须加倍努力学习和自觉更新知识。勤学还须苦思,只有思考才能出经验,才能出真理。领导者一定要多读书,爱读书,好读书,读好书,自觉加强理论修养,努力提高理论水平。

(二)勇于实践锻炼

实践是提高领导者素质修养的根本。领导者要坚持在实践中探索,在实践中提高,"纸上得来终觉浅,绝知此事要躬行"。实践是认识的来源,实践是培养领导人才的学校,实践是开创事业的舞台,实践是修养的归宿。领导者一定要积极投身实践,在不断实践中提高和提升自己的领导素质。空谈误国,纸上谈兵提高不了领导者素质。

(三)乐于自警自省

领导者要乐于反省自己,不断发现和改进自己的不足,人贵有自知之明。孔子曰:"吾日三省吾身。"自重是为人处世的准则,自省是知过改过的关键,自警是拒腐防变的警钟,自励是奋发进取的动力。

（四）善于识人交友

领导者要多交良师益友，虚心向别人学习，取人之长，补己之短。"近朱者赤，近墨者黑。"领导者要善于识人交友，要多同有学问、品行修养好的人交朋友。近君子远小人，"谈笑有鸿儒，往来无白丁"。一些领导干部犯错误或蜕变为贪官，大多交友不慎。领导者一定要远离那些眼睛盯着你的权、心里想着利，用你的权去捞自己的钱的"大款朋友"和"酒肉朋友"。

第二节　领导者个体素质

一、政治思想素质

（一）高尚的思想情操

有大公无私、全心全意为群众服务的高尚情操；有事业为重的敬业精神；有秉公办事的党性原则；有谦让容忍和宽广胸襟的格局意识；有严于律己的自省精神；有海纳百川的民主作风；有求真务实的科学态度。

（二）牢固的政治信仰

集中体现在对政治理想、政治理论和政治目标的信奉、敬仰与追求上。最主要的是要坚定中国特色社会主义信念，坚持马克思主义信仰，坚定对共产党领导的信心。

（三）坚定的政治立场

政治立场表明你为谁服务、替谁说话。在政治原则问题上要立场坚定，不跟风，不左右摇摆，不阳奉阴违。观察事物、处理问题时政治态度要鲜明，政治立场要坚定。在国际上存在阶级斗争、国内存在敌对势力的政治环境下，领导者对外要坚定国家立场，对内要坚定人民立场。这是领导者的政治底线，什么时候都不能动摇、更不能突破。

（四）鲜明的政治观点

在大是大非问题上，支持什么，反对什么，要毫不含糊，旗帜鲜明，态度明朗，亮明观点，要敢于发声、敢于亮剑、勇于担当，不能模棱两可、是非不分、反应迟钝、麻木不仁，更不能阳奉阴违、放马后炮、做事后诸葛亮。

（五）高度的政治敏锐性

面对复杂的国际国内政治环境，面对多种思潮、多种价值观交织在一起的思想场、舆情场、学术场的观点争论、思想碰撞，领导者要增强政治敏锐性、提高政治鉴别力。不被假象蒙骗、不被倾向误导，透过现象看本质，争取话语主动权，防止落入陷阱、陷入被动、受骗上当。

二、文化知识素质

(一)坚实的文化基础知识

领导者要博览群书,广泛涉猎,通古知今,具备必要的自然科学、社会科学和人文科学知识,要有较宽的知识面、较扎实的理论功底和较好的文化修养。

(二)丰富的政治理论和政策知识

领导者既要具有较好的马克思理论素养,熟知中国特色社会主义理论,又要具有较高的政策水平,关心天下大事,了解时事政治。领导者要多读马列经典、多啃原著、多钻研国家政策。要建立马克思主义话语体系,培育马克思主义思维方式,成为有马克思主义理论功底的政治家。

(三)严谨的法律法规知识

领导者要学法、知法、懂法、守法、护法,增强法治观念和法律意识,依法行政、依法办事、依法执政、依法治国。领导者要深刻把握宪法至上、法律面前人人平等、司法独立、执政党带头守法、在法律范围内活动、任何政党和个人都没有超越法律特权的道理。

(四)宽厚的经济理论知识

领导者要通晓马克思主义政治经济学,掌握中国特色社会主义经济理论,通晓本工作领域或部门的经济学知识,企业领导者还要通晓本企业领域的经济技术知识和商品经济知识。熟知经济规律,自觉按经济规律办事。

(五)扎实的领导和管理科学知识

领导者既要熟悉领导科学、懂得领导工作规律,又要通晓管理科学的基本原理和方法,熟知领导艺术,懂得科学管理。不能局限于领导工作经验,一定要以领导科学和管理科学为指导。

(六)广博的科学技术知识

领导者对迅速发展的科学技术要多熟悉、多了解,多与科技工作者交流,多了解现代科学技术发展态势及其对经济社会发展的影响,不做"科盲"、不讲外行话、不被人忽悠。

在知识爆炸的知识经济时代,领导者虽不可能成为样样都懂的全才通才,只能是某一方面的专门人才,但也不能知识面太窄,更不能只掌握畸形的知识结构。领导者要广泛涉猎,知识结构要合理,既不能文化水平低下,更不能当"科盲""法盲"。

三、能力水平素质

(一)开拓创新能力

创新是引领发展的第一动力,是领导者必须具备的基本素质和能力。领导者要具有开拓创新精神,勇于探索,善于发现新问题,把握新情况,开创新思路,开拓新局面,设计新方法,追求新目标,创造新业绩,不断求新、创新,有新观点、新点子、新路子。克服因循守旧、墨守成规、故步自封、思想僵化、小进即满、小富即安、知足常乐、惧怕变革的保守思想,做到永不满足、与时俱进。

（二）分析决策能力

领导者要有较强的分析、判断、决策能力,能够在纷繁复杂的事物中透过现象看本质;在众多矛盾中能抓住决定事物性质和发展进程的主要矛盾和矛盾的主要方面;能举一反三、触类旁通,在反复比较的基础上果断拍板。领导者最忌在关键时刻,在重大问题上,在矛盾激发和突发事件发生时优柔寡断,当断不断,一筹莫展,拿不定主意。

（三）沟通协调能力

领导者要具备协调同上级领导、中层骨干、协作单位、职工群众和班子成员关系的能力。企业领导者还要具备同顾客、消费者、用户的沟通协调能力。提高沟通协调能力,要求领导者为人要好、与人要善、待人要诚、谦虚谨慎、包容大度、宽以待人、严于律己、光明磊落、正直热情。

（四）组织指挥能力

当决策做出和方案确定之后组织实施时,领导者要有较强的组织指挥能力,能驾驭全局、控制局面、科学指挥、合理调控;能调动一切积极因素,合理配置和有效利用全部资源,指挥时雷厉风行、勇敢果断、统筹全局、不顾此失彼,发现问题能果断处理,及时纠正错误,不怕冒风险,不怕得罪人。

（五）随机应变能力

领导者要具有随机应变能力,能及时根据环境和形势的变化适时调适自己,在不断变化中求生存、谋发展。作为企业的领导者要善于洞察市场变化,灵活适应市场变化。商场如同战场,经商如同打仗,市场瞬息万变,企业领导者要敢变、会变、快变,学会以变应变、以变制变。特别是在开拓市场方面,不能钻牛角尖,钻死胡同,顶牛,对着干,吊死在一棵树上,要学会妥协,善于退让,学会谋求双赢互利。

（六）自我约束能力

领导者掌握的资源较多,因此一定要学会自律、自制、自我约束,严于律己;遇事要冷静、理智,不要过于激动、感情用事、意气用事,要善于制怒、制激、制急、制气。领导者不能凭个人好恶、兴趣偏好办事,不能由着自己的性子来。要把自己严格置于组织之下、集体之中,依法行政,照章办事,不能凌驾于组织和集体之上,要慎独、慎初、慎始、慎微。

（七）自我学习能力

领导者要好学习、爱学习、会学习,要有很强的自觉学习精神和自我学习能力。一次学习定终身的时代已经过去了,人类已进入终身学习的社会。领导能力是否强,能不能可持续发展,关键在于领导者是否能自觉学习和是否具有自学能力。领导者要养成自觉学习的习惯,把握自学规律,增强自学动力。自觉学习要做到持之以恒,少应酬,少娱乐,少休息,自觉克服惰性;自学要有钉子精神,要有坚韧不拔的毅力。现在虽然不再需要采取"头悬梁,锥刺股"的传统办法了,但它所内含的刻苦学习精神还是要有的,仍需发扬光大。自学要注意方法,要有科学计划、正确目标,不能盲从盲目,毫无目的。

四、性格心理素质

(一)有主见但不主观武断

没有主见不能当领导,尤其不能做主管、主官。领导者对重大问题一定要有自己的明确判断,看准了的就要坚决贯彻执行,特殊状态下,还要能力排众议,不怕孤立,抓住机遇。办事优柔寡断或人云亦云的人当不了主要领导,更做不了"一把手"。

但主见过了头,就变成了武断,独断专横,也当不好领导,更当不了主管、主官。有主见不等于主观武断,不能脱离实际,违背客观规律,排斥班子集体的正确意见,更不能违背民心民意。良好的领导心理素质在于有主见但不主观武断,善于集中集体智慧,倾听群众意见,面对复杂多变的环境和各种不同类型的人物时,能应对自如、游刃有余。

(二)有勇气但不鲁莽蛮干

领导者要有勇气,敢想敢干,不畏风险、敢担风险、敢冒风险。"两军相争勇者胜",对领导工作和市场竞争来说也是同样道理。没有勇气、前怕狼后怕虎、畏首畏尾、胆小怕事的人当不了领导,尤其当不了企业领导,开拓不了市场,赚不了钱。一位企业家说:"当事情的把握有 50% 时,就可以考虑干,有 70% 把握时就应该抢着去干,等到 100% 有把握再去干,肯定就晚了。"

领导者要有勇气,不怕冒风险,但不能盲目冒险;要有勇气,但不能鲁莽蛮干,瞎碰乱撞,头脑简单,草率行事。如"不怕做不到,就怕想不到""人有多大胆,地有多高产"等,这种所谓的勇气违背了客观规律,很容易导致失误。领导者既要敢于冒险、不怕风险,但又要善于化险为夷、规避风险,把风险带来的损失最小化,让风险的成本最小化,使冒险的收益最大化。

(三)有毅力但不固执顽固

有毅力就是要有坚韧不拔、百折不挠的意志,有屡败屡战、越挫越勇的精神,有不怕失败、不怕挫折、不怕逆境、不怕坎坷磨难,面对任何失败、挫折、逆境都击不倒、拖不垮、打不败的勇气。

古人云"失败是成功之母",这是真理。但这还不全面,还要增加一句,"奋斗是成功之父",没有奋斗,失败就永远是失败,不会变成成功。人为什么失败了还要坚持奋斗,这是因为他充满了必胜的信念。因此,还要再加一句,"自信是奋斗的发动机",没有自信,失去自信,就不会去奋斗,自然也就不会成功,所以自信同样非常重要。领导者要有面对失败、打击、逆境、困境的心理承受能力和心理素质；要勇于战胜失败、挫折，善于摆脱困境、逆境，而不能一遭受失败和挫折就一蹶不振、破罐子破摔。

领导者有毅力应体现在坚持真理、改正错误上，千万不能固执己见，坚持错误。固执己见，坚持错误不亚于自毁前程，自掘坟墓。领导者应勇于放弃自己的错误意见，真正做到知错能改，大错大改，小错小改，有错即改，改得越早越快则越主动。只有知错能改的人才能当领导，知错不改的人是不能当领导的。国外一位名人说过："一个人难能可贵的品质是能坚持真理而且敢于处在少数甚至是被孤立的地位，更难能可贵的是能毅然放弃哪怕已经为之奋斗了几十年，但被事实证明确实是错了的东西。"

（四）有谋略但不玩弄权术

作为领导者要有谋略，要有豁达的心胸，要开明大度，淡泊名利，坦然面对个人荣辱、沉浮，要有不断进取的上进心、积极向上的人生态度。要事业为重，事业第一，不要斤斤计较于个人的名利得失，不要总是提防、怀疑、算计他人，不要以灰暗的心态、心理看人处世。要有君子之度，不要有小人之心，要有鸿鹄之志，不能有太多的小肚鸡肠，贪图蝇头小利。

（五）要认真但不能过于较真

毛泽东说："世界上怕就怕'认真'二字，共产党就最讲认真。"工作要认真、严谨，力求一丝不苟。但在非原则问题上又不能太认真、太较真，大事讲原则，小事要灵活，该马虎的地方就马虎点，能糊涂时糊涂点，难得糊涂也是一种心境。

（六）领导工作既要现实又不能太现实

领导工作不现实不行，太现实也不好。领导者处理问题时要考虑实际情况、要从本单位和群众的现实利益实际出发，不能脱离实际，更不能超凡脱俗理想化。但领导者又不能太现实，太现实了就会失去高雅，上不了档次，就会斤斤计较，急功近利，滑向世俗。

（七）要看得开但不能胸无大志

领导者在遇到职务升迁，面对荣誉、利益、权力等事情上要看得开、想得通，有境界、有姿态，不要过于计较，更不能太在乎、太纠结。但不能胸无大志，没有荣誉感、上进心、事业心和竞争心，更不能听天由命，甘于落后，无所作为，游戏人生，得过且过，做一天和尚撞一天钟。

（八）要有人生理想但不能把人生理想化

领导者要有人生理想，但不能把人生理想化。领导者要有抱负、有志向、有雄心、有追求、有目标，要有干成大事、成就大业、流芳百世的理想。不想当元帅的士兵不是好士兵，当领导哪有不想被提拔晋升的。但工作、事业和生活都不会心想事成、万事如意、一帆风顺的。不顺心的事时有发生，领导者不能把工作、事业和生活理想化,不能只见鲜花、掌声、红地毯,不愿接受逆境、坎坷、不顺心。

领导者要坦然面对困难、逆境和烦心事,胜不骄败不馁。得意时不忘乎所以、头脑发热,而应头脑冷静,思想清醒,居安思危,见微知著,防微杜渐,增强危机感、紧迫感,多一点自我反思和自知之明。失意时要有积极向上的人生态度、百折不挠的精神,以及敢于战胜失败、走出困境的毅力。要有苦尽甘来,过了低潮就是高潮的革命乐观主义态度和自信精神。失意时千万不能悲观失望,更不能自暴自弃。

领导者凡事应顺其自然,处之泰然。领导工作不一定都能被人理解,不要把理解作为一种需求,不应该什么都强求别人理解。被人理解是幸福的,不被理解也并非不幸,受点委屈也没什么了不起。面对别人的忽视、漠视、轻视、藐视、蔑视,不必太在意。相信自己的思想,尊重自己的感情,沿着自己的目标前进,不必看人眼色,听人不负责任的驱遣摆布。你最终会发现,实际的苦难往往远不及想象的那么恐怖骇人,远望似乎是绝境的地方,到跟前仍然有路可走。看似"山重水复疑无路",往往等待你的是"柳暗花明又一村"的佳境。

五、身体健康素质

身体是载知识之车,寓道德之舍。毛泽东说:"身体是革命的本钱。"领导者担负繁重工作,面对巨大压力和激烈竞争,需要强健的体魄、良好的身体素质。身体健康,精力充沛,智力旺盛,能吃苦耐劳,才能胜任领导工作。党的十六大提出提高中华民族的三大素质:思想道德素质、科学文化素质、身体健康素质。良好的身体素质,来自持之以恒的锻炼和良好的生活习惯等。工作再忙也要注意锻炼身体,体弱多病,工作力不称心,英年早逝既给家庭带来痛苦,又给组织造成损失。

人类对健康的理解是与时俱进的,提高身体健康素质要注意全面性。最初人们认为只要身体没有疾病就是健康,进入 20 世纪,随着生活节奏的加快、压力的加大,人们对健康内涵的认识不断拓宽。世界卫生组织(WHO)给健康所下的最新定义:一是指人的体力和脑力方面,要体魄健康,精力充沛,记忆良好,思维敏捷;二是指人的心理方面,要豁达乐观,性格开朗,心理承受能力强;三是指人的社会适应能力方面,有良好的社会适应能力,有合作精神和团队精神,人缘好,人际关系和谐;四是指人的道德方面,要拥有美德,能自觉遵守社会道德规范,与人为善,多行善举,多存善念,多做善事。

第三节　领导群体素质

一、领导群体素质结构

（一）领导群体素质结构的含义

结构的意思是组成整体的各部分的搭配和安排。一个系统内部各要素的排列组合只有通过结构的中介，才能将孤立的诸因素变成一个系统。

领导群体素质结构，是指领导班子内部领导成员的排列组合方式以及各种有关要素的排列组合方式。领导群体素质结构是一个多层次、多类型、多系列、多要素的动态平衡体，它由知识结构、专业结构、智能结构、素质结构和年龄结构五个方面的亚结构构成。

（二）领导群体素质结构的特征

（1）集合性。领导群体应由素质不同的成员构成，其不同的素质要求由其各自的职责范围和工作性质确定。

（2）整体性。领导群体是一个有机整体，其整体功能的发挥和实现取决于各成员素质的有机结合和协同。

（3）相关性。领导班子成员及其素质具有相互联系、相互作用、相互补充的相关性。

（4）目的性。一定的领导群体是为了领导一定的组织，实现一定的目的而建立配备的。

（5）适应性。领导群体是一个系统，领导群体素质结构必须体现和适应周围环境。

（三）领导群体素质结构优化的标志

在领导活动中，领导者不是单独的领导个体，而是一个领导群体。领导群体是由领导者个体组成的，但在素质上并不等于领导者个体素质的简单相加，而是取决于领导群体结构是否合理。衡量领导群体结构是否合理，基本的标准有三条。

1. 是否有一个坚强而富有凝聚力的领导核心

一个领导力强的领导群体或优秀领导班子，要有一个强有力的领导核心。领导核心可以是"一把手"，也可以是肩负极重要领导责任的少数核心成员。领导核心要有很强的领导力和人格魅力，在班子内部和群众中有很好的口碑和威望。

2. 是否有清晰的职责范围和职权界限

领导群体工作具有整体性、全面性、复杂性，涉及范围广，覆盖领域宽，工作头绪多。要求分工明确、职责清晰，做到人有岗、岗有责、事有序，分工不分家，相互支持、相互配合。

3. 是否有健全的沟通渠道和网络

领导群体像个磁场、电场,领导者个人好比离子、电子。他们在领导群体里面,就像电子在电场里面一样,是不能自由运动的,而是按照科学的结构排列、运动,这样才可发挥巨大能量。反之,则能量减弱,甚至等于零。同样道理,如果领导群体结构科学合理,便可集各领导成员内的优秀素质于群体中,产生优化的整体功能。

优化的领导群体结构,领导班子就是团结一致的"战斗堡垒""将相和",从而产生"1+1>2"的效果。

不合理的领导群体结构,领导班子不团结,就成了"堡垒内的战斗""龙虎斗",这样就会导致"1+1<2"。

二、领导群体结构优化原则

(一)稳定性原则

稳定性是指领导群体内部各要素组合在一起时,彼此相互作用能产生一种组合能,其组合能越大结构也越牢固稳定,群体素质优化的程度就越高。

一个素质优化、合理的领导群体,其组成人员彼此之间团结一致、配合默契、相互了解、相辅相成、取长补短,具有稳定的整体动能。如果班子成员频频变动,刚熟悉工作,刚磨合好又调离,这样就很难使班子发挥整体功能。

(二)能位相称原则

能位相称是指领导成员的职位与能力相称。职能不相称,会影响工作效能或造成人才浪费。搭配领导班子时,要考虑群体的优化和结构的合理化,要用人所长、量才而用、专才专用、扬长补短、职能相称。

(三)高效精干原则

高效精干是指领导班子人员精干、结构紧凑、人适其位、职责分明,不设多余职位、没有冗员,形成高效精干的运转系统,一专多能,能干又肯干。

(四)自我完善原则

自我完善是指领导群体能够适应领导活动艰巨的任务和复杂多变的环境要求,以及能够善于调节好内外各种相互关系并根据需要进行自我完善和自我调整。自我完善的根本目的在于通过自我调整使领导班子始终处于最佳状态、充满活力、开拓前进。

三、领导群体结构素质科学配备

(一)德才兼备的素质结构

领导群体成员要具备德才兼备、红专并进的综合素质。德,是指领导者的思想道德品质、人品人格;才,是指领导者的业务知识、工作能力。领导者的德与才是相互联系和制约的关系,犹如船的舵和桨。有德无才等于有舵无桨,船难以启动,航行不了;有才无德等于有桨无舵,船会迷失方向,甚至沉船。也就是说,离开德,才就失去了正确的方向;没有才,德就成了空中楼阁,必须是德才兼备。司马光认为,德才兼备,称之为圣人;无德无才,称之为愚人;德胜过才,称之为君子;才胜过德,称之为小人。

在历史上和现实生活中,有两种倾向值得注意:一是强调才而忽视德,"唯才是举",甚至"勿拘品行";二是强调德而忽视才,主张用有德无才的人。这都是不可取的。在某一时期或某个阶段,为了纠正某种倾向,适当着重强调德或才的某一个方面,是允许的,但决不能把二者割裂开来,偏废一方而达到片面的地步。优化的领导群体结构应以坚持德才兼备的全面素质优化为标准。

（二）互补的知识结构

互补的知识结构,是一个领导班子群体中各种不同知识水平的成员的比例结构与相互关系。知识结构优劣,直接影响领导班子的工作效能。

互补的知识结构,要求对领导人才个体进行合理组合,使领导群体具有综合知识,包括社会科学知识、人文科学知识、自然科学知识、管理科学知识等。在一个领导班子群体里,要求所有的成员都具有同等的知识水平是不科学的。即使是把相近知识水平的人组成一个领导班子,也只能形成一个平面的知识结构,而这绝不是最优的知识结构。一个合理的知识结构必须是立体形状的,是由具有不同知识水平的人按照一定的比例排列组合而成的,并需要不断地进行调整。只有这样,才能使具有不同知识水平的人,各尽所能、互相补充、构成一个优化的有机整体。

（三）配套的专业结构

配套的专业结构,是指领导班子中各类业务专长的成员的配比组合。即各种不同专业技术的领导人才个体按其所担任的职责,进行合理组合,形成一个互相调剂、互相补充、门类齐全、成龙配套的领导群体。专业人才既有正规学校培养的(即科班出身的),又有自学成才的,还有在实际工作中锻炼出来的。配套的专业结构要求不论其专业技能从何获得,都不能相互排斥、相互歧视,而应相互学习、相互尊重、优化组合。

随着社会分工的发展和科学技术的不断分化,专业门类日益增多。但绝大多数人只是某一方面的专才而不是全才。只有将各种"专才"很好地组合起来,构成大的"全才"或"通才",才能使其胜任综合而复杂的领导工作。在一个领导班子里,应该既有懂得自然科学技术的人才,也有懂得人文科学、社会科学知识方面的人才;既有理论家,又有实际知识丰富的实干家。一个领导班子应该是具有多种专长的成员的有机结合,以形成较宽知识面和精深专业知识相统一的立体知识结构。

在领导群体中涉及的专业工作有很多种,如行政管理工作、党建党务工作、思想政治工作、生产技术工作、市场营销工作、统计财务工作、企业管理工作、后勤服务工作等。作为领导者,不管你是学什么专业的,首先必须懂得领导科学和管理学这些共同的专业知识,其次要根据所担负的职责,懂得所分管工作的专业和业务。

（四）叠加的智能结构

智能是一个人接受、消化和适用知识的能力。有学者从理论上推断,智能结构成因多达1200种以上。其中主要包括:观察能力、记忆能力、思维能力、想象能力、实践能力、组织能力、自学能力、表达能力等。一个优化的领导群体的智能结构,应当由帅才型、将才型和智囊型领导人才按一定序列和比例构成。

领导群体智能结构由智能功能、智能水平、智能类型构成。在智能的功能方面,应是立体的、多方面的,每个领导成员在某一个方面具有智能优势,彼此结合,才能使领导群体形成最佳的智能结构和整体智能优势,切忌清一色、单一化。在智能的水平方面,应有高低差异,呈宝塔形,一个一个叠加。在同一领导群体内,水平相当、智能特点相似的人往往合作不好,而水平不同、特点各异的人共事反而能取长补短、同步协作。在智能的类型方面,领导成员的智能类型必须相匹配。从领导管理方面来看,人的智能可分为开拓型、执行型和中间型三种类型。完成重大的工作任务,往往需要领导者的管理、科学家的头脑、工程师的设计、工匠的技巧、经济师的理财。只有拥有这几种智能化优势的领导群体,才能成为有创造力的领导班子。

智能是以知识为基础的,但智能的大小与知识的多少并不成正比。知识多的人,其能力并不一定强,文凭不等于水平,知识、学历也不等于能力。知识固然重要,但更重要的是在掌握知识的基础上提高创造创新能力。爱因斯坦指出:"想象力比知识更重要,因为知识总是有限的,想象力可以概括世界上的一切,推动社会前进,是知识进化的源泉。"优化领导群体智能结构,重在开发和挖掘领导者创新潜能。

（五）梯形的年龄结构

梯形的年龄结构,是指领导群体是由适当比例的不同年龄区段的领导者构成的整体。要求领导群体应有一个合理的老、中、青比例,应有一个与管理层次相适应的平均年龄界限,并且在经常性的调整中实现动态平衡与优化。一要保持有梯次的老、中、青相结合的年龄结构,而不是越年轻或越老越好;二是不同层次、不同类别的领导群体应有不同格局的梯次结构。高层领导机构的领导群体,其年龄构成应相对高一些。低层领导群体,特别是一些低层次执行性领导群体,其年龄结构应相对低一些。就企业来说,大型、特大型企业领导群体年龄结构应高些,中、小型企业的领导群体年龄结构可适当低些。

不同年龄阶段有不同的优势,而不同年龄阶段的人结合在一起可以优势互补,优化领导群体结构。老干部有丰富的阅历和深邃的观察力,经验丰富、见多识广、思考周密、处事稳重,长于深谋远虑,富于战略判断,有利于把握方向、避免失误、提携后辈、搞好管理,提高领导班子的威信和整体战斗力,可起到"老马识途"、掌舵领航的作用,是各项事业胜利的保证。

中年干部年富力强,精力充沛,锐意求新,有开拓精神和创造活力,组织领导能力和决策能力强。中年是一个人人生中创造力最旺盛的黄金时期,中年干部是各项事业的骨干和主力,是"扛大梁"的人,是领导班子的"中流砥柱",可起到中坚作用。

年轻干部视野开阔、思维敏捷、反应敏锐、精力充沛、朝气蓬勃、勇于开拓、积极向上、思想解放、最不保守、最肯学习,易于接受新思想、新知识、新事物,是完成各项工作任务的生力军和突击队。

四、领导群体的现代观念

（一）服务观念

领导就是服务,就是为人民服务,为老百姓办事。树立领导就是服务观念,就是要从传统的群众为领导服务向领导为群众服务转变;从群众怕领导向领导敬畏群众转变;从领导高高在上、群众围着领导转,向领导与群众打成一片、服务群众转变。

（二）民主观念

从领导为民做主向支持人民群众自己当家做主转变。没有民主就没有社会主义,民主实质是人民自己当家做主。在领导与群众的关系上,领导不是官老爷,也不是为民做主的"父母官",更不是替民做主、救民于水火的救世主、超级大英雄、大救星。人民群众是国家的主人,领导者是人民的公仆。人民群众是历史的创造者,是真正的英雄。在封建社会,清官、贤君、明君是好官。在社会主义社会,所有的干部都是人民的勤务员、公仆,而不是官老爷。

（三）开放观念

领导者要有开放观念和海纳百川的胸怀。什么时候都不能夜郎自大、坐井观天、自我封闭,要增强开放意识,树立开放观念。尤其在科学技术日新月异、全球化迅猛发展的当今时代,不开放、不会开放,就要落后,就会被淘汰。当今时代的开放是全方位、全领域的:地区之间要开放,行业之间要开放,国家之间要开放;经济要开放、思想要开放、文化也要开放。领导现代化建设,需要博采众长,取长补短,学习他人长处和优秀成果,而不能故步自封、闭关自守、妄自尊大。

（四）市场观念

我国虽然已由自然经济、计划经济向市场经济转变,市场经济体制的基本框架已经建立起来,但小农经济和计划经济观念影响根深蒂固,市场经济观念先天不足。在大力发展社会主义市场经济的当代中国,领导者要学会按照市场经济法则转变领导方式、思维方式、工作方式。在工作方法上少一点行政命令、指令性计划和行政手段,多一点按经济规律办事,少一点行政干预,多一点经济办法和经济手段,少搞行政垄断,多鼓励市场竞争。

（五）国家观念

国家观念是爱国主义的集中体现。领导干部无论在什么岗位上,都要以国家利益为重,服务国家、服从国家、热爱国家、报效国家。领导者当然要谋本地区、本部门、本单位、本企业利益,但不能搞本位主义和小团体主义,要牢固树立国家利益至上的理念和意识。尤其是企业领导一定要牢固树立产业报国、照章纳税、顾全大局、回报社会的意识和观念。企业、个人、地方的利益要无条件服从国家整体利益,绝对不能损害国家利益,更不能挖社会主义墙脚。

五、领导群体结构的优化组合

领导者素质各不相同,领导群体或领导班子应由各种类型人才合理搭配、优化组合,形成合理的领导群体素质类型。优化领导群体结构,应把各类不同人才有效地组织起来放在能发挥其长处的恰当位置上。帅才在于"统",智囊在于"谋",将才在于"干"。以将才为帅,往往会断而不谋,盲目蛮干。以智囊为帅,常常会谋而不断,贻误战机。以庸才为帅,则队伍涣散,一败涂地。让贪图私利者为帅,则会"富了方丈,穷了和尚,垮了庙"。优化不同素质领导人才结构,重在将以下各类人才进行优化配置,用其所长、避其所短,发挥优势,以实现人才组合最优化、领导班子效能最大化。

(一)思想型人才

思想型人才的思维能力、决策能力、计划能力和应变能力比较突出,富于远见卓识,善于综合分析,有决断、统筹的魄力,长于在实际工作中发现问题、提出问题,并能从全局出发综合各种意见做出判断和决策。

(二)组织型人才

组织型人才的用人能力和组织能力、协调能力和交际能力比较突出,涵养较高,善于识别和使用干部,善于做组织、管理工作和人事思想工作,长于协调各种矛盾和处理人事关系,善于维护班子团结、为他人创造良好的工作条件。

(三)创新型人才

创新是最重要的领导品质或品格。一个不能创新、不会创新、不敢创新,只会守成守旧的领导者是无法跟上时代步伐的。领导者要学会创新、积极创新,在领导工作中要注重理论、制度、体制、组织、思维方式、工作方法等方面的创新求新。

新时代需要新思维,创新是引领发展的第一动力。领导者要适应新时代发展需要,改变落后思维方式,树立创新思维,用新思维引领时代发展。现代领导者应在创新思维上做好以下转变,即从"封闭型"思维方式向"开放型"思维方式转变;从"片面性"思维方式向"全面性"思维方式转变;从"单向性"思维方式向"多项性"思维方式转变;从"常规性"思维方式向"跳跃性"思维方式转变;从"顺向性"思维方式向"逆向性"思维方式转变;从"教条性"思维方式向"灵活性"思维方式转变。

(四)变革型人才

领导者要锐意改革、破旧立新,不能因循守旧、墨守成规。领导者要顺应时代发展,根据环境的变化适时调整工作思路、工作办法,既要有以不变应万变的坚强定力,更要有以变制变、以快变应快变的灵活思维。

（五）战略型人才

身为领导者意味着比普通员工站得高、看得远、想得全。领导者考虑工作、处理问题要克服片面性，防止急功近利；要树立全局观念、长远观念、系统观念，增强大局意识、超前意识、宏观意识。古人云："不谋万世者，不足谋一时；不谋全局者，不足谋一域。"

（六）实干型人才

实干型人才埋头实干，任劳任怨，高效率、高质量、高节奏，是每个领导班子不可或缺的人才。但这类人才往往重实干轻思考，重效率轻协同，容易顾此失彼得罪人，在许多情况下又不善于保护自己，领导班子尤其是"一把手"应善于保护实干型人才的积极性。

（七）忠诚型人才

忠诚型人才是忠于事业、忠于人民、忠于国家、忠于党，衷心维护班子团结，尊重和支持班子尤其是"一把手"的工作的人才。习近平总书记提出党员领导干部对党要绝对忠诚。在社会主义制度下从事领导工作的干部要树立符合现代化要求的正确"忠诚观"。领导"叫干啥就干啥"，领导"指哪打哪"，不提建议，也不提意见，此谓"初级忠诚"；领导"叫干啥就干啥"，对领导的指示能举一反三，按正确方向把事情办得更完善、更满意，此谓"中级忠诚"；敢于对领导的决策提出不同意见以至反对意见，敢于批评、揭露、纠正领导者的错误，不计个人得失，以事业为己任，勇于力排众议，或犯颜直谏，或提出自己的代替方案，此谓"高级忠诚"。忠诚不是对领导者个人，不是搞团团伙伙小圈子，更不是搞人身依附关系，而是忠于党、忠于组织，对事业担当与负责。

（八）竞争型人才

竞争型人才志存高远，上进心强、看重事业，有能力、善应变，不甘落后、不愿平庸，勇于拼搏、敢冒风险，具有开拓创新精神。在工作中始终有一股创一流、争先进的闯劲。对工作要求高，敢于面对困难，有赶超之志，无嫉妒之心。竞争型人才是开创新局、开拓新思路的好手高手，但也易遭平庸者妒忌，领导者应予以高度关注与关心，为竞争型人才创造良好的工作条件和环境。

（九）通才型人才

通才型人才知识面广博、基础深厚，善于出奇制胜、集思广益，有很强的综合、移植、创新能力，善于站在战略高度深谋远虑。当"一把手"本身不是这类通才时，一定要选拔通才副职，作为智囊。

（十）补充型人才

补充型人才最适于做"一把手"的副职或助手。该类人才又分两种，一是自然补充型，即具有"一把手"所短的方面的长处，进入班子，便顺乎自然地以其之长补"一把手"之短，以强化班子集体优势。要获得此类人才主要在于"一把手"要善于挑选。二是意识补充型，即能自觉意识到自己的地位、作用，善于领会"一把手"意图，明白"一把手"的长处与短处，积极地以己之长去补"一把手"所短。

◉ **案例 1-1**

　　周恩来总理 50 多年的革命生涯,同中国共产党的建立、发展、壮大,同我国新民主主义革命的胜利,同我国社会主义革命和建设的历史进程紧密联系在一起。他毫无保留地把全部精力奉献给了党和人民,直到生命的最后一息。周恩来总理始终信仰坚定、理想崇高,对党和人民无限忠诚;始终热爱人民、勤政为民,甘当人民公仆;始终顾全大局、光明磊落,自觉维护党的团结统一;始终实事求是、严谨细致,求真务实;始终虚怀若谷、戒骄戒躁,谦虚谨慎;始终严于律己、廉洁奉公,无私奉献。周恩来总理一生心底无私,严于律己,廉洁奉公,是共产党人立党为公、执政为民的典范。他身上集中体现了中国共产党人的高风亮节,在中国人民心中矗立起一座不朽的丰碑。

◉ **案例 1-2**

　　张瑞敏,山东莱州人,全球著名企业家,创建了全球白色家电第一品牌——海尔,是海尔集团董事局主席、首席执行官,因其对管理模式的不断创新而受到国内外管理界的关注和赞誉。世界一流战略大师加里·哈默评价张瑞敏为互联网时代 CEO 的代表。张瑞敏之所以在国际上享有盛誉,是因为他不仅传奇般地把一个资不抵债、濒临倒闭的集体小厂发展为年营业额逾千亿元的全球化公司,而且他以卓有成效的管理为管理界输出了一个又一个创新的商业模式和经典管理案例,创造了富有中国特色、充满竞争力的海尔文化。从"日事日毕、日清日高"的 OEC 管理法(即全方位优化管理法),到每个人都面向市场的市场链管理,再到互联网时代的"人单合一双赢"模式,张瑞敏在企业管理上的不断创新赢得了世界管理界的高度评价。

◉ **案例 1-3**

　　周文王问姜子牙说:"怎么做才可以治理天下呢?"姜子牙说:"胸怀比天大,然后才能包容天下;诚信比天大,然后才能约束天下;仁德施于天下,然后才能使天下归附;恩惠施于天下,然后才能保有天下;权威比天下,然后才能不失天下;遇事当机立断,就要像天道不能改变、四季不能变更一样。具备这六个条件,就可以治理天下了。"姜子牙主张以大度、诚信、仁德、恩惠、权威、遇事当机立断六者为标准去治理百姓天下,则百姓必然会拥戴主政者。

　　林肯总统对竞争对手以宽容著称,后来终于引起了议员的不满,议员说:"你不应该试图和那些人交朋友,而应该消灭他们。"林肯微笑着回答:"当他们变成我的朋友,难道不是正在消灭我的敌人吗?"林肯总统的话一语中的,多一些宽容,公开的对手或许就是我们潜在的朋友。而换位观则需要我们换位思考,进行角色的转换。

第二章　领导方法与领导艺术概述

领导方法是领导者协调被领导者和领导环境,调动和激励下属积极性以实现领导目标所采取的各种手段、办法和谋略的总称。领导方法既受领导者综合素质、社会阅历、工作经验等因素影响,又受领导对象、领导环境制约。领导艺术是建立在领导者一定的知识和经验基础上,非规范性的、有创造性的领导技能,是领导者实施有效领导的高超手段与方法。领导艺术体现领导者驾驭领导工作的才能,是领导者的学识、经验、智慧、胆略、作风、气质、品格、方法、能力和创造性思维等多种因素的综合体现,是领导者智慧的体现和升华。领导方法和领导艺术对领导工作有着极为重要的作用和影响。科学的领导方法和高超的领导艺术,既是领导者正确决策和掌握领导工作主动权的重要基础;又是领导者搞好领导班子团结,调动下属积极性和提高领导工作效率的重要因素。学习和掌握领导方法与艺术,对于领导者履行领导职能,实现领导目标,提高领导工作效率,具有极为重要的作用和意义。

第一节　领导方法概述

一、领导方法的含义

所谓方法,是指人们在认识世界和改造世界的过程中,为了达到预期目标而采取的思想和行为方式、途径、手段、措施、程序、步骤的总称。领导方法是指领导者为实现一定的目标所运用的各种手段、办法和程序的总和。它是领导者思想方法和工作方法的具体运用,是领导者履行其职能的行为方式。

领导方法分为思想方法和工作方法两个方面。思想方法是领导者在领导活动过程中观察、研究问题的思维方式,它所要解决的是"怎么想"的问题。由于人们的活动总是受思想支配的,所以思想方法决定工作方法。工作方法是领导者在领导活动过程中,为实现一定的领导目标,所采取的手段、办法和程序的总和。它所要解决的是"怎么做"的问题。

二、领导方法的特征

（一）目的性

领导方法是实现领导目标的手段，具有明确的目的性。方法总是同一定的认识和实践的目的联系而产生的。它是实现领导任务、目的不可缺少的条件和表现形式。目的决定手段，手段是从属和服务于目的的。在领导活动中，一切领导方法都是由领导活动的目的决定的，受领导活动目的所支配，服从服务于领导活动目的。目的性是领导方法的突出特征。

（二）多样性

领导方法具有多样性，不同的目的任务采取不同的方法，相同的目的任务也可以用不同的方法来实现。单一的、固定不变的方法是没有的，不同的领导者有不同的领导方法。不同的领导活动领域有不同的方法，领导方法色彩斑斓、千姿百态、多种多样。法无固态，法无模式。在领导活动中，领导者应该根据不同的时间、地点、环境、对象采取不同的领导方法。

（三）动态性

领导方法是客观的，客观事物是不断变化的，因而反映客观事物的领导方法也是经常变化发展的。领导方法随着人类自身的进步和环境的变化，始终处在优胜劣汰、与时俱进的动态过程之中。有的领导方法在发展中完善提升，有的领导方法因适应不了新形势而逐渐被淘汰，新的方法随着时代的发展和社会进步而不断诞生。世界上从来没有一成不变的领导方法。

（四）多层次性

领导方法的层次性，是指领导方法的适用范围和作用的差别。领导工作是一个极为复杂的系统工程，与此相适应的领导方法具有明显的层次性。这种与不同层次、不同领域的领导活动相适应的领导方法大致可分为三个层次：

一是关于认识世界和改造世界的哲学方法，是最高层次的根本领导方法；

二是反映领导活动规律的、具有普遍适应性的一般领导方法；

三是适应领导活动领域、范围、对象的具体领导方法。

（五）条件性

领导方法的条件性，是指领导方法产生和运用同一定的条件相关。领导方法受领导者、被领导者、领导环境等因素的制约。同一领导方法，不同领导者使用其效果可能完全不同，这往往与领导者个人素质条件不同有关；同一领导者，运用同一领导方法有时奏效，有时不奏效，这往往与所完成任务的不同条件和环境有关。领导方法的条件性，要求领导者需根据条件的变化，灵活运用不同的领导方法。

三、领导方法的类型

（一）集权式、分权式与均权式

按照领导权力的控制运用程度划分，领导方式可分为集权式、分权式与均权式。

集权式，是指一切权力集中于领导集团或个人，偏重于运用集权推行工作，而不注重授权。集权式领导方式只在特定环境下使用才有效。

分权式，是指领导者决定目标、政策、任务的方向，对下属为完成任务而进行的日常活动不加干预，下属有一定的自主决定权。

均权式，是指领导者掌握重大权力，同时适当分权给下属，使下属在其职权范围内有一定的自主权。其特点是保持权力平衡，不偏于集权，也不偏于分权。

（二）强制命令式、自由放任式与教育激励式

按照领导的指挥模式划分，领导方式可分为强制命令式、自由放任式、教育激励式。

强制命令式，注重组织结构、组织规章及纪律的作用，通过组织系统，采取命令方式实施领导。这种方式的领导效率较高，但不易发挥下属的主动性和积极性，比较适宜于特定环境和特殊工作任务，不具备广泛适应性，不宜多用滥用。

自由放任式，不注重权力、规章制度和纪律的作用，对下属采取自由放任的态度。这种方式容易出现混乱和失控状态。采用这种方式进行领导需要以被领导者高度自觉自律为前提，否则，自由放任带来的是自由散漫、各自为政、一盘散沙。

教育激励式，注重思想教育和激励工作，运用灌输、对话、启发、商讨等说服教育的方法和各种激励手段，激发人的内在动力，使下属心悦诚服地领会、接受领导的意图，自觉地为实现特定领导目标而努力。教育激励式是行之有效的领导方式。

（三）重人式、重事式与人事并重式

按照领导活动的侧重点划分，领导方式可分为重人式、重事式与人事并重式。

重人式，致力于建立和谐的人际关系和宽松的工作环境，以人为中心进行领导活动，以人为本推行人文关怀。

重事式，注重组织的目标、领导任务的完成和领导效率的提高，以事为中心进行领导活动，强调目标管理，重结果轻过程。

人事并重式，既关心人，也注重工作，做到关心人与关心事两方面的辩证统一。只有关心人，才可能调动人的积极性，也只有同时关心工作，才可能使每一个人都有明确的责任和奋斗目标。显然，人事并重式是应提倡的领导方式。

四、领导方法的层次

（一）根本领导方法

根本领导方法是领导活动的一般方法，一切领导方法的选择和运用都必须以此为基础和依据，居于领导方法体系的核心地位。

根本领导方法是用哲学中的基本原理为指导去观察分析和处理问题的方法。如唯物辩证法、辩证唯物主义和历史唯物主义方法等。

哲学是理论化和系统化的世界观,同时又是认识世界和改造世界的方法论。其基本特点是抽象的、理论性的,不同于处理具体问题的具体方法,是最一般的方法论,在整个领导方法体系中处于最高层次。如实事求是的方法、群众路线的方法、矛盾分析的方法等。

坚持以唯物辩证法和唯物史观指导领导工作,并将其作为最根本的领导方法,既是马克思主义指导思想在领导科学中的集中体现,也是社会主义领导工作的重要特征和优势所在。

（二）基本领导方法

基本领导方法是反映领导工作一般规律的基本领导方法,主要侧重于决策、导向方面的问题,属于中间层次或内在层次。如民主管理、科学管理,原则的坚定性、策略的灵活性等基本领导方法。

基本领导方法解决的是领导过程中自始至终存在的、具有普遍性的基本矛盾,适应范围广,领导工作的各个领域都能用。它是哲学方法在领导工作中的具体化,如调查研究、群众路线、发扬民主、分工合作等。耳熟能详的领导方法有"弹钢琴""牵牛鼻子""解剖麻雀""安民告示""典型引路""一把钥匙开一把锁"等。

（三）具体领导方法

具体领导方法是反映领导工作具体规律的具体领导方法,主要侧重于方式、技巧等方面的问题,属于外在层次,是只适用于某一特定领域、解决某些特定问题的方法。如批评、表扬、疏导、宣泄等。

具体领导方法是适应于领导者完成各个方面、各个领域工作任务的具体领导方法。它不是抽象的而是具体的,不是原则性的而是可操作性的。

按照适应领域或者问题的不同,具体领导方法可以进一步划分为择事方法、决策方法、用人方法、社交方法等。其特点是专业性强,不同专业间不能挪用。如军队离不开命令式工作方法,大专院校、科研院所则要采取讨论协商方法,老龄工作要采取敬老尊老方法,青少年工作要采取教育引导方法。

五、领导方法的作用

（一）掌握工作主动权的关键

领导者能否游刃有余地驾驭领导工作,关键是方法是否科学正确。领导方法科学,工作得心应手,事半功倍;领导方法不科学,工作被动,效率低下,事倍功半。有的领导者整天忙忙碌碌,却忙不到点子上,工作被动,没有精力抓大事;有的领导者虽负重任,但工作得心应手,单位井然有序,显得"清闲"和"超脱"。其根本原因在于领导方法是否科学正确。

（二）正确决策的基础

决策是领导者的首要职能，正确决策取决于方法是否正确。一方面，正确决策必须掌握真实而详尽的情况。只有情况明了，才能正确决策，而只有方法正确，才能把握正确决策所必须掌握的真实而详尽的情况。另一方面，领导者如果在决策时采取主观、片面、武断的思想方法，不能也不愿意听取各方面的意见，这样的决策就没有科学性可言，决策失误在所难免。领导者只有用全面的、发展的、系统的、辩证的方法看问题和做决策，才能从根本上保证科学决策、决策正确。

（三）调动下属积极性的手段

调动和激励下属积极性，既是领导活动取得成功的根本保证，也是领导者智慧的集中体现。如何调动下属积极性，关键取决于领导方法。领导者方法正确，合理授权，会激发下属的主动性；领导者方法正确，能及时化解矛盾，变消极因素为积极因素，增强凝聚力，调动下属积极性；领导者方法正确，善于集中群众智慧，就能克服工作困难、改善工作环境、创造工作业绩。领导者方法不正确，大小事情个人包揽，越俎代庖，不敢授权，使下属无事可做，进而失去积极性；领导者方法不正确，处理问题简单粗暴、主观片面，就会挫伤下属的积极性。

（四）搞好班子团结的条件

班子团结，团队齐心是做好领导工作的重要前提。如果领导者主观武断，方法简单粗暴，不懂得尊重他人，不善于听取班子成员意见，不会沟通，就会矛盾重重，相互拆台，妨碍甚至破坏班子团结。领导者只有掌握正确的思想方法和领导工作方法，才有利于班子内部的沟通和团结，才有利于加强团队合作。

六、科学思想方法

（一）实事求是的方法

实事求是，是毛泽东在领导中国新民主主义革命的过程中提出来的。1941年9月毛泽东在《改造我们的学习》一文中明确指出："'实事'就是客观存在着的一切事物，'是'就是客观事物的内部联系，即规律性，'求'就是我们去研究。"正确运用实事求是的思想方法，前提是承认外在事物的客观存在性，即从实际出发；核心在于从"事实"中求出"是"，即认识事物发展的客观规律；基本方法是调查研究，"没有调查就没有发言权"；目的是用"求"出来的"是"去指导实践，改造客观世界。

实事求是作为马克思主义科学的方法论，要求领导者从发展和变化着的实际出发，从领导工作中引出自身固有的而不是臆造的规律性，即找出周围事物的内部联系，作为领导工作的指南。领导工作要从思想方法上与唯心主义、主观主义和教条主义划清界限，实事求是地肯定应当肯定的东西，否定应当否定的东西，做彻底的唯物主义者。

实事求是方法是领导工作取得成功的重要法宝。但在现实领导工作中，真正做到实事求是并不是一件容易的事情。一些领导最易犯的思想方法错误是脱离实际，不顾国情省情市情，或超越阶段，盲目冒进，或落后于形势发展，不能与时俱进，犯"左"和右的错误。实事求是的思想方法，要求领导者在处理问题、解决问题时，要从实际出发，客观分析，统筹规划，因地制宜，思想与实际相结合，主观与客观相结合，理论与实际相结合。一要坚持一切从实际出发，切忌唯心主义；二要正确发挥主观能动性，切忌主观主义；三要坚持实践标准，切忌长官意志，真正做到不唯书，不唯上，不崇洋，不唯现成经验，只唯实。更要解放思想，与时俱进，大胆创新，不局限于某种固定的思维模式和条条框框，按照实际情况决定工作方针，创造性地开展领导工作。实事求是，要求领导者必须尊重客观事物的规律，按照事物的本来面目认识客观事物。领导工作，只有正确反映了客观事物及其规律时，才能有新的发现和创见，才能促进领导工作的不断发展和完善。

（二）群众路线的方法

群众路线的思想方法，要求尊重群众、相信群众、依靠群众、为了群众，宣传群众、教育群众、发动群众、引导群众，群众监督、群众检验、群众批评、群众认可。这既是领导工作的基本思想方法，更是中国共产党的根本政治立场。群众路线，就是一切为了群众，一切依靠群众，从群众中来，到群众中去。群众路线是马克思主义认识论在领导工作中的具体运用和体现，是我们党长期领导中国革命、建设和改革实践经验的科学总结。毛泽东指出："在我党的一切实际工作中，凡属正确的领导，必须是从群众中来，到群众中去。"从群众中集中起来，又到群众中坚持下去，以形成正确的领导意见，这是基本的领导方法。领导者无论开展什么工作，都要摆正出发点，这就是"一切为了群众"；领导者无论开展什么工作，都要找准立足点，这就是"一切依靠群众"。"从群众中来，到群众中去"的方法是领导者在任何时候都必须坚持的基本领导方法，永远没有终点，是一个无限循环的过程。

正确运用群众路线思想方法，要求领导者一要认真听取群众意见，当好"听众"和"小学生"。领导者要有耐心、诚心，要听得见批评意见，也要听得见片面的甚至错误的意见，让群众讲心里话、实话。二要善于对群众意见进行科学分析，善于发现和集中群众正确意见。对群众意见要深入研究，认真挖掘，有的正确意见往往是包含在不那么顺耳的批评意见当中的，即"逆耳忠言"，领导者一定要善于发现和集中这种被掩盖着的正确的群众意见。领导对群众意见不能不问正确与否，来者不拒，条条照办，言听计从，凡群众意见都接受；而要冷静分析，认真筛选，科学过滤，从中找出有价值的意见予以采纳。如果领导在众多的群众意见面前没有自己的主见，其结果有可能造成决策失误。三要做好教育宣传群众工作，善于把领导决策化为群众的自觉行动。既要相信依靠群众，又要教育引导群众；既不能做群众的尾巴，又不能脱离群众，犯官僚主义错误。四要善于把一般号召和个别指导相结合，把领导意图与群众要求相结合，为把领导决策变为群众的行动提供组织保证。如说服教育，典型示范；抓住两头,带动中间;关心群众,多做实事;领导、专家、职工群众三结合等。

（三）唯物辩证的方法

唯物辩证法,以自然界、人类社会和思维发展最一般规律为研究对象。它包括对立统一规律、质量互变规律和否定之否定规律三个基本规律,以及现象与本质、原因与结果、必然与偶然、可能与现实、形式与内容等一系列基本范畴,其中对立统一规律是核心。唯物辩证法既是世界观,又是认识论和方法论。

唯物辩证法作为最重要的领导思想方法,要求领导者在领导工作中,用唯物辩证的思想方法看问题,即客观地而不是主观地、发展地而不是静止地、全面地而不是片面地、系统地而不是零散地、普遍联系地而不是孤立地观察事物、分析问题、解决问题;在矛盾双方对立统一的过程中把握事物发展规律。坚持唯物辩证的思想方法,对于做好领导工作十分重要。

毛泽东把唯物辩证法的实质概括为"两点论"。"两点论"是唯物辩证法的全面观,即任何事物都包括互相矛盾的两个方面。领导者要把"两点论"贯穿领导工作始终。坚持"两点论",不搞"一点论"。既要坚持"两点论",又要善于抓重点。如内因与外因,现状、历史与未来,本质与现象,一事物同另一事物的区别与联系,部分与整体,局部与全局,正面和反面,积极与消极等。

"两点论"要求领导工作要"两手抓",防止片面性,不能顾此失彼、单打一。如法治与德治、物质文明与精神文明、对外开放与打击违法犯罪、改革与惩治腐败等都要坚持两手一齐抓。

"两点论"要求领导工作要抓中心,抓关键,推动全盘,学会"弹钢琴"。领导者要学会抓主要矛盾和矛盾的主要方面。真正做到抓典型,带两头,抓重点,促一般。切忌工作无重点,无中心,抓不住关键。

"两点论"要求领导者学会具体问题具体分析,"一把钥匙开一把锁"。处理问题从实际出发,因地制宜,因时制宜,因人而异,不能一刀切、一律化、简单化、千篇一律、万人一面。

"两点论"要求领导者要创造条件做好矛盾转化工作。要用全面发展的观点观察处理问题。防止用静止孤立的观点看问题,搞绝对化。要努力促进消极因素向积极因素转化,如职工中后进转化为先进、市场开拓变不利为有利等。

七、现代科学方法

（一）系统论方法

系统论是研究系统的模式、原则和规律,并对其功能进行数学描述的一门科学。系统论方法是在唯物辩证法指导下,把领导工作看作由多个要素相互作用、相互影响而组成的一个系统。领导者做工作要从整体出发,从整体与要素、要素与要素的相互联系、相互作用中系统地思考;要考虑系统内外各种相关因素的影响,系统内部结构、功能变化的规律与特点。

系统论方法的基本原则是整体性原则、相关性原则、有序性原则和动态性原则。要辩证地、灵活地将这些原则运用于领导工作之中,才能应对各种复杂局面,处理各种复杂问题。

（二）信息论方法

信息论是研究信息的本质并用数学方法研究信息的计量、传递、变换、储存和利用的一门学科。信息论认为,信息是普遍存在的,是事物存在和表现的一种普遍形式。任何系统都处在自身及其与外界的信息交换中,没有信息和能量的交换,系统就不能获得发展。

信息论方法,就是运用信息论的观点,把系统看作借助于信息的获取、传递、加工处理和反馈而实现其有目的运动的一种研究方法和工作方法。信息论方法为做好领导工作提供了重要基础和先进手段。一般说来,信息论方法包括如下几个相互联系的环节:信息输入、信息加工、信息输出、信息反馈。领导者运用信息论方法时,要注意信息工作的基本要求,即敏锐、迅速、准确、及时、有用。同时,要建立并逐步完善信息工作系统,重视信息在领导工作中的运用,发挥信息在领导工作中的基础作用。

（三）控制论方法

控制论方法,就是把人的行为、目的以及生理基础即大脑与神经的活动同电子、机械运动联系起来,在信息和信息反馈原理的基础上,解决控制与被控制的矛盾,使事物的发展按照事先规定的功能目标得以稳定地进行。

控制论方法的主要依据是信息反馈原理,就是指由控制系统输送出去的信息,作用于被控对象以后,将产生的结果再输送回来,并对信息的再输出发生影响。在领导工作中运用控制论方法,要求领导者从领导对象发展的各种可能性中选择某种状态作为目标,并通过对领导对象施加主动的、积极的影响,以使领导对象不断克服偏离目标的运动,沿着既定的或更新的目标发展。

（四）定量分析法

定量分析法,是对社会现象的数量特征、数量关系与数量变化进行分析的方法。由于客观事物的运动和变化以及它们之间的相互关系反映为各种数量特征与数量关系,所以要运用定量分析的方法,较为精确地研究事物内部结构和事物之间相互联系的复杂关系,给人们提供认识客观事物的可靠数据,做到胸中有"数"。

领导者应充分注意到,在现代市场经济条件下,由于社会生活和经济活动比以往时代更加发达、更加复杂,简单的统计计量已不能满足实际需要。所以,领导者不仅要掌握定性分析方法,更要熟悉定量分析方法。领导工作要学会运用新的精确化和非精确化定量分析方法,如线性规划、动态规划、多目标规划、对等论、排队论、网络方法、决策模型、模拟决策方法、概率统计、抽样调查等。

（五）科学运筹法

组织动员下属去实施决策绝非易事，并非一声令下就能奏效，更非领导者自己亲临现场、冲锋陷阵、事必躬亲就能解决问题。领导者需要全面系统地运筹，对涉及实施决策的种种复杂因素，如内外在因素、现实因素、潜在因素、精神因素、物资因素等，即人、财、物、信息和时间等资源进行科学运筹。对内外部资源进行有效整合，让每种资源都能相互作用，成为实现组织战略目标的有效资源。

第一，科学运筹方法要求领导者坚持整体性原则。领导运筹活动中的每一个对象，都不是孤立的，它既在自己系统之内，又与其他各系统发生联系。为了实现目标，必须运用系统理论对领导活动进行系统分析。领导者的最大作用就是整合组织内外资源，使资源产生最佳效益。对于领导运筹来说，必须坚持整体性原则，而不能头痛医头、脚痛医脚，更不能挖东墙、补西墙。

第二，科学运筹方法要求领导者掌握整分合原理。领导者在决策实施过程中，最重要的是落实任务，把总任务变为几十人、几百人甚至成千上万人的协同行动。这个从整体到部分、再到整体的过程，就是领导运筹中的整分合原理。这就要求领导者，一是对任务有一个整体的了解，从整体上把握组织目标；二是对任务进行分解，把总任务层层分解，变成各个部门、各个层次以及个人在不同阶段的具体任务；三是进行强有力的组织管理，使各个环节同步协调，使人、财、物、时间、信息得到有效合理的利用。

第三，科学运筹方法要求领导者灵活运用反馈原理。反馈就是由控制系统把信息输出去，又把其作用和结果返送回来，并对信息的再输出发生影响，起着控制的作用。有效的领导绝不是一个封闭的流程，而是一个从不间断的信息交流过程，其中反馈控制是极为重要的。

第四，科学运筹方法要求领导者恰到好处地运用能级原理。能级原理要求领导者应根据每一个单元能量的大小使其处于恰当的地位，以此来保证结果的稳定性和有效性。现代领导的一个重要任务，就是建立合理的、稳定的能级，保证领导结构体系。即从最高层次决策层确定组织系统的发展方向和大政方针；到管理层运用各种管理技术实现组织决策目标；再到执行层贯彻执行命令，直接调动和组织人、财、物、信息和时间等资源；最终到操作层完成各项任务。

能级原理作为科学运筹方法，要求领导者重视和落实不同能级应有不同的权利、物质利益和精神荣誉。能级原理不仅将人或机构按能级合理地组织起来，而且还规定了不同能级的不同目标。下一能级的目标就是达到上一能级目标的手段，只有下一能级圆满达到自己的目标，才能保证上一能级顺利达到自身的目标，从而保证整体目标的实现。因此，上一能级对下一能级有一定的要求和一定的制约，而下一能级对上一能级也就负有一定的责任。简言之，能级原理要求领导者在运筹过程中，要保证每个人能在其位、谋其政、行其权、尽其责、取其酬、获其荣、惩其误。

第二节　领导艺术概述

一、领导艺术的含义

（一）"艺"与艺术

"艺"在中国的象形文字中是一个人栽培什么东西的意思，与劳动有关，是生产劳动的技能。中国古代有"六艺"，礼、乐、射、御、书、数，"艺"就是指生产劳动中出色的技能，或者说是生产劳动技术。例如"庖丁解牛""游刃有余"等。

艺术是高雅的概念，本意指形象地反映现实，又比现实更具有典型性的一种社会意识形态，如表演艺术、语言艺术等。艺术历来受到人们的青睐，大家看戏爱看"名角"；看体育比赛爱看"明星"；观画爱观"名画"。就是因为这些名人、名作、名画的艺术水平高，能给人带来精神上的愉悦与享受。这些艺术就是用形体、语言、音乐或形象来反映现实的一种技能、技巧，它具有单一性。

（二）领导艺术

领导艺术是建立在一定的知识和经验基础上，非规范性的、有创造性的领导技能，是实施有效领导的高超手段与方法。领导艺术体现领导者驾驭领导工作的才能，是领导者的学识、经验、智慧、胆略、作风、气质、品格、方法、能力和创造性思维等多种因素的综合体现，是领导者智慧的体现和升华。领导艺术是非规范化、非程序化、非模式化的领导行为，是领导者把握领导规律、履行领导职能的最高境界。领导艺术比文化艺术更全面、更丰富，是引导、率领下属实现领导活动目标的艺术，是一种全方位、全时空的做人的工作的艺术。

领导艺术的练就离不开四个要素：一是厚实的科学文化知识，即政治、经济、科技等方面的知识；二是丰富的实际领导工作经验和应对突发事件的能力；三是充分发挥主观能动性，熟练运用聪明才智，创造性地解决复杂问题；四是艺术化且有效益的方法，给人以美的感受，有利于调动下属的积极性。领导艺术是领导者智慧、知识、胆略、经验、品格、作风、能力、方法等诸多因素的综合体现，贯穿于领导活动的全过程。

毛泽东在《关于领导方法的若干问题》中非常精辟地指出："领导人员依照每一具体地区的历史条件和环境条件，统筹全局，正确地决定每一时期的工作重心和工作秩序，并把这种决定坚持地贯彻下去，务必得到一定的结果，这是一种领导艺术。"周恩来关于领导艺术有一句名言："领导群众的方式和态度要使他们不感觉到我们是在领导。"我国著名科学家钱学森认为：领导艺术是一种离开数学领域的领导才能，它能从大量事物的复杂关系中判断出最重要、最具有决定意义的东西。美国著名领导学专家斯道戈迪尔曾对领导艺术提出了这样的看法："最有效的领导应该表现出一定程度的多才多艺和灵活性，从而使自己的行为不断变化，以适应充满矛盾的需求。"

领导艺术并不神秘,是领导者在日常生活中进行领导活动,取得成功的一种方法总结。领导艺术的培养离不开领导者的个人素质;实践是领导艺术的基础,领导艺术与实践密切联系,单靠书本永远培养不出领导艺术;领导艺术主要是科学地解决领导工作中的复杂矛盾,不只是解决普通的矛盾和问题;领导艺术的表现形式是程序化和非程序化、模式化和非模式化的结合,呆板教条的人是掌握不了领导艺术的。领导艺术实质是领导方法,只不过它是一种特殊的领导方法。

二、领导艺术的特征

(一)创造性

领导工作是规范性与创造性的统一,但创造性特征更为突出。领导艺术不是对已有方法的机械地、简单地运用,而是在坚持规范性原则的基础上体现一种层出不穷、丰富多彩、构思新颖、风格独特的技艺。创造性是领导艺术的最大特征,体现了领导者生机勃勃的创造力,是领导者集体智慧和个人智慧与才华于一体的集中体现,所以方式多变、风格常新。领导艺术的丰富和发展是没有止境的,它是一个高度开放的系统,随着领导实践的不断深入会有新的发展。

领导艺术之所以被称为艺术,最主要的是领导艺术具有与众不同、与过去不同的创造性和创新性。中国古代艺术家强调艺术创作"法无定法",就是说艺术创作随创作主体和对象不同而变化。艺术创造的最高境界是"无法而法,乃为至法",不受教条主义束缚。领导艺术所倡导的是"法无定法",其最高境界是"无法而法"。毛泽东曾将领导艺术这种生动巧妙的特点概括为"运用之妙,存乎一心"。就是说每个人的领导艺术和方法都有各自特色,只有自己知道,它"只可意会,不可言传"。好的、成功的领导方法与艺术往往就表现在它的绝无仅有上,是开创先河的经验与方法。比如,毛泽东的决策艺术,在某种程度上可以说是"出神入化""高深莫测":不管是红军长征途中的"四渡赤水",还是"文革"中粉碎林彪集团篡党夺权的阴谋,真是神机妙算,堪称决策艺术创造性的楷模。周恩来通过对领导智慧灵巧而完美的运用,形成了"不感觉是在领导"的出神入化的领导艺术。他像一团火焰,给人民以热情和力量;像一块磁石,吸引着人民的心灵。他的领导真正达到了"天下归心"的境界。

(二)个人特性

领导艺术是共性与个性的统一,但个性特征更为突出。在领导工作活动中,都需要运用领导知识和领导经验,即前人通过实践证明具有普遍指导价值的、体现领导艺术共性特征的原则和方法。尽管如此,但由于个人的素质、阅历、知识结构等各不相同,领导者运用这些原则和方法时便会表现出不同的风格、不同的技能技巧,体现为领导艺术的个性内容、个性特征。名人的领导方法和艺术各具特色,各领风骚。刘邦的老道,李世民的英明,康熙的机智;毛泽东的远见,华盛顿的无私,林肯的仁厚；罗斯福的坚毅，尼克松的卓识，列宁的冷静；斯大林的坚硬，拿破仑的韬略，戴高乐的无畏；玛格丽特的自信，周恩来的忘我……

唯有个性才有艺术。没有个人的特色也就没有艺术，可以说领导者的个人特性决定他独特的领导艺术风格。有些领导者直率豪放，说话风风火火，比较注重工作效率，对人对事在时间的把握和要求上就比较追求快节奏。而有的领导者性格内向、沉默少言，遇事爱仔细琢磨，不大注重时效，对工作显得比较严谨，在领导方法上表现为井然有序，原则性强，对人对事要求就比较注意原则，不放过小节。如电视剧《亮剑》中的师长李云龙的性格就是前者：他会带兵打仗，不怕苦，但缺点也很突出，经常惹事。李云龙的搭档政委赵刚的个性与领导方法则是后者，但最后两人配合默契，成为领导工作中的最佳组合。由于这两种不同个性的人在进行领导工作时的目标一致，虽然个性差异较大，但结果却是殊途同归。

（三）经验性

领导艺术是经验性与科学性的统一，但更具经验性。领导艺术与领导者的阅历有很大关系，是领导者实践经验的描述、总结和升华。同一领域的领导艺术，具有不同经验的领导者运用起来效果会大不一样。再高超的领导艺术，也难免带有个人经验的痕迹，具有鲜明的个性。

领导艺术源于领导者长期领导实践经验的总结与积累，并非一朝一夕之功。在实际领导活动中，各人的领导艺术都会带有各自领导实际中经验性的痕迹。如我国原国家领导人李瑞环，不论是在天津担任领导工作，还是在中央担任领导职务，都有许多不同凡响的做法，这与他长期工作在基层，积累了丰富的实践工作经验是分不开的。而在实际生活中，有些人的有些做法有时不完全是合乎某种领导科学理论原理的，而完全可能是他自己长期实践的总结，这也就是领导艺术具有很强经验性的根本原因。

（四）科学性

首先，领导艺术是领导活动客观规律的生动再现。唯有客观的，才是科学的，任何事物离开了客观性，就失去了科学性。如毛泽东关于在领导工作中"弹钢琴"的领导艺术，就生动地反映了领导工作中主要矛盾和非主要矛盾运动、变化和发展的辩证关系。他告诉人们，在领导工作中既要抓中心环节，又要善于统筹兼顾。毛泽东是古今中外卓越的领袖人物，他一生中不大用枪，却是一代杰出的军事指挥家。其领导艺术之高深是无人能与之相比的。究其原因，就是因为他善于去寻找客观事物发展的规律。如抗日战争时期，有"亡国论"和"速胜论"两种理论盛行，他通过对中日两国政治、经济、军事情况的辩证分析，深刻指出这两种理论的错误，而提出"持久战"这一新的理论，后来的抗战实践证明了毛泽东同志这一理论的无比正确性。

其次，领导艺术离不开马克思主义理论指导。马克思一生的贡献无人能与之相比，最伟大的贡献就是探索出了认识世界和改造世界的根本方法——辩证唯物主义世界观和方法论,使人们从根本上找到了认识世界上各种事物的根本途径。而当代领导者的方法和艺术最重要的就是要运用这个迄今为止世界上最为科学的理论作为指导,取得各项工作的成功,创造出多姿多彩的领导艺术。

最后,领导艺术是人类领导工作经验的科学总结。领导艺术不是凭空产生的,它来自人类领导工作和领导活动,是对人类领导工作经验的积淀,是对人类领导工作教训的反思、经验的总结和理论升华。没有一代一代领导经验的积累总结,就不可能产生丰富多彩、绚丽多姿的领导艺术。

（五）权变性

"权变"是指"随具体情境而变"或"依具体情况而定",即在领导与管理实践中要根据组织所处的环境和内部条件的发展变化随机应变。领导艺术具有权变性,是指领导艺术并非一成不变,也无固定模式,它是领导者系统思考和处理随机事件的一种应变能力。它不遵循规范化的程序,也不信守呆板僵化的教条,而是因人而异、因地制宜、因材施教、因势利导,随机应变地通过直觉判断认识问题、分析问题、处理问题。

不仅不同的领导者在处理问题上的方法和艺术不同,而且即使是同一个领导者在处理同类性质问题时,在不同时间、不同地点、不同客观环境下,采取的方法可能也不同。比如,同样是要批评某种现象和错误认识,在大庭广众之下的批评与在小范围或者单独交谈中的批评,在方式、方法与艺术上就不同;被批评者的性格不同、素质不同,领导者进行批评时的方法也不一样;批评者与被批评者的私人关系不同,在批评方法上也会有区别;等等。这说明领导方法与艺术是一种变动不居的东西,是非规范的,只有用权变理论才能理解和驾驭它。

三、领导艺术的作用

（一）有利于实现领导目标

实现特定目标是领导工作的核心。领导者要实现特定目标关键在于激发和调动下属的积极性、主动性和创造性。要做到这一点,要求领导者具有高超的领导艺术,知道怎样去借下属的力气和头脑来实现领导工作目标,这才是最聪明的领导。领导艺术就是帮你提高这方面的技巧与能力,使你轻轻松松地完成领导任务,实现领导目标。

（二）有利于履行领导职能

相对于过去,今天的时代是思想多元化、价值观多样化、利益格局多层化、社会阶层分层化的时代。时代的变化使领导职能更加复杂,各种社会矛盾不断增加,社会各方给它的影响也日益增多。面对错综复杂的社会环境,领导者要履行好领导职能,需要认真学习和掌握领导艺术,提高领导工作艺术,否则很难履行领导职能,无法胜任领导工作。

（三）有利于适应时代变化

人类社会已进入科学技术日新月异的知识经济时代，较之传统社会，生活节奏更快了、思想观念更新了、自主意识更强了、平等要求更浓了，被领导者的素质更高了。面对时代的变化、领导环境和被领导者的变化，领导者应更新观念，解放思想，钻研领导科学，把握领导规律，提升领导艺术，这样才能适应知识经济时代领导工作的需要。当面对新时代特别是年轻人时，如果领导者没有高超的领导艺术，就会落伍掉队，跟不上时代步伐。

四、领导艺术同领导科学的关系

（一）领导科学是领导艺术的理论化

领导科学源于领导艺术，领导艺术离不开领导科学的指导，二者相辅相成。正是因为有内容各异、极富创造性的大量领导艺术，经过人们的总结与推广，才能成为在更大范围内普遍适应的、富有指导意义的、揭示普遍规律的科学学问，即升华为领导科学，成为系统的科学理论。

领导科学是专门研究领导工作规律的学问，它有严密的理论体系和逻辑推论，有完整的内容，涉及广泛、全面。领导艺术是领导者运用领导科学知识和各种领导方法，解决客观实际问题的技能。它没有固定的、规范化的模式，只有一些基本原则、具体做法，灵活性、实践性更大，而且有很多东西是各人在各自工作实践中独到的体会，是在一定领导环境中适应的技巧。相对于领导科学的完整性、系统性来说，领导艺术只是一种初级的、零碎的、部分的内容。

领导科学着眼于领导活动的整体，研究领导活动各要素相互联系、相互作用的规律，构成了相对稳定的理论形态。领导艺术则着眼于领导活动整体中的个体，研究领导者个体的素质、能力和水平，研究如何处置复杂的客观情况，以达到主、客观的一致，最终实现领导目的。

（二）领导艺术是领导科学的精华

领导科学的内容很多，有主体方面的，也有方法等方面的，而在实际生活中，了解领导科学主体方面的内容，其目的是为了更好地去实现、进行领导，而不是单纯地只了解领导的概念与含义、特点与作用、体制与形式。我们学习领导科学的目的，就是为了掌握领导工作的规律，学会开展领导工作的方法与艺术，更好地实现领导目标。领导的层次越高，面对的问题越复杂，处置的随机性越大，越需要高超的领导艺术。钱学森说："领导干部真正运用的不是领导科学，而是领导科学的艺术。"可以说，领导工作就是科学与艺术的结合，领导艺术与领导科学是辩证统一的关系。领导艺术是整个领导科学体系中最为重要的精华部分，是最能体现领导者水平、能力与整体素质的核心内容，也是领导者千方百计要揣摩、体会和掌握的实质性内容，是整个领导科学学习的落脚点。学习领导科学，有利于熟悉和了解领导艺术，使之在领导工作中更好地发挥作用。

五、领导艺术同领导经验的关系

（一）领导经验是领导艺术的基础

领导实践使领导者积累了大量成功的领导经验，通过对经验的反思、总结，转化为解决问题的技能。领导者经验积累的程度，直接影响领导艺术的发挥水平。在实际工作中，领导艺术水平的状况，同领导经验的多少成正比，领导经验越丰富，领导艺术水平越高。初出茅庐的人，缺少领导经验，也就谈不上有多少领导艺术。只有在领导岗位上积累了丰富领导经验的人，才有可能铸就具有个性特点的领导艺术。

（二）领导艺术是领导经验的升华

人的经验总是受一定条件限制的，有其局限性。所以，仅凭实践经验指导工作的领导者只能是政绩平平，不能有大的作为，而且可能会犯经验主义的错误。因此，我们要看到，领导艺术包含着经验，但不是经验的简单堆积，更不会有了经验就自然而然的有领导艺术。领导艺术是领导经验的升华，领导者主动地将领导经验升华为领导艺术，把握好领导经验与领导艺术之间的辩证关系法。

（三）领导经验升华为领导艺术的路径

（1）思维加工。领导者要善于将领导工作中零碎、片面的经验，经过头脑的加工，去粗取精、去伪存真、由此及彼、由表及里地加工制作，透过现象看本质，把感性经验升华到理性思维的高度。现实生活中，有些领导干部实践经验很丰富，但领导艺术水平却不高，往往与他不善于进行思维加工有关系。恩格斯强调，要重视"从亲身经历的痛苦经验中学习"，阐明了总结经验与提高工作效率和水平的关系。

（2）实践应用。领导者认识领导工作的本质与规律，只是为掌握领导艺术提供了可能，要把这种可能变为现实，还必须将这种规律性认识应用于实践，指导行动，达到成功领导的目的。领导艺术表现为理论与实践的统一，离开实践的检验，永远不能升华为艺术。领导者要善于想，更要善于做，而且要遵循一定的规律去做，在此基础上再进行归纳、总结，才能实现这种升华。

（3）转化中介。领导者在将自己的领导经验向艺术升华的过程中，要明确这种转化往往不是直接的，而是要经过一系列中间环节，包括正确分析形势、采用适合群众要求的方式，把他们的意志转化为群众行动等一系列中介的活动。在社会改革过程中，不同地区的领导者要结合本单位的实际，采取适合本地群众需要的方法和政策，才能取得好的效果。不善于实行这种转化的领导者，就不可能尝到领导艺术的甜头。

六、领导艺术与玩弄权术的区别

（一）权术与玩弄权术

所谓"权术"，《辞海》上说："权"为权宜、权变，指人们衡量是非轻重，因事制宜、酌情变通、以变应变的意思；"术"为手段、策略、心术；"权术"即权变之术。从其本意看，权术是一种灵活处置的手段，是一种智术。从一定意义上讲，领导艺术与权术都是领导活动中运用权谋、通权达变实现目的的手段，二者有相似性。但从本质上看，又不是一回事。

所谓玩弄权术，就是指拥权者从个人意志和利益出发，采取不光明正大的手段，抓住一切机会，打击别人、离间他人、排除异己、抬高自己，不能容忍任何有碍于自己利益的行为，使自己的利益、愿望得到满足。"权术"成为历代统治阶级依仗权势而要弄计谋和手段的代名词。

（二）领导艺术与玩弄权术具有本质区别

（1）理论基础不同。领导艺术以科学理论和世界观做指导，遵循自然规律、社会规律和思维规律，是辩证唯物主义和历史唯物主义理论在领导活动中的运用；而权术则是以剥削阶级的统治理论和权术计谋为基础，以主观唯心主义和历史唯心主义为根基，反对科学、叛逆时代，是脱离人民群众的卑劣手段。

（2）服务目的不同。权术完全是为了实现个人利益，不惜牺牲、坑害他人，是一种以利己主义为目的的活动，重在"治人"；领导艺术则是领导者以提高执政水平、为人民办事为目的，重在"治事"，掌握领导艺术的目的是为了搞好领导工作，服务人民群众。

（3）采取的手段不同。权术是心术不正之人的工具，要弄权术的人惯于搞阴谋诡计、口是心非，总是躲在阴暗角落，害怕光明正大，往往虚伪阴险；而领导艺术作为领导者的智慧和技巧，光明磊落、言行一致，有问题当面讲，有矛盾桌面上谈，与人为善，努力实现真善美的统一。

（4）发挥的作用不同。权术是腐蚀剂，破坏团结、败坏风气，排斥异己、争权夺利、泯灭正义，造成人心涣散、单位乌烟瘴气，形不成合力；而领导艺术是催化剂，具有促进团结、协调冲突、增强信心、调动多方面积极性的作用，能促进领导工作的顺利开展。

（三）提高领导艺术防止误入玩弄权术的歧途

领导者要防止由提高领导艺术误入权术的泥潭，最根本的是要坚持"立党为公，执政为民"，树立权为民用的正确权力观、以民为本的价值观。不管你处在什么样的领导岗位，都不能把领导权力看作私有财产。要看到你的工作是为了实现人民的利益，不要陷进钩心斗角、玩弄权术的泥潭中去；要充分认识到，凡是玩弄权术的人，最后都没有好下场，往往是搬起石头砸自己的脚，正所谓"机关算尽太聪明，反误了卿卿性命"。

第三节　领导方法与领导艺术的关系

一、领导艺术是领导方法的再创造

领导方法与领导艺术二者是紧密相连的。一般说来,方法是艺术活动的载体,艺术是方法的创造。领导方法进一步发展和完善就成了领导艺术。领导艺术就是通过领导方法来展现的,是领导方法的熟练运用。歌唱家运用什么样的方法进行演唱、画家用什么样的手法进行创作,是他形成艺术作品的依据和载体。而不同的艺术家运用同样的方法,却可以形成不同的艺术风格。这就是我们所说的"艺术是方法的创造"。只有把领导方法运用到恰到好处,出神入化,领导方法才能转化为领导艺术。比如,"集中兵力"是通用的带兵方法,而如何依据具体战斗情况恰当地集中兵力打胜仗那就是指挥艺术了。毛泽东说,"领导者的聪明不在懂得灵活使用兵力的重要,而在按照具体情况善于及时地实行分散、集中和转移兵力",就是这个道理。

二、领导艺术与领导方法的区别

(一)领导方法相对稳定,领导艺术灵活易变

领导方法具有较为稳定的程序,可以形成确定的规范,建立一定的数学模型输入计算机操作系统,通过定量和定性分析,控制工作过程。现在计算机进入诸多领域,包括军事指挥中大量程序化的东西都可以由计算机代替。而领导艺术则无法精确规范,也没有固定程序,全凭领导者依据客观情况,随机应变地灵活处置,具有非定量性和不确定性。如果不顾条件,照抄照搬过去的或者别人的成功经验,就会事与愿违,以失败告终。有人在法院审判过程中,建立软件系统,用这个系统来进行审判。这样的审判可能为防止司法腐败起到一定的作用,但它忽视了审判过程中千差万别的复杂性,忽视了审判问题上的艺术性,因此,这种良好的愿望,只能是一厢情愿,难以保证特殊个案审判的公正性。

(二)领导方法具有重复性,领导艺术不易复制

领导方法具有可重复性,能反复使用。毛泽东把方法称为"船"或"桥",意思是谁都可以坐,谁都可以用。不同的领导工作可使用同样的方法,一种方法可以在不同情况下运用。如调查研究的方法,不同行业、不同单位、不同时期的领导者都可以用。而领导艺术则不同,它是在一定客观条件下,对特定对象采取的独特的处理方式,具有一次性特点。领导者针对不同的问题,在不同时间、不同条件下体现出来的领导艺术并不一样。领导艺术因人而异、因事而异、因时而异。"空城计"是诸葛亮在别无他法的情况下无奈的选择,是他大胆随机地处置问题的高超技能艺术。而这种高超艺术具有不可重复性,一次用见艺术,而以后再用,就很难保证成功。

（三）领导方法具有共性，领导艺术偏重个性

领导方法是每个领导者所共有的，而领导艺术则只属于个人。领导方法具有共性和普遍性。基本的领导方法适应不同领域、不同时期、不同环境和不同对象。领导艺术具有强烈个性色彩，千差万别，因人因时而异。将领导方法发展和升华为领导艺术，关键是要灵活多变，因时因人而异。在领导活动中要特别注意抓准时机，把握分寸。时机是指事物发展的火候，讲的是时间上的恰到好处，早了不行，晚了也不行，"机不可失，时不再来"。分寸是对事物自身限度的控制，讲的是空间上的适度，"过"不行，"不及"也不行，既要防"左"，也要防"右"。只有想办法巧妙地实现主、客观一致，才能准确把握事物的发展过程，炉火纯青地处理好各种矛盾，实现领导目标。

三、领导方法与领导艺术在领导与管理中的运用

（一）领导与管理的联系

"领导"与"管理"既具有密切的联系，又具有重要区别。从广义的角度来说，领导与管理是同等的，它们都是人类共同管理活动的驾驭与控制。从狭义的角度来讲，二者又有较大的区别。领导是领导者为实现一定的目标，统帅和指引被领导者的社会管理活动。管理是指为了实现一个确定目标，对人力、物力和其他资源进行整理和处理的过程。领导既具有管理的一般属性，同时又具有高于管理的特殊性。领导要讲究艺术，管理则侧重方法。

1. 领导是高层次管理

从一定意义上说，领导也是管理。但管理有高层、中层和基层之分。

基层管理是微观管理，直接管理具体的人、物、事，一般按常规办事，执行上级决定的具体任务，独立性不大。

高层和中层管理是宏观和中观管理，一般不直接管理具体的人、物、事，主要处理带有方针、原则性的重大问题，独立性较大。在领导与管理的区分上，一般把上层和中层管理视为高层管理，领导就是高层管理。

2. 领导是战略性管理

领导也是管理，但领导不是微观管理，而是战略性管理。也就是说，领导侧重于大的方针的决策和对人与事的统御，强调通过与下属的沟通和激励实现组织目标，领导追求组织乃至社会的整体效益。管理则偏重于执行决策，强调下属的服从和对组织的控制以实现组织目标，侧重于追求某项工作的效益。

3. 领导是"超脱型"管理

领导也是管理，但领导不是日常事务型管理，而是"超脱型"管理。领导重在决策，主要从根本上、宏观上把握组织活动。一方面，领导不要陷入烦琐的事务中，不要事无巨细；另一方面，领导主要依靠权威、威信而发挥引导和影响作用，不能主要依靠强制性的权力。总之，领导侧重于大的方针的决策，面向全局、面向未来；而管

理侧重于执行决策、侧重追求某项工作的落实。

（二）领导与管理的区别

领导既是管理，又不同于管理。领导同管理作为两种不同的社会行为和社会活动，有着重大区别。概括地说，领导重在决策，做正确的事；管理重在执行，正确地做事。领导带领组织变革；管理需要适应变革。领导能力可为组织发展提供活力和动力；管理能力只能在维持现状的情况下发挥作用。领导更多地关注组织的变革和持续发展的动力发掘；管理只是在固定的流程上按一定的程序进行活动。

1. 侧重点不同

管理强调"机械的效率逻辑"，而领导强调"有机的情感非逻辑"。虽然管理与领导在理念层次上都追求效率、效益的提高，但管理更多地注重具体的生产过程中的工时研究，注重正式的规章制度，强调刚性；而领导注重领导者对人的影响和引导，重视人的需要、情感、兴趣、人际关系的社会属性，强调柔性，注重激励和激发人的内在潜能和积极性。

2. 功能不同

从功能上讲，管理重在维持秩序而领导重在推动变革。良好的管理很大程度上能在企业的主要领域形成特定的规律与秩序。管理文化强调理性、控制。无论其精力是集中于目标、资源、组织结构还是人员，管理者都只是问题解决者。

领导则截然不同，它不是带来秩序与规律性，而是带来组织的运动。其核心方法和过程包括确定组织战略方向，联合群众，进行鼓励和鼓舞。也就是说，领导者主要是提出问题，并非为完成其使命的具体实践者。

3. 行为方式不同

对于决策和制定议程来讲，管理的行为方式是计划、预算过程，而领导的行为方式则是确定长远的方向、战略，实行变革的过程。

对于执行过程中的人际关系来讲，管理的行为方式是根据完成计划的职责和权利，制定政策和程序对人们进行引导，并采取某些方式或创建一定系统监督计划的执行；而领导的行为方式则是宣传、鼓动和引导群众，把相信远景目标和战略的群众凝聚起来，并得到他们的支持。

对于具体的执行过程来讲，管理的行为方式重在控制和解决问题；而领导却重在激励和鼓舞。

对于执行结果的评估来讲，管理旨在维持已有的成果，维持既定秩序；而领导则在于引起变革，打破原有的格局，使组织创新，更加适应环境。

4. 对主体素质的要求不同

领导与管理已经成为相对独立的系统，其功能、行为方式有很大的区别，因此领导与管理主体的素质也有很大的区别。

管理要求正确地做事情，知道做什么，有对任务的看法，习惯从里向外看世界，喜欢高高在上,知道说什么,行动保守,受约束驱动,关注做错的事情,等等。

领导则要求做正确的事情,知道如何做,有关于任务的愿望,习惯从外向内看事情,喜欢深入第一线,知道如何说,对生活充满热情,受目标驱动,关注做对的事情,等等。

5.价值取向不同

在对待目标的态度上,管理者往往倾向于以一种不带个人情感的方式对待;而领导者则为了改变行为模式,应对变换的环境和变革,往往能持积极的、大胆的态度。

在对待工作的看法上,管理者倾向于将工作视为一种授权过程,在限制中进行选择;而领导者则力图开拓新思路,开启人们新的选择空间。

在对待人际关系上,管理者乐于和他人一起工作,避免单独行动所带来的不适,乐于共事,看待问题较少情绪化;而领导者则带有极强的自主性、独立性和艺术性。

6. 着眼点不同

管理强调维持目前的秩序,其价值观建立在一个假设前提下,即现存的制度、法规是至高无上的。制度和法规的存在就是为了规范人们的行为,使其按照管理当局的愿望运行,不出问题、不出差错、不折不扣地服从命令,完成组织交代的任务,这就是优秀的管理。我们常说"要加大管理力度",其原因何在?就是害怕失去了秩序。然而秩序并不是我们追求的目标,这是管理的误区。

领导不同于管理,而强调未来的发展。领导所盯的是未来目标,关注的是发展,更注重调动下属积极性,给组织注入新的活力。而管理过度将会导致墨守成规,强调短期利益,侧重回避风险,从而扼杀了组织的生机。只有领导者具有积极进取的精神,才能重新给组织注入新的活性因素,催发其生机,与时俱进。

7. 对员工的态度不同

由于管理者追求的目标是秩序,同时,他们的权力基础非常脆弱,所以他们总是喜欢控制员工。在他们的眼中,最好的员工就是听话、少说少想、多做的人,无论中国还是外国,规律一样存在:越是无能的管理者,越喜欢老实的员工。这是因为老实的员工容易控制。可是,容易控制的员工也是缺乏创新和成绩的员工。

领导者偏爱有才能、有想法的员工。有才能、有想法的员工本身掌握了较多的有价值的资源,从而也就拥有了权力,这似乎会对领导者的权威构成冲击和威胁。但是深入地进行分析,我们就会否定前面的怀疑,领导者并不想通过行使权力获取私利,员工的地位越高、权力越大,也越有可能认同领导者的宏伟愿景,这不仅不会削弱领导者的权威,反而会使领导者的权威得到强化和放大。领导者认为,有才能、有想法的员工创新能力强、潜力大,能够积极地、主动地实现共同的目标,可达到事半功倍的效果。

◎ **案例 2 - 1**

　　传说有这么一个故事:有一个牧民有 17 头牛,他在病重的时候,要把这 17 头牛分给他的三个儿子。他说:长子分得 1/2,次子得 1/3,三子分 1/9。后来他死了,三个儿子不知道怎么分,吵了很长时间也分不下去。聪明的邻居知道了这件事,便带了一头牛来帮他们分。这样,大儿子分了 9 头牛(1/2),二儿子分了 6 头牛(1/3),三儿子分了 2 头(1/9)。三个儿子刚好分去 17 头牛,最后恰好剩下这头邻居带来的牛。于是邻居又把自己的牛牵了回来。这是一个称颂牧民邻居智慧的故事。牧民只有 17 头牛,却不把牛分完,因为 1/2+1/3+1/9=17/18,这就说明牧民眼里早把他邻居的牛设计在他的分牛法里。

　　这个故事启示领导者,面对领导工作中的问题,要善于运用领导艺术,把握领导工作规律,吃透问题本质,抓住问题关键,借用外部资源、外部力量,运用科学手段,提升领导工作水平。

◎ **案例 2 - 2**

　　美国著名人际关系大师、现代成人教育之父卡耐基曾写出享誉全球的名著《人性的弱点》《人性的优点》《人性的光辉》等,成为《圣经》之后人类出版史上第二大畅销书。他指出为人处世基本技巧的第一条就是"不要过分批评、指责和抱怨",第二条是"表现真诚的赞扬和激励"。研究表明,人的潜能是巨大的,人们表现出来的现实能力仅占其能力的 30%,还有 70% 的潜能未发挥出来。领导者的重要任务之一就是运用高超的领导方法,去挖掘下属的潜能,调动下属的积极性,给下属以最大激励。

第三章　决策的方法与艺术

决策是领导过程的起点,也是领导活动的中心环节,领导就是决策。科学决策是国家富强、民族振兴的根本,是决定事业兴衰成败的关键,是企业立于不败之地的保证。决策是领导者的首要职能,能否科学决策是衡量领导水平高低和领导能力强弱的重要标志。领导者决策水平不同,对同一性质的问题,因空间、时间的变化,决策者会采取不同的决策方法,产生不同的决策效果。决策中如何巧妙地运用天时、地利、人和等有利条件进行科学决策,最重要的是要求领导者钻研和掌握科学决策方法与决策艺术。

第一节　决策概述

一、决策的含义与构成要素

(一)决策的含义

决策一词是从英语 decision making 翻译过来的,原意是"做出决定",后来为文字精练和表达准确,把它译为"决策"。决策一词最早出现在美国,是 20 世纪 30 年代美国学者巴纳德最早把它引进管理理论的。

决策有狭义和广义两种解释。一般说来,决策就是做决定的意思,俗称"拍板"。

狭义的决策,是指领导者对行为方案的最后选择,即"拍板""定案"。广义的决策,包括发现问题、确定目标、集思广益、拟订方案、分析评估、方案选优的全过程。

所谓领导决策,是指在改造客观世界的活动中,领导者在被领导者的参与下,依据对客观规律的认识和对主观条件的把握,借助于一定的手段和方法,对未来要实现的目标以及要达到目标的途径、方法,进行设计、规划、选优的过程。

(二)决策的构成要素

决策过程是一个复杂的系统,主要由以下要素构成:一是决策者,指进行决策的领导者;二是可控制因素(决策变量),即决策者所掌握和可以运用的资源;三是不可控制因素(状态变量),指决策的外部条件和客观因素,可能是已知的,也可能是未知的;四是决策对象,与决策目标有关的各种事物及因素。在四个要素中,最活跃的是决策者和决策变量。全面把握决策构成要素,对于领导者正确决策具有非常重要的作用和意义。这是因为,决策的实质是决策者在一定状态变量的条件下,利用决策变量来影响决策对象,对决策变量进行不同组合,形成一系列的可行方案,并从中选出最优方案,从而达到决策目标的过程。决策者如何灵活而巧妙地利用决策变量来影响决策对象,在很大程度上取决于领导者的决策艺术。

二、决策的性质与特征

(一)决策的性质

1. 决策就是抉择

决策的本质是选择。没有对不同方案的比较,就无所谓决策。只有通过对各个方案的分析比较,才有可能选择最优的方案,找到合理的方案,做出科学的决策。

决策通俗的说法就是拿主意。对几个可供选择的方案拿主意,只有一个方案不能算决策。一加一就是二那样的问题,任何懂算术知识的人都能回答,如何谋求一加一大于二这样的问题,才是谋略者显示其才华的场所。

决策的过程是领导者发挥创造才能的过程。领导者只有充分运用创造性思维,才能选择出利益因素和风险因素的最佳组合,从而做出科学决策。

世上的事物总是错综复杂的,一件事之所以有两个或两个以上可供选择的方案的存在,这个事实的本身就说明它们各自有自己的优点与缺点,试图找出一个完美无缺的方案来是不可能的。人说,选出一个最好方案来做决策。假如说,这个"最"是几个方案做比较后尽可能满意的"最",这有道理。假如视为是一切的一切都好于别的方案的"最",那就不对了,也不可能。以后一种思想作为决策思想,这样的"策"就永远抉择不出来。《孙子兵法·谋攻》有"不战而屈人之兵,善之善者也"的说法,这个"善之善"就是一个比较的概念。领导者进行决策,不是谋求十全十美的最优最佳方案,而是寻求相对科学的方案。

2. 决策是一种理性管理活动

先谋后战,决策具有导向性。理性的目标引导着人们理性的活动。目标导向性有着双重性质,它是先进的,实现它是有困难的,但经努力却是可以实现的。古人说得好:"不谋万世者,不足谋一时;不谋全局者,不足谋一域。"其意思是自古以来,不谋虑长远利益的,就不能解决好当前的问题;不谋虑全局利益的,就不能解决好局部的问题。这表明谋略具有导向特性。领导者的决策,就是为了实现领导活动目标。企业领导者的决策,就是为了实现企业的目标。企业通过什么技术手段和经营活动来实现其目标,关键在企业领导者的科学决策。

(二)决策的特征

1. 预见性

预见性,又称前瞻性、超前性。决策是一种立足现实而规划未来的活动,必须以预测为依据。已成为现实的东西,就不需要决策了。规划未来,就不能局限和受制于现实,而必须具有前瞻性和超前性。当然,超前性决策,绝不是脱离现实的凭空设想,而必须以现实为基础,符合客观实际。

2. 择优性

择优性,又称选择性。选择是决策的本质。决策总是在一定条件下寻找最优的目标和达到优化目标的途径。为此,要在对各种方案的比较中选优,否则,决策就没有意义。择优包括两个方面:一是目标选优;二是途径选优。

3. 目的性

目的性,又称目标性。决策是有目的的自觉活动,任何决策都有明确的目标。没有目标,就无所谓决策。目标选择不准确,必然导致决策失败。没有目标便无从决策。有目标才有方向,有目标才有决心,才能衡量决策成败。确定目标是科学决策的首要环节。

4. 创造性

创造性,又称创新性。决策是指人们发现并提出新问题、新思想、新方法,这就是创造。没有创造性,决策就没有意义。决策活动是创造性的思维活动。它不应拘泥固守现有的目标、方法、途径,而要不断地实现新的目标,创造出新的方法、途径。

三、决策的种类与类型

(一)常规性决策和非常规性决策

常规性决策又称程序性决策、规范性决策,是指对经常、反复出现的问题而有一定处理规范的决策。凡是问题和情况属于经常发生、反复出现的,它必然呈现出其规律性,决策时即可依据其规律编制一个例行的程序。依据这个程序可以解决同一类型的所有问题,问题解决基本上是有把握的。

非常规性决策又称非程序性决策、非规范性决策,是指对偶然出现的事件进行决策。它难以预料,解决时往往没有十足的把握。非常规性决策难度大、要求高,领导者应把主要精力放在非常规性决策上。

(二)最优决策和满意决策

最优决策是在追求理想条件下的最优目标的决策。最优决策要求条件最优,实施难度最大。一旦条件有变,最优目标就无法实现。正是这样,许多领导者并不愿意冒巨大风险去追求最优目标,而宁可根据现实可能去追求满意结果。

满意决策,就是在现实条件许可的范围内,以求得一个满意结果的决策。满意是相对的,没有最好,只有更好。满意决策的优劣取决于对现实条件的充分分析,在许多满意的目标中,应力求选其更优者,去夺取最好的结果。

(三)战略性决策与战术性决策

战略性决策又称宏观决策,它是对那些关系全局和决定全局的战略问题所做的决策。战略性决策涉及的范围广、因素多,决策的后果有重大而深远的影响。战略性决策是对关系全局的、长远的重大问题所进行的决策,也就是确定战略方向、战略目标、战略重点和战略方针的决策,主要属于中长期发展远景问题,它具有全局性、长期性、根本性等特点。

战术性决策又称微观决策,是指对那些局部性的、战术性的问题所做出的决策。它是战略性决策的延续和指令化,主要以实现战略性决策所规定的目标为决策依据,它服从服务于战略性决策,具有单向性、具体性、局部性、阶段性等特点。

战术性决策受战略性决策的制约和指导。战略性决策为战术性决策确定方向和目标。就企业来说,战术性决策是指在企业领导活动中为实现战略目标而研究解决某一短期的、具体的问题而做出的决策,它是实现战略性决策的基础,重点是解决如何组织和动员企业内部人才、物资等资源以实现战略目标的问题。

（四）确定性决策与风险性决策

确定性决策,是指被选择方案都有确定性后果,领导者可以根据预测后果的损益值大小择优做出判断。确定性决策把握性大,在这种决策中,一个方案必有一种确定的结果,是一种标准可靠的决策。

风险性决策,是指实施后果不确定的决策。风险性决策要冒一定的风险,把握起来难度较大,一旦成功,会收到意想不到的效果。这类决策存在着不可控的因素,一个方案会出现几个不同的结果,其结果只能按客观的概率来确定,因而,决策的结果带有一定的风险性。风险性决策特别要求领导者要慎重从事,不能鲁莽。

（五）个人决策与集体决策

个人决策,是指领导者根据个人的经验、智慧、才华所做的决策。它的特点是快速、高效,但难避免失误。个人决策并不意味着个人独断专行,个人说了算。科学意义上的个人决策,是在集思广益、集中大家正确意见的基础上,经过反复思考做出的。一般来说,个人决策应特别慎重。

集体决策,是指由领导集体做出的决策。其优点是能集思广益,可以避免个人专断(权);缺点是耗时长、争论大、难以形成统一意见,易陷入久议不决的被动局面。

我国普遍实行集体领导与个人分工负责相结合的民主集中制原则。重大问题集体讨论,日常具体工作由分工领导个人决策。这种决策体制,在集个人决策与集体决策之长的同时避其短,是一种理想的科学决策体制。

（六）经验决策与科学决策

经验决策,是指领导者根据以往决策积累的经验进行的决策。其方法主要表现为类比。经验决策主要与小生产方式相联系,存在较大局限性。

科学决策,是指领导者依靠专家和智囊团,按照一定的科学程序,采用先进的技术和方法进行的决策。它与社会化大生产相联系,体现了时代特征,是决策的高级形式和发展方向。领导者要力争科学决策,升华经验决策。

科学决策与经验决策相比具有以下三方面的优势：第一，经验决策是依靠领导者个人的经验和经历进行的；科学决策则要求建立完整的决策体制，依靠集体的智慧，使决策民主化。第二，经验决策的过程简单，只有"谋"和"断"两个步骤。科学决策的程序分为发现问题、确定目标，集思广益、拟订方案，综合评估、方案优选，实施方案、反馈调整等四大步骤，使决策程序化。第三，经验决策是依靠领导者个人的胆识和智慧进行最后的决断；科学决策则要求领导者必须运用科学的决策理论和决策思维方法进行优化决断，使决策科学化。

应当指出，科学决策不等于科学的决策，科学决策也有失误失败的；经验决策不等于不科学的决策，经验决策在大多数情况下也是科学决策。虽然科学决策日显重要，但经验决策仍然是必要的。在科学决策的时代，如何更合理地利用经验决策的资源，仍然是决策的重要课题。

四、决策的意义作用

（一）科学决策是领导活动的中心环节

决策是领导活动的中心环节。从一定意义上讲，领导就是决策。因为领导过程实际上是一个不断做出决策和实施决策的过程。决策决定和制约着领导过程中的一切活动，一切领导活动都要围绕决策的制定和实施而展开。领导决策决定着领导过程的各个阶段、各个方面，贯穿领导活动全过程，是整个领导活动过程的中心环节。决策是领导过程的起点，一切领导过程都必须首先解决打算干什么和怎么干的问题，而所有这些问题都要通过决策来解决。

（二）科学决策是国家和民族振兴的根本保证

一个国家、一个民族的兴衰成败，在很大程度上取决于国家领导集团的决策是否正确科学。在国际上许多国家和地区的快速发展，无一不是靠科学决策迅速崛起的。日本是二战的战败国，且资源短缺，20世纪50年代的综合国力与我国不相上下，由于制定并实施了"教育兴邦，科技立国"的科学决策，仅经历30年的时间，便一跃成为经济发达国家。法国、韩国、新加坡等国家无一不是这样。

相反，一些国家的衰败，在很大程度上是领导集团决策失误和错误所致。如苏联的解体、东欧社会主义国家的和平演变等，无一不是决策失误所致。我国发动"文化大革命"，也是决策失误，耽误了发展时间，拉大了同发达国家的差距。

中国共产党1978年做出改革开放的正确决策，加速了国家发展，缩小了同发达国家的差距，为实现中华民族伟大复兴的中国梦赢得了机遇。

（三）科学决策是决定事业兴衰成败的关键

决策正确，事半功倍，顺利达到预期目标，事业兴旺发达。决策失误，事倍功半，使事业蒙受损失。特别是大工程、大企业的出现，对领导决策的要求越来越高，往往牵一发而动全身。尤其是那些事关全局的决策一旦失误，更是"一失足成千古恨"，后果甚至不堪设想。有的领导者为了个人任内政绩,脱离实际,违反规律,盲目决策,造成重大失误,对此不进行深刻反思,而是以"交学费"为由搪塞过去,是极不应该的。

有的企业从小到大,由弱到强,立于不败之地,有的企业则步履艰难,债台高筑,以致倒闭破产,归根到底是决策问题。企业要在激烈的市场竞争中成为强者、胜者,一步也离不开科学决策。如何抓住机遇,摆脱困境,也需要科学决策。总之,科学决策可为企业指明正确方向,而"方向重于效率,方向出效益"。对于企业的生存发展来说,科学决策无论提到什么高度,都不为过。对企业来说,决策失败是最大的失败,决策造成的损失是最大的损失。

第二节　决策的方法

一、发现问题,确定目标

(一)发现问题

问题,是事物的应有现象与实际现象的差距。

决策的目的是为了解决问题,没有问题,决策就无从谈起。因此,发现问题是一切决策活动的开端。爱因斯坦说:"提出问题,是解决问题的一半。"就决策而言,正确地提出问题是正确做出决策的前提。发现和确认问题就是寻找差距。差距就是问题。发现问题就是发现在特定决策环境下应达到的状态和实际所达到的状态之间有多大差距。

问题意识是衡量领导者决策水平高低的重要标志。高明的领导者的共同特征是有很强的问题意识,即使是工作最顺利的时候,也不放松对发展趋势中问题的警惕。问题一旦被发现之后,就要明确界定问题。也就是把问题的性质、发生时间、地点、范围、原因、对本组织的影响和需要解决的迫切性等方面摸清楚,以求全面准确地把握问题,找出问题的症结所在。重点是要把握关键性的问题。即对诸多问题根据其重要程度和紧迫性,加以分类、排队、筛选,从中找出有重大影响的关键性问题作为决策的对象。

首先,要善于发现新形势提出的新问题。形势在不断发展,改革开放在不断深化,科学技术在不断进步,必然导致新问题、新情况、新技术、新工艺层出不尽,这要求领导者有预见性和战略眼光,能够及时发现新问题、掌握新情况。

其次,要善于发现被某种倾向所掩盖的问题。领导者要善于发现潜在的尚被某种倾向掩盖的问题,要透过现象看本质,善于发现一种倾向掩盖另一种倾向的问题,而不去赶浪头、挤独木桥,这就要求领导者有敏锐的洞察力。

最后,要善于把握发展中出现的新问题。改革开放、经济发展、社会进步、现代化建设的推进，必然产生各种经济问题、社会问题，如技术改造、结构调整、资源紧张、环境污染、人才短缺、分配不公、矛盾多发等问题。

（二）确定目标

确定决策目标，是制定科学决策的关键步骤。目标是决策的依据。目标选择不正确，势必导致决策失误。"失之毫厘，谬以千里"说的就是这个道理。确定目标在决策中的意义在于：一是给决策指明方向。决策如果没有明确的目标，就如盲目行船一样毫无意义，一旦确立了目标，便使解决问题有了明确的方向。二是有利于决策集团内部人员的思想保持一致。决策人员因知识、阅历、思维方式差距而常常发生分歧，确立了明确的目标，就有利于消除分歧，达成一致。三是为选择满意方案提供依据。决策方案的优劣在很大程度上要看它对于实现目标作用的大小，有了明确的目标，就能够为方案选择提供标准和依据。

领导者确定目标：一是目标内容要明确具体。一个可行的决策目标，应有衡量目标的具体尺度，实现目标的约束条件、时间规定和责任者。目标不能模棱两可、含糊不清，也不能以口号代替目标。要尽可能采用可计量的目标，以使目标数量化、具体化。二是目标制定要符合实际。确定目标要实事求是，要充分考虑现有条件和经过努力可以创造的条件，把需要和可能结合起来，使目标既积极可靠，又留有余地，切实可行。目标定得太高，不切合实际，无法实现，会挫伤干部和群众的积极性；目标定得太低，唾手可得，会失去目标的鼓励和激励作用。三是多个目标要正确区分。决策往往是多目标决策，领导者对各个目标要有明确认识，要区分近期目标和长远目标、主要目标和次要目标、必要目标和期望目标等。

二、集思广益，拟订方案

（一）集思广益

目标确定之后，就要从多方面寻求实现目标的有效途径。这就是制订方案的过程。在拟订方案阶段，领导者一定要发扬民主作风，广泛征求群众意见，多与有实践经验的研究人员、有多方面知识的人平等讨论问题。领导决策要广开思路、广开言路，充分发挥各方面人员，特别是咨询参谋人员的作用，鼓励他们施展自己的才能，从各方面寻找通往目标的正确途径，拟订出各种可供选择的方案。

高明的领导者在方案拟订中，首先不是当裁判、下结论、判断是非，而是发动大家发表不同意见，冷静地分析各方案的差异性。一个好的决策方案，往往是从互相冲突、七嘴八舌的辩论中产生的。不同意见之间的针锋相对，是一个集思广益、发挥创造性的过程，只有这样，才能使各种方案的利弊充分显示出来。

实施重大决策，可用放"探空气球"的办法听取不同意见。探空气球是过去用来做天气预报时测量天气状况的。领导者在要做出一项带全局性的重大决策时，心里把握不大，可以先放"探空气球"，有意识地透露一点信息，以非正式的征求意见的方式,让大家七嘴八舌地去议论,听取不同方面的意见后再决策比较稳妥。在一定时间和空间放放风、透透气,让大家自由地讨论,像放"探空气球"一样测试一下民意,了解一下群众的承受能力,再去修改方案,是很有作用的。在这样的基础上再去做决策比较符合客观实际。

决策前放"探空气球"的具体做法:一是领导者不正式表态,授意下属去吹风,但领导者要注意控制局面不要放任不管;二是领导者自己可在一定的场合里有意无意地暗示;三是搞一些相关的试点或试验,以产生示范效应。无论哪种方法,都应该注意及时收集反馈信息,对决策不断进行充实与完善。

(二)拟订方案

(1)要坚持多备选方案原则。拟订方案是寻找实现决策目标的手段。决策理论中十分强调拟定各种备选方案的重要性。备选方案越多,可供选择的余地就越大,决策就越科学。当然也不是方案越多越好,国内外有关专家研究表明,方案以 2～5 个为宜。

(2)要坚持备选方案相互排斥、各具独立性原则。拟定的各种备选方案应该相互排斥、各自具有独立性,包括实施条件、最后结果都有所不同。各种方案不能只是形式上或局部的不同。如果各种方案之间大同小异,或者相互交叉,或者相互包容,那么实际上就不能真正体现多方案原则,也无法分清彼此、比较优劣。只有互相排斥,才能体现差别,才有选择意义。

(3)要坚持备选方案多类型原则。积极方案,是指从正面保证决策各项目标和指标实现的方案,这是拟订备选方案的主要类型,它包含着促使目标实现的各项积极措施。应变方案也叫预案,是指在情况发生变化时使本组织适应这种变化的各项措施。不论环境是朝着有利于本组织的方向变化,还是朝着不利于本组织的方向变化,都应当制定相应的应变措施。这类方案的作用常常是和积极方案一道共同保证目标的实现。临时方案,是指在组织内问题已经发生但原因尚未查明的情况下,所制定的各项临时性措施。其目的是暂时抑制问题,以换取一定的时间,使决策者能够进一步界定问题,寻找产生问题的原因和解决的办法。

三、综合评估,方案选优

(一)综合评估

所谓综合评估,就是采取一定的方式、方法,对已经拟订的可行方案进行效益、危害、敏感度及风险度等方面的分析评估,以了解各方案的利弊和可能性。

方案评估的任务主要由智囊团来承担。其主要做法是经验分析法、抽样分析法、试点分析法,通过定性和定量分析,评估各个方案的后果得失,并交决策者定夺。

方案进行评估的范围:一是产生的后果,它包括效益分析和危害分析;二是方案实施的过程,包括实施条件分析和敏感度分析。

方案评估内容：一是备择方案是否有利于决策目标的实现；二是备择方案的现实可能性；三是备择方案可能结果的预计。

方案评估的标准：有"最优标准"和"满意标准"两种。"最优标准"是理想化标准，要求每项指标都为最优，但这并不现实。用"满意标准"来评估决策方案比较符合实际，这是因为：第一，在决策过程中，由于信息不全、领导者知识经验的局限性等，很难把所有可能方案都找到；第二，抉择有很多目标难以完全量化；第三，抉择有风险性决策和不确定性决策，无法绝对准确地预测其结果。

（二）方案选优

（1）方案选优必须由领导者亲自完成。方案选优，就是进行决断或称"拍板""定夺"，即从各种可供选择的方案中权衡利弊，然后取其一或综合成一。这是领导者的决策行动，是制定科学决策、形成政策、做出决定的最后步骤，是决策工作过程中最关键的环节和制高点。在方案选优上，要摆正领导者与专家的关系。一方面，专家是决策科学化不可缺少的因素，领导者要高度重视专家的作用，放手让专家独立研究，允许和提倡专家同自己唱对台戏，以起到兼听则明、正误比较之效；另一方面，领导者是决策的主体，专家只是协助领导者决策，而不能代替领导者决策。如果说，拟订备择方案可以委托智囊团或下属参谋机构来进行的话，那么方案选优则必须由领导者亲自完成。方案选优或择优完善：一是从多个备择方案中选定一个最佳方案。二是吸取各方案的长处，取长补短，集中完善一个方案。其原则是：利中取大、弊中取小、趋利避害。

（2）领导者要正确掌握方案择优标准。①顾全大局。这是评估方案的根本原则。如果一个方案对局部是有利的、合理的，而对全局则相反，那么这个方案就不能选用。②技术合理，即适合国情，符合企业需要，既有先进性，又有适用性。③经济合算，即有利于节省成本、提高效益。④时效最佳，即见效快，最能抓住机遇和有利时期。

（3）方案择优要注意的问题。①评估方案时，除领导者参加外，要邀请与提供方案无关的专家参加，以便对各种方案进行客观评估。②要让方案提供者充分介绍和解释，对问题进行答辩，领导者不能搞"一言堂"。③允许各种不同方案之间的辩论。④领导者不要急于表示态度，以免妨碍更多更好的意见发表。⑤当方案提供者掩盖以致辩解自己方案的短处和缺点时，领导者头脑要冷静，要注意指出问题，并听取不同意见。⑥有的方案提供者熟悉领导的特点和偏好，投其所好，不注意方案的科学性，领导者头脑要清醒，不能以自己的好恶作为衡量方案优劣的标准。⑦方案提供者与领导者关系有亲有疏，领导者必须坚持原则，秉公办事，真正做到择其优而从之，不夹杂私人感情。⑧方案提供者往往会夹杂为个人、为小单位争权力，争利益倾向，领导者要保持清醒，及时识别，谨防误导。⑨对落选方案的提供者，领导者不能歧视，要多肯定和鼓励。

四、实施方案,反馈调整

(一)方案实施

(1)方案要试验证实。决策的目的是为了实施,实施过程本身是对决策方案正确与否的检验。当领导者拍板定案后,就可以有计划地进行方案实施。对于允许局部试验的决策方案,一般要通过小规模的试验,以验证决策分析、选择的正确性。同时,也可以发现事先没有估计到的新问题、新情况,及时地在大规模实施方案之前,对原定的决策方案进行修正。

试验一定要讲究科学态度:一是要正确选定试验点。所选试验点要有代表性、典型性,不可随意选点,也不能给试验点创造特殊优惠条件、"吃小灶",必须在自然状态下试验,否则,试验的结果会失真。二是设置对照组。找出与试验点具有同类情况的非试验点作为对照组,从对比中得出正确结论。三是要进行盲试。即在不公开情况下试点,以免各种人为因素的干扰。四是要全面总结分析试点情况。如试点成功,便可进入普遍推广实施阶段;如试点失败,要及时反馈,对被选方案进行修正。

(2)要对方案进行防范分析。为了保证决策方案的顺利实施,在实施过程之初应进行防范分析。即预先研究决策实施过程中可能出现的各种问题和不良后果,以及它们的严重程度,提出相应措施加以防范。决策学中把那种不可避免的非预想状态称为"失效",在决策过程中,一般存在三种失效状态:早期失效、偶然失效和晚期失效。

早期失效:其原因或是由于传统习惯势力的阻力,或是由于人们既得利益的变化,或是由于宣传力度不够,当然也可能是决策方案本身不完善等。尽管出现失效,但这并不一定就意味着决策本身有误,领导者应冷静观察,全面分析,找出原因,对症下药。

偶然失效:实施一段时间后,就进入决策的正常实施阶段。这时也会出现某些失效现象,但失效率较低,即称为偶然失效。

晚期失效:随着时间的推移,失效率会逐渐增大,说明决策方案已趋于老化,进入到"晚期失效"阶段,这时应该在原决策基础上增加新的内容,或者重新决策。

分清决策实施过程中的三种失效状态,对于领导者做好防范分析工作、找准原因、提高防范的针对性具有重要意义。

(3)制订方案实施计划。经过试验证实和防范分析后,就进入全面实施阶段,就要有实施计划。实施计划应该由决策机关责成有关部门,吸收有关专家和具体工作人员共同制订,把决策具体化,做到周密、细致、具体而又灵活。计划一旦制定,就要由决策机关向下级机关下达。要做好传达部署和宣传发动工作,使领导者的决策家喻户晓、深入人心,变为组织成员的自觉行动。领导者和决策机构要做好实施过程中的组织协调工作,合理分工,明确责任,相互配合,加强协调,正确指导。

（二）反馈调整

由于现代决策的复杂性和决策者自我认识能力的局限性，在决策实施过程中，出现决断不符合或不完全符合客观实际情况的事情是经常发生的。这就要求决策者在进入决策实施阶段后，必须注意跟踪和监测实施情况，根据反馈原理不断对决策进行调整。

（1）要建立灵活有效的反馈机制。一要制定正式的决策跟踪和监督制度，针对决策和实施情况进行经常性的考察、监督、测定、评估、核实。二要畅通反馈信息渠道，使决策执行过程中的信息沟通和信息反馈快捷、畅通、准确、及时。三要确立和应用反馈调节的稳态极限标准。所谓稳态极限标准，即能够保持决策实施相对稳定状态的最大限度。也就是说，在这一标准限制内可保持稳定状态，超出这一限制即破坏稳定。确立这一标准的目的是衡量在什么情况下决策应该进行调整，而在什么情况下不必调整，可继续执行。

（2）合理甄别反馈调整情况。一是决策方案总体上是合理的，但也有局限性错误和不完整的方面，此时需要采取措施，修正调整实施方案，进行决策修正，在大目标不变的前提下使决策方案日趋完善、更合实际。二是决策方案出现了根本性错误，或者原来赖以决策的主客观条件发生了重大变化，小修小补无济于事，唯一的出路是推倒重来，追踪决策。

（3）要把握追踪决策的要求与特点。追踪决策不是对原决策方案的修改补充，而是对原决策的改变，是对原有决策方案进行一种根本性的修正。其实质是就原来的问题重新进行一次决策，但它又不同于一开始制订决策，不可能按照科学决策程序重新进行。

追踪决策的特点：一是回溯分析。从原有决策上开始，一步一步找出失误原因，使追踪决策建立在正确的基础上。二是非零起点。追踪决策是在原有决策已经实施了一段时间后进行的，已有大量人力、物力投入，领导者追踪决策时要慎之又慎，切忌盲动。三是双重优化。一要优于原决策方案；二要在诸多新方案中进一步择优，利中取大，害中取小，即为大利。四是心理效应。原决策人会因怕"担责"而竭力为原决策辩护，甚至掩盖真相，消极对抗。原决策的反对者，也可能因此否定一切，甚至置原决策的合理因素于不顾。为此，领导者首先要稳定情绪，理性思考，避免感情用事；其次，可以让原来当事人回避，尽量消除不必要的干扰；最后，看清未来，对事不对人，客观地就问题讨论问题。

第三节 决策的艺术

一、审时度势,随机应变

审时:观察、寻找,即观察时事,寻找时机。度势:估计、计算、把握形势,即估计形势,比较实力,掌握火候。"机不可失,时不再来",表明领导者在决策时把握好时机非常重要,是领导决策艺术高低的重要体现。

善抓时机,以备应变,要求决策者仔细观察思考,做有心人,看准时机和火候。许多人总是埋怨自己生不逢时,认为上天不公,为什么好机会总是光顾不到自己。其实,机会人人都有,到处都有,就看我们是不是做有心人,认真去寻找。中国的外卖行业自古就有,早在宋朝时期就出现了各式各样的外卖,如《东京梦华录》所记载:"市井经纪之家,往往只于市店旋买饮食,不置家蔬。"晚上吃夜宵,相熟的店铺会派出伙计掌灯笼,拿食盒,穿街过巷送餐——餐具和食盒甚至可以等到第二天再取回。随着与移动互联网技术的结合,这个存在千年的行当引爆了国内餐饮市场新的增长点。从阿里巴巴95亿美元收购饿了么,到美团上市300亿美元估值,其中200亿美元来自美团外卖,当下在线外卖平台的爆发早已势不可挡。而这两家位列行业前二的"巨无霸企业"无一不是抓住了"互联网+"时代跨界融合、驱动创新和重塑结构的大趋势,在行业变革初期利用移动支付技术、物联网技术第一时间实现了对传统外卖行业在运营结构、服务体系和实现手段上的重大突破:随时可下载的点餐手机APP、快捷安全的移动支付系统、基于物联网技术的外卖配送系统、实时展示的售后评价系统。

二、果断决策,迅速出击

在市场经济条件下,商场如战场,企业决策如同用兵打仗。"兵贵拙速,不尚巧迟,速则乘机,迟则生变。"什么叫"坐失良机"? 就是当机遇来临时,我们当断不断,犹豫彷徨,或者顾忌太多,就会眼睁睁地失去千载难逢的机会。领导者一定要审时度势,果断决策,看准了机遇,就要"迅雷不及掩耳"地采取行动,迅速出击。"该出手时就出手",容不得半点彷徨和犹豫。"当断不断,反受其乱"的典故,说的就是三国楚汉相争时,韩信无论在天时、地利、人和等各方面都远远超过刘邦和项羽,所以其谋士蒯通建言韩信自立为王,这原本是个千载难逢的极好机会。但韩信犹豫不决,当断不断,最后反落了个可悲下场。在市场经济中也是如此,在激烈的竞争中,你犹豫了一下,机会就给别人抢走了,等你醒过来时,机遇已与你擦肩而过。如阿里巴巴的崛起,就是接手eBay打下的在线购物江山,淘宝网上线即宣布免收平台费用,针对当时电商老大eBay在中国C2C难以收费的困境给予致命一击。而后起的社交巨头脸书(Facebook)、在线短租平台爱彼迎(Airbnb)都不是业界首创,都是通过快速改进行业开创者的不足或修正前人经验中的弱点，一跃而成为各自领域内的霸主。

三、开拓创新，以新应变

要想在现代化建设和激烈的市场竞争中，抓住机遇，要求领导者在决策时要尽量以新取胜，做到人无我有、人有我新、人新我特、人特我再创新，始终保持自己决策的东西走在时代的前头。这就要求领导者不断地接受新信息、总结新经验、得出新理论、运用新观点、使用新人才，才能得到新成果。苹果公司最初的业务并不涉及手机，苹果公司前 CEO 斯蒂夫·乔布斯通过调研发现老牌传统手机巨头们的思维还普遍停留在做好手机本身，大多数消费者眼中的好手机，无非是在通信功能之外兼具数码拍摄和影音娱乐功能。当 iPhone 于 2007 年面市后，人们惊奇地发现，这款产品除了上述功能之外，还可以用来订餐、读报、查看天气、指引方向。乔布斯颠覆了旧观念，开创性地通过硬件、软件和服务，引导用户实现全方位的智能生活模式，依托整个苹果生态体系，用户不止依靠苹果的硬件，更离不开它提供的各种服务和软件，从此智能手机开始取代功能手机并融入个人生活的方方面面。苹果公司颠覆了传统思维，也颠覆了整个手机行业，并使自身从濒临破产到重新崛起为市值接近10000 亿美元的科技巨头。

四、柔中带刚，刚柔相济

在领导决策中，刚柔相济是一种独具魅力的领导艺术。"刚"：指领导者原则上的坚定、决策上的果断、行动上的开拓等。平时说某领导者办事有魄力、有阳刚之气，就是这种果敢、坚毅的性格的体现。领导者在决策中不能缺少刚劲。"柔"：指策略上的灵活、作风上的民主、待人上的谦和等。领导者光有刚，缺乏柔，很容易使人敬而远之，产生畏惧感，得不到下属的衷心拥戴，听不到下属的真心话，当然就很难调动和激发下属的主动性和积极性。

领导者在决策中要善于寓刚于柔之中，柔中显刚，刚中有柔，刚柔相济，才能相得益彰。在实际工作中，往往出现两种倾向：有的刚不够而柔过之，表现为稳妥有余，创新不足，决策的眼光总爱盯在风险系数最小的方案上，这样做虽然保险，但变化不大，小打小闹，难成大器；而有的则相反，柔不及而刚过之，表现为主观武断，听不进别人的批评建议，容易好大喜功，盲目决策，最后只能导致失败的结局。改革开放之初，迅猛发展的巨人集团由盛而衰的一个重要原因是其企业领导者被胜利冲昏了头脑，缺少了柔的一面，而过多地"刚"，不顾实际，想一口吃成胖子，投资几亿元去修 70 多层的亚洲第一楼"巨人大厦"，最后招致失败，就是一个极好的例证。

五、统筹兼顾，协调运行

领导者做决策要统筹兼顾，协调运行。即对决策问题要全面安排，学会"弹钢琴"的艺术,区分轻重缓急,使决策范围内的各项工作都能协调发展。

一要协调好决策内容上的主与次。任何一项工作任务,都有主次之分。对于领导者来说,主攻方向是什么,把主要的力量放在哪里,一定要找准。在人力、物力、财力和领导精力的分配上,既要有主次之分,有重点与非重点之别,又要统筹兼顾,全面协调,通盘考虑;既不能主次不分,眉毛胡子一把抓,也不能顾此失彼,单打一。

二要协调好决策过程中的内外部关系。任何一项决策的实施都涉及内部和外部两方面。内部关系理顺得再好,如果没有外部关系的协调与配合,决策目标也难实现。因此,领导决策的实施与实现,不仅要把内部的事情协调好,而且要理顺好外部的关系。

三要协调好决策顺序上的先与后的关系。决策者应对所要解决的问题排出先后顺序,分出轻重缓急,按照合理的时间安排有步骤地抓实施进度,限期完成,保证整体决策的实现。有的工作有先后顺序,有的工作可以同时进行,决策者必须协调好这个顺序。

六、洞察全面,科学预测

在实际工作中,很多矛盾不是一开始就暴露了的,它的产生、存在和发展都有一个过程,领导者的认识和理解也有一个过程。因此,这就需要领导者要学会全面地研究问题,随时掌握各个局部情况的变化;要学会用发展的眼光看问题,要能比较好地预测到事物发展的大体方向。毛泽东1946年在延安接见斯诺时说,"三年以后我们在北京再见"。后来的事态发展果真如此,解放战争的发展果真那么顺利、神速,许多人对毛泽东的预见百思不得其解。其实,这正是毛泽东作为一个马克思主义者,运用唯物辩证法的思想方法,对时局发展进行科学预测的结果。

在市场经济条件下,市场情况瞬息万变,如果满足于一时决策的正确,就以为万事大吉,从此可以高枕无忧,那就大错特错了。因为事物的各种情况是不断发展变化的,这里有主观的作用,也有许多客观的因素。高明的领导者必须懂得对已做出的决策不断进行跟踪决策,及时发现问题,及时采取必要的补救措施,以保证决策的最好效果。

七、灵活行事,相机应变

在现行行政管理体制下,基层领导者的决策往往受到各方面因素的制约,很多问题不是基层领导个人可以随便改变的。因此,要求领导者尤其是基层领导做决策、办事情一定要灵活行事,相机应变。

在决策执行上,有两种类型的领导干部。一种类型的领导干部对待上级的指示,虽然也积极执行,但总是喜欢仔细琢磨,看哪些对我们的实际有用,哪些有约束。凡对实际有用的,就想尽办法,将政策用尽用够用到位。而对那些有约束的指示与政策,并不去违反与抵制,但尽可能地去"钻空子"和合理规避。或叫作"不准做的坚决不做,准做的不一定都去做,没有明令禁止的就大胆去做""遇到绿灯照直走,遇到红灯绕道走""打擦边球"等,把政策的原则性与实际灵活性有机结合起来。另一种类型的领导干部的思维则不同,他们除了上级规定的不准做的事坚决不做之外,准做的一定要做够做到位;而对那些没有明令禁止的事情则不敢越雷池半步,不去想也不去做,因为怕担风险,担心一旦政策变了,自己落得个思想觉悟低、认识水平低的名声,怕犯错误。这是两种不同的思维方式和思想观念,二者认识上相差甚远,执行结果上的差距就更不一样了。领导者要勤于思考、敢于实践、灵活行事、相机应变,这是非常值得推崇的领导决策艺术。

◎ **案例 3 - 1**

　　1957 年,在我国研制原子弹的过程中,中国科学家要去苏联参观。但苏方提出,他们的火箭、原子弹,必须是相当级别的官员或者相当高军衔的人才能参观。当时钱学森没有军衔,怎么办? 而钱学森去不成,我们的计划必然要落空,在这种情况下,周恩来果断决策,授予钱学森中将军衔。钱学森当年跟着冯·卡门老师去德国柏林、不伦瑞克考察德国的 V-2 火箭时,美国曾授予他上校军衔。周恩来说:"列宁对资产阶级知识分子尚且高薪聘用,那么一个忠诚爱国的大科学家为什么不能当一个将军呢?"他幽默地说:"美国人还是蛮有度量的,40 年代就给一个中国科学家上校当当。按照清朝的晋升制,他也该是当中将的时候了。"这成为 20 世纪 50 年代我国核武器研制过程中的一段佳话。

◎ **案例 3 - 2**

　　国外有人把那种只拟定一个方案而没有选择余地的决策戏称为"霍布森选择"。据说,1631 年英国剑桥商人霍布森卖马时,声称允许顾客挑选,但只许选离拦门最近的那匹马,这实际上等于没有选择的余地。"霍布森选择"是科学决策工作的大忌。

◎ **案例 3 - 3**

　　在西方哲学史上,有一个非常著名的故事——"布利丹的驴子"。故事说的是一位名叫布利丹的哲学家养了一头驴,这头驴和别的驴不同,它喜欢思考,凡事总喜欢问个为什么。有一次主人在它面前放了两堆体积、色泽都一样的干草,给它做午餐。这下可把它给难住了,因为这两堆干草没有任何差别,它没法选择先吃哪一堆、后吃哪一堆,最后这头驴面对两堆草料,饿死了。在中国古代,也有一个"杨朱泣路"的故事:杨朱某次外出,遇上一条岔路,或许是一时不能决定走哪条路,或许是联想起人生歧路,竟哭了起来。"布利丹的驴子"和"杨朱泣路"是指面对多种选择时不会、不能抉择,这是领导决策的大忌。

第四章　选人用人的方法与艺术

人才是治国之本、创业之源，是国家的宝贵财富。领导者要想成就一番事业，一定要爱惜人才，视人才为第一资源，把人才当成最宝贵的社会财富。领导者既要有求贤若渴的"才德"，更要有善于用人的"才能"；既要树立科学的人才观，善于选拔和发现人才，营造人才脱颖而出的局面，又要努力提高用人的方法和艺术，善于调动人才的积极性、主动性和创造性，开发和挖掘人才的潜能，使人才充分发挥作用。

第一节　科学人才观

一、现代人才观念

（一）人才是第一资源观念

领导者要树立同知识经济时代相适应的"人才是第一资源"的全新观念。传统的经济理论认为，社会财富的产生主要靠土地、资本、劳动三个要素，而忽视了人才的作用。树立人才是第一资源的观念，要求把人才摆在最重要的战略位置。如果认识不到"人才是第一资源"，那么单位的人力开发工作就永远是滞后的。人才是一个单位可持续发展的根本动力，企业更是这样，企以才立，企以才治，企以才兴。实施人才兴业战略，应成为各级各类领导者的共识。国内外大量事实证明，人才是最主要的战略资源，是各行各业可持续发展的本钱，人才也是各行各业争夺的稀缺资源。当今时代争夺人才将比"圈地运动"更加激烈。

人才是第一资源的现代人才观念，不仅强调人才是资源，而且把人才摆在社会诸多资源中的第一位置。人才作为第一资源不是凝固不变的，它还可以迅速转化为资本的"活资源"。人才是第一资源这是知识经济的突出特征。在知识经济时代，人类社会将由主要依托于物质资源向主要依托于知识资源转变。离开了人，离开了人才，知识经济则无从谈起。我国第一个高新技术开发区，以中关村为标志的北京海淀试验区，短短10年间发展成为世人瞩目的"中国硅谷"，原因是有近10万新型科技人才在这里找到用武之地。有人形象地说，在中关村，每一个奇迹的背后，都有一个"博士生产线""硕士生产线"。这些都无可辩白地表明，人才是经济社会发展的第一要素、第一资源。

（二）人人都可成才观念

首先，要突破传统的狭隘人才观念。以往的人才标准是，凡是具有中专和中专以上学历或初级和初级以上专业技术职称的人才可列入"人才"的范畴。这种人才观念显然过时了，与人人都可成才的现代人才观念相违背，不利于选拔、发现人才和发挥人才的作用。领导者应该明白，三百六十行，行行出状元，"状元"就是各行各业的人才。社会对人才的需求是多层次的，既需要高、精、尖的精英，同时也需要一大批中、初级技术骨干，更需要数以万计的懂文化、懂技术、肯实践的劳动者和建设者，这就是通常所说的人才"金字塔"模式。绝不能只需要高、精、尖的精英人才（塔尖），而舍弃中、初级技术队伍（塔身）和劳动者、建设者队伍（塔基），否则人才"金字塔"就不复存在了。新时期，党和国家对人才的界定有了全新认识，提出"只要具有一定的知识或技能，能够进行创造性劳动，为推进社会主义物质文明、政治文明、精神文明建设，在建设中国特色社会主义伟大事业中做出积极贡献的，都是党和国家需要的人才"。

其次，要坚持德才兼备原则。领导者要把品德、知识、能力和业绩作为衡量人才的主要标准，不唯学历、不唯职称、不唯资历、不唯身份，不拘一格选人才，鼓励人人都做贡献，人人都能成才。领导者应该明白，每个人的特点不同、特色有别、特长各异，只要善加任用，都能负一岗之责。领导者要充分发挥各类人才的积极性、主动性和创造性，开创人才辈出、人尽其才的生动局面，努力营造有利于各类优秀人才脱颖而出的社会环境，促进各级各类人才协调发展。

领导者只有树立了人人都可成才的观念，才会去积极创造人人都可能成才的空间，才会去拓展识才、用才、育才的范围，打破人才的属地禁锢和所有制束缚，才会在具体行动中为每一个人的发展创造广阔天地，按照促进人的全面发展的要求，切实实行有利于人才成长的政策、措施，科学构建有利于人才成长的体制、机制和环境，把每一个人的潜能和价值都充分发挥出来。

（三）实绩评价人才观念

领导者凭什么取人用人，不能只凭文凭学历，也不能只看资历与社会背景，更不能光听其说得如何漂亮，而要把实绩作为衡量人才的根本标准，作为发现和识别人才的主要途径，看其实实在在做了什么、能做什么、取得了什么实绩。坚持任人唯贤、德才兼备，把品德、知识、能力和实绩作为衡量人才的主要标准，不唯学历、不唯职称、不唯资历、不唯身份。要努力形成谁勤于学习、勇于投身创业实践，谁就能获得发挥聪明才智的机遇，就能成为对国家、对人民、对民族有用之才的社会氛围。

（四）允许人才试错犯错观念

领导者应树立包容合理错误的人才观念。"人无完人，金无足赤。""水至清则无鱼，人至察则无徒。"人才并非全才，领导者不能吹毛求疵。要正确看待人才试错犯错,"人非圣贤,孰能无过?"特别是有开拓精神、棱角分明的人才大多敢于创新,往往难免出现过错或者失误,但这种过错或者失误很可能就是下一步成功的基础。领导者不能因为人才出现过错或失误就"一棍子打死"。用人才既要知人善任,扬长避短,用其所长,把人才放到最适合的岗位上去;又要从长处中看到短处,帮助人才克服缺点,健康成长。领导者要破除求全责备的旧观念,树立重主流、看发展、包容合理错误的新观念。如某公司总经理对人事部经理说:"调一个优秀可靠的职员来,我有重要的工作交给他做。"人事部经理拿了一本卷宗对总经理说:"这是你所需要的这个人的资料,他在本公司服务 10 年了,没有犯过任何错误。"总经理说:"我不要这个 10 年没有犯过错误的人,我要一个犯过 10 次错误,但是每次都能立即改正,并得到进步的人,这才是我需要的人才。"这就是领导者所具有的包容合理错误的人才观念。

国外一些成功企业家提出无"合理错误"者不用。所谓合理错误,是指在受聘期间敢于开拓、敢于冒险,在激烈竞争中却由于对手太强或对条件估计不足,或因对方有意拆台、不守信用等客观原因造成的失误。如不犯这种错误,说明这个人也没有创造性、竞争心和竞争力,是平庸保守的人,是没有建树的,也是四平八稳不犯错误的。当然莽撞胡来、不守法规不在"合理错误"之列。

(五)养用并重人才观念

在知识经济时代和市场经济条件下,人才是第一资源,人才强企、人才强市、人才强省、人才强国,已成为重要战略。这势必加剧人才争夺竞争,造成人才频繁流动。如果领导者不树立爱护激励、养用并重的现代人才观念,单位就留不住人才,就会造成人才流失。因此,领导者一定要关心爱护人才,树立爱护激励、养用并重的现代人才观念。一要关心人才的工作和生活,帮助他们解决工作和生活中遇到的实际困难,解除他们的后顾之忧,用感情留人;二要加强对人才的培训和开发,为他们量身打造适合自身成才的职业生涯发展计划,用事业留人;三要在单位内部营造尊重人才、重视人才的良好氛围,创造一种"鼓励成功,宽容失败"的宽松氛围,用环境留人;四要制定保护人才、开发人才的规章制度,用制度留人。一个单位,只有关心爱护人才,培养和发现人才,才能使单位人才济济,才能留住人才。这样的单位必然充满活力和竞争实力,就一定能实现可持续发展,迎来辉煌的明天。

当今时代,知识更新速度加快、周期缩短、知识爆炸、知识膨胀。人才都需要终身学习,都需要培训、学习,以更新知识,吸收新知识,否则就会落伍,就有可能被淘汰。研究显示,最近 30 年产生的知识总量等于过去 2000 年产生的知识量的总和;到2020 年,知识总量会是现在的 3~4 倍。单位如果不能及时发现人才、培养人才,将会赶不上知识更新的速度,而知识的老化必然会带来能力的老化或者惰化,适应不了单位的发展。如果做不好人才培养工作,就会使人们能力的发挥缺乏动力和连续性,无法保证单位的可持续发展。松下公司"造物之前先造人"、海尔集团"先造人才,再造名牌"、联想集团"办公司就是办人"的做法真可谓远见卓识。

二、现代用人"才德"

(一)爱才之心

"治国之道,唯在用人","为政之本在于任贤"。人才是治国之本,创业之源。古人云:国之兴,长于政;政之兴,在得人。政从"正"起,财从"才"来,"企"去"人"则"止"。这表明人才是企业、社会组织和国家生存发展的第一资源和宝贵的财富。社会是人创造的,财富也是人创造的,文化是人创造的,科学技术也是人创造的。人是一切事业的前提和根本。而人才,即人群中那些出类拔萃者,更是社会中最为宝贵的财富与资源。领导者要想成就一番事业,一定要爱惜人才,求贤若渴,用贤任能,把人才的积极性和聪明才智充分调动起来、激发出来。

毛泽东指出,领导者的主要责任有两条,一是出主意,二是用干部。用干部,讲的就是要善于选拔和使用人才。在国外还有一种说法,领导者的工作,十分之七的时间在考虑如何用人。因此,领导者要从国家和民族的根本利益和大局出发,常怀爱才之心,永远珍惜人才。

(二)求才之渴

世间一切事物中,人是第一宝贵的。人才,有的出众,一目了然;有的淹没在人群之中,不易发现;有的恃才自傲,不会轻易随和,更不会趋炎附势。如果领导者无求才之渴,人才是不会自动到你这儿来的。领导者只有求贤若渴,孜孜以求,才能得到人才。领导者要知人之明,广纳贤才,既凝聚一般人才,又凝聚高层次人才;既凝聚体制内人才,又凝聚体制外人才;既凝聚存量人才,又凝聚增量人才。

(三)容才之量

领导者容才就是要容得下才能超过自己、比自己强的人。用才不容易,容才更难。人才有所长,也必有所短,往往是优点越突出,缺点也越突出。恃才自傲是人才的通病;人才者通常不拘小节;奇才者甚至有怪癖。著名管理学家德鲁克评论说:"谁想在一个组织中,任用没有缺点的人,这个组织最多是一个平庸的组织。谁想找各方面都好的人,只有优点没有缺点的人,结果只能找到平庸的人,要不就是无能的人。"麦克阿瑟说:"人才有用不好用,奴才好用没有用。"

中国古代历史上为争权夺位而钩心斗角者不胜枚举,但不计个人名利,容才荐才的例子也不在少数。例如唐朝的魏征喜欢提意见,并且有点固执,但唐太宗能够容他之言,实现了"贞观之治"。魏征敢于直谏,先后陈谏200多次,多被唐太宗采纳。他病逝后,太宗十分感叹地说:"夫以铜为镜,可以正衣冠;以古为镜,可以知兴替;以人为镜,可以明得失……今魏征殂逝,遂亡一镜矣。"领导者容才,就是要像唐太宗那样允许别人讲话,能听得见各种意见,尤其要容许有才干、有独立见解的人讲话,能容纳他们的意见。"忠言逆耳利于行"。敢进"逆耳之言"的下属才是有责任心、有才干的人；只有听得见"逆耳之言"的领导，才是有气量、大度的领导。

领导者既要善于用人所长，又要能容其所短。领导者必须有宽广的胸怀，既能像磁铁一样把各种锋芒毕露的人紧紧地吸引在自己的周围，又能像润滑剂那样在人才之间周旋，使人才之间协同高效地运转。曹操在《短歌行》中写道："山不厌高，水不厌深。周公吐哺，天下归心。"表明延揽人才越多越好。领导者要像周公那样礼贤下士，赢得天下人心；要以博大的胸怀去接受人才，以湖海的胆量去容纳人才，以宽宏的态度去对待人才。大度高明的领导者要有"宰相肚里能撑船，将军额头可跑马"，"容天容地容世上难容之事"这样的容人肚量和气量。如果领导者采取"顺我者用，不顺我者除"的态度，那么，聚集在领导身边的很可能是"奴才""庸才"，而不是真正的人才，这又怎么能成就一番事业呢？

领导者的容才之量，还体现在容许别人犯错误，容许别人改正错误上。领导者绝对不能将犯错误的人"一棍子打死"。列宁说："聪明人并不是不犯错误的人，聪明人是不犯重大错误的同时又能容易而迅速地纠正错误的人。"领导者所要做到的不是要求人才不犯错误，而是要允许人才犯错误，但不犯低级错误，不犯重复错误，不犯致命错误，不以一个错误去掩盖另一个错误。除此之外的错误在所难免，犯了也不要紧，只要及时改正、吸取教训即可。

当然，要求领导者要有容才之量，并不是对人才的缺点错误迁就，放任不管，而是要教育、引导，启发其自我批评、自我警醒、自我约束、自我完善、自觉改正错误，尽量少犯错误，不犯大错误。

（四）举才之德

领导者要有举荐人才的美德。一是要善于将人才推荐到上级或者其他适合的岗位上去。二是当领导者自己不如手下时，要有勇气让贤。作为领导者千万不能压制人才，不能害怕下属在水平、能力上强于自己、胜过自己，而要有教师那种"燃烧自己，照亮别人"，甘当"人梯"的无私奉献精神，以下属能超过自己为荣。领导者千万不可把人才当成"单位财产"，更不能当成私有财产，为了单位的利益、为了自己好开展工作，封杀人才上升、外调、重用的机会。这不仅对国家的整体事业不利，而且也会挫伤人才积极性。

三、现代用人的"才才"

（一）识才之眼

所谓领导者的识才之眼，是指领导者要有睿智的眼光，能够透过表面现象看清各色人物的高下优劣。人们常说识才如识璞，实际上识才比识璞还难。璞给人的只是直观的外表，而人给人的印象往往真假难辨。庸才者因其平庸，往往更卖力地表现自己，尽量展金玉其外，而掩败絮其内。歪才者更是阳奉阴违，大奸似忠。而真正的人才往往不屑于表现自己，不露锋芒，有意无意地远离领导者；或大智若愚，比平凡者还要平凡。这就要求领导者不仅要出以公心,不以亲疏远近取人,而且必须具有敏锐的观察能力和高度的鉴别能力,看人看得全、看得远、看得透。不但要看工作实绩,而且要看品德作风;不但要了解在本单位的表现,而且要了解在社会生活方面的情况;不但要观其言,看其说得怎样,而且要察其行,看他做得如何;不但要看一时一事,而且要看全部历史、全部工作和一贯表现。"路遥知马力,日久见人心""疾风知劲草"等说的就是这个道理。

领导者要善于发现人才、识别人才和挖掘人才,绝不可对人才视而不见,更不能埋没人才。如果领导者不独具慧眼,或无爱才之心、识才之眼,即使是人才在眼前,也会错过。

我国著名科学家钱学森从美国回国时,美国海军次长丹·金波尔千方百计阻拦,坚决不让他离开美国。金波尔认为,无论在哪里,钱学森都抵得上五个机械化师,真可谓是独具慧眼啊!领导者都应尊重和爱惜人才,渴望群贤毕至,知人善任,切莫以己之爱憎观人、以一时一事议人、以传闻毁誉鉴人,千万不要居高临下、官气十足,更不要排挤、打击人才。

（二）用才之能

用才之能,就是要求领导者要知人善任。对人才要用其所长,用其所好,用其所能,大才大用,专才专用,扬长避短。只要领导者善于用才,人才的潜能就能得到充分挖掘,积极性就能得到充分发挥,小才就可做大用,歪才也可以做正用,就可收到事半功倍的用才奇效。

领导者要敢于、善于使用个性突出、不唯唯诺诺的人才。领导者的用才之能,应更多体现在对才华横溢而又个性突出的人才的驾驭能力和水平上,而不是体现在使用"庸才""奴才"上。领导者一定要敢于善于使用同自己意见不同,甚至反对过自己的人才,真正做到出以公心,不拘一格用人才。

（三）护才之魄

护才之魄既是领导者的"才能",也是领导者的"才德"。领导者既要防止"棒杀"人才,又要防止"捧杀"人才。领导者对人才在工作中的失误要主动承担领导责任,绝不应怕受牵连,把人才当成"替罪羊",玩弄"丢车保帅"的权术,这是最令人才寒心的。人才一旦出了成绩,受到奖励,可能引起非议,被人嫉妒,人言可畏、众口难挡时,领导者要站出来维护人才,对恶意诽谤者予以批评、惩戒,防止"棒杀"。

领导者要心胸开阔,气度恢宏,容得下人才,容得下下级某一方面的才能超过自己。美国钢铁大王卡内基管理企业很有一套自己的经验和办法,其要诀就是爱才、容才。他认为,若把自己公司的厂房、机器设备破坏了,最多10年就能恢复元气,但若把手下的人才都赶走,20年的时间也发展不起来。他给自己撰写的墓志铭这样写道:"这里葬着一个普通的人,他善于把才能超过自己的人组织到手下工作。"这表明,领导者既要有容才、爱才之德,又要有用才、护才之才。

（四）聚才之艺

聚才之艺，就是领导者要用高尚的人格魅力和高超的领导艺术，像磁铁一样把各类人才吸引聚集到自己的身旁来。领导者不仅要爱才、识才，而且要善于聚才、招才，最根本的是要用共同的事业、共同的追求、共同的理想团结人、凝聚人。为此，领导者应在人才的培养上，要有战略眼光，舍得花力气、下功夫；在人才的使用上，要充分信任，放手使用，并不断优化创业环境，从各个方面为他们施展才能、实现抱负提供舞台；要处理好发挥现有人才的作用和引进人才的关系，充分调动和保护好各类人才的积极性、主动性、创造性；当人才遇到困难挫折时，要多给予鼓励和支持，而对于人才在工作、生活上遇到的实际问题，要尽可能地帮助解决，坚持用事业留人，用感情留人，也用适当的待遇留人。

第二节　选拔人才的方法与艺术

一、选拔人才的方针原则

（一）坚持"四化"方针

所谓"四化"，是指革命化、年轻化、知识化、专业化。这既是党和国家选拔领导干部的方针，同时也是领导者选拔人才必须坚持的方针。所谓革命化，主要指思想、政治和道德素质。要求领导者在选拔人才时，要注重对所选拔人才的世界观、人生观和价值观进行考察，看其是否具有坚定的政治信念和良好的道德品质。所谓年轻化，主要是针对选拔人才的年龄、体力、精力而言的。领导者在选拔人才时，要特别注重年富力强、精力充沛、能胜任本职工作的中青年人才，尤其要注重多选拔青年才俊。所谓知识化，主要是针对科学文化素质而言的。领导者在选拔人才时要注重人才的科学文化知识，尤其要注重人才的科学文化素养和理论功底。所谓专业化，主要是针对业务水平、专业能力而言的。领导者在选拔人才时，要注重对人才是否具备做好本职工作的能力，能否成为本领域工作的内行。"四化"是一个有机的整体，领导者选拔人才时要全面坚持"四化"方针，不可顾此失彼犯片面性错误。

（二）坚持德才兼备

德才兼备、以德为先的原则，是党和国家选拔干部的根本原则。"德"是政治标准，"才"是业务标准。"德"主要指理想信念、党性修养、道德品质、思想作风等，决定干部才智的发挥和权力行使的目的、方向和效果；"才"主要指干部的才能，包括专业知识、业务水平、工作能力等，决定干部能不能办成事、有没有干一番事业的能力。

德与才是一个统一整体，不可分割，不可偏废，但有重点，不能等量齐观，更不能本末倒置。德是统帅，是灵魂，选拔人才要以德为先，以德为重，选人用人要坚持以德为前提、以德为基础、以德为先决条件。德才兼备、以德为先的原则，要求干部既有好的品德又有好的才能。

（三）坚持任人唯贤

坚持"五湖四海"是我们党选人用人的重要原则。"五湖四海"就是任人唯贤，海纳百川，地不分南北，人不分亲疏，广纳天下贤才。坚持"五湖四海"，就要反对任人唯亲，拉帮结派，以我画线，只选自己身边的人、自己熟悉的人、同自己关系好的人，拉山头、搞团伙、建圈子、讲江湖义气。坚持"五湖四海，任人唯贤"原则，就会群英荟萃，人才辈出，事业兴旺；搞小圈子，"一朝天子一朝臣"，必然正气不彰，人心不齐，事业不振。

（四）坚持群众路线

选拔人才要充分听取群众意见，发动群众推荐，接受群众监督和评议，切忌脱离群众，领导者个人说了算。坚持群众公认、依靠群众选人、接受群众监督，把践行群众路线作为选拔人才的根本方法。人才的好坏，群众看得最清楚，也最有发言权。识人察人就要深入实际、深入群众，广开言路、广听民意，从群众的感言中评价干部的能力、作风和政绩。要做到知人善任，就要保障和扩大群众在干部选拔任用中的知情权、参与权、选择权、监督权，真正把干部选拔的过程变成集中群众意见的过程，把群众路线贯穿于干部选拔任用的各个环节。

（五）坚持公平竞争

选拔人才要变伯乐相马为公开赛马选马，公平公开竞争，营造人才脱颖而出的机制和社会氛围。以往一些单位和部门在干部和人才选拔任用上，搞封闭式的神秘主义，少数人选少数人，领导尤其是"一把手"说了算。这种做法很难避免任人唯亲，选出来的干部往往是领导很熟悉，群众不知情；领导很满意，群众不认可。

选拔人才和干部要实施竞争性公开选拔制度，从"伯乐相马"转向"规则赛马"。实行民主推荐、民主测评、公开竞聘、公平竞争，谁上谁下、用谁不用谁，用竞争实力说话，交由民意决定，以创造公平竞争、机会均等，人才脱颖而出的人才选拔机制。

二、选拔人才的辩证思维

（一）用全面的观点看待人才

第一，要对人的德、才、学、识、体及性格、爱好等方面做全面考察了解，不能重才轻德，只见树木不见森林，犯片面性错误。第二，要对人才的优点与缺点、成绩与错误、长处与短处做全面考察，不能以偏概全或绝对化看人。第三，要在对人才进行全面分析考量的基础上，抓住主流和本质，不要把主流和非主流等量齐观，更不能本末倒置、主次不分。

（二）用历史的观点看待人才

领导者在选拔人才时，既要看一个人的现在，又要看他的过去。对人才的经历和现实表现必须认真地、历史地进行分析和考察，不能单凭一时一事的表现决定一个人的弃用。既不能因为过去有过失误和错误而将其拒之门外，也不能只重现实表现而忽视其一贯表现。

（三）用发展的观点看待人才

领导者选拔人才，一定要坚持用发展的眼光看人，而不能用静止的、孤立的、绝对的眼光看人。不仅要客观地了解人才的历史、现状，而且要对其发展潜力和发展趋势进行全面考量，从中发现人才的潜力以及发展前途。尤其是对犯过错误的人，更要用发展的眼光，切忌用静止的眼光把人看死。要知道人总是在不断发展变化的，今天不优秀，通过学习提高，明天可能变得很优秀，现在不出众，通过实践锻炼，将来可能很出众。

（四）破除唯文凭轻能力的选人观

选拔人才，应唯才是举，任人唯贤，要看文凭但不唯文凭，注重文凭，但更注重实际工作能力。因为，文凭≠水平，学历≠能力。有的人既有文凭，也有水平和能力，是人才；有的自学成才，没有文凭但有水平、有能力，同样是人才；有的人虽有一纸文凭，但水平和能力低下，很难说是人才。所以，领导者选拔人才一定要破除唯文凭轻能力的错误观念。

领导者不能用文凭的高低来判断人才价值的大小，错误地认为文凭越高，价值越大；反之，价值就越小。毋庸置疑，文凭与人的价值之间确实存在着非常密切的关系，即随着教育程度的递增，人在知识、视野、思维等方面都得到了较大的扩充，但是，这并不意味着文凭与人的价值之间是完全的正相关关系，有时候它们之间的相关性并不大，甚至呈现出负相关关系。

（五）破除因循守旧的选人观

人才不同于庸才的最大区别在于有主见、有创造，能从事创造性工作。选拔人才，一定要看其是否有创新精神和创新能力，是否思想活跃，是否有主见和创新意识。墨子曰："良马难乘，然可以任重道远；良才难令，然可以致君见尊。"因此，高明的领导者，不怕使用有缺点的人才，而不会使用"无缺点"的庸才。

三、选拔人才的基本要求

（一）从实绩中发现人才

识别人才，不在于听他说得如何漂亮，而在于他有没有真才实学和业绩。籽粒饱满的谷穗不自主地把头低下来，不做什么姿态，不露什么锋芒；而空瘪的谷穗昂扬自得，随风摇摆，出尽风头。

现代画家、美术教育家徐悲鸿先生，就是从实际中发现中国艺术大师齐白石的。1929 年，北平艺术学院院长徐悲鸿去看一个画展。展厅中的诸多画作没有引起他的注意，唯独在角落里的几只河虾图令他驻足良久，陪同观展者七嘴八舌地介绍作者齐白石的情况，有的说他年纪大，有的说他当过木匠。徐悲鸿接着说，没想到这里还藏着一位杰出的国画大师！几天后，徐悲鸿不顾他人反对，毅然聘请齐白石为艺术学院的教授。一年后，徐悲鸿又亲自作序，推荐《齐白石画册》，从此齐白石名扬天下，从潜才成了显才。

（二）从性格中发现人才

人才包括潜才，潜才不仅工作能干、成绩突出，而且在性格气质上也与众不同。领导者要善于从人的性格中，从人的行为举止上发现潜才。

譬如日本著名企业家永守重信，在招聘人才时，说某日上午8点整在公司办公大楼的最上层举行考试，选拔新职员。应试者照旧很多，都于8点前准时到达公司，却见小黑板上通知"电梯正停电检修，8点整运行"。于是许多人围在那里聊天看报，等待电梯开放，只有少数几个人怕等电梯耽误考试爬了十几层楼梯达到考场，全被录用了。因为这些人不怕吃苦受累，守时惜时，时间观念强。

（三）从智能中发现人才

智能是指人的智慧和技能，前者主要是指抽象思维能力，后者主要是指实际操作能力。福特发现斯特曼斯并将其招入麾下，就是典型一例。1929年福特公司的一台大型电动机坏了，请斯特曼斯修理。这位工程师这里敲敲、那里看看，用粉笔画了一道杠，让工人打开电动机，去掉16圈线圈后再装好。电动机修好后，斯特曼斯索价10000美元，福特手下的人嫌贵，划一道粉笔杠竟要10000美元。斯特曼斯回答："划一道杠收1美元，知道在哪儿划这道杠收9999美元。"福特通过这件事发现斯特曼斯是人才，千方百计想挖过来，但被婉言谢绝。福特爱才、求才心切，竟花大价钱把斯特曼斯所在的公司买下。

（四）从比较中发现人才

（1）从顺境与逆境的对比中发现、识别人才。一般说来，逆境更能考验和看出人才的才华。

（2）从平时与关键时刻的对比中发现、识别人才。看关键时刻是否理智，能否经受住考验。

（3）从对下对上的态度与行为的对比中发现、识别人才。对上态度好容易，对下态度好就不容易了。

（4）从一个人的能力和努力的对比中发现、识别人才。工作很努力但缺少能力的不是人才。

（5）从规定动作和自选动作的对比中发现、识别人才。创造性、独立工作能力强的才是人才。

（6）从品德与才干的对比中发现、识别人才。有才无德、有德无才都不行，必须德才兼备。

（7）从群众评价和领导评价的对比中发现、识别人才。领导和群众一致认可的才是人才。

四、选拔人才的胆识担当

(一)破论资排辈,用青年才俊

当今世界科学技术迅猛发展,知识更新周期越来越短,信息沟通日益宽广、方便。今天知识能力的增长已与小生产时期发生质的飞跃。尽管经验依然重要,但年轻人未必比资历深的长者知道的少。现代化建设事业需要许许多多各类人才。对于中青年人才,只要从大的方面看准了,基本符合条件,就应当适时地把他们提到负责岗位,使其在最佳使用时期充分发挥作用。

领导者和人事部门在人才选用上要有紧迫感,应当树立"选错人是过错,耽误和浪费人才也是过错"的观念,要下决心破除论资排辈的陋习。论资排辈是妨碍青年才俊得到提拔重用的最大思想障碍。论资排辈思想所强调的是工作年限,"多年媳妇熬成婆",论年头排队;总认为年轻人"嘴上无毛,办事不牢",信不过,"姜还是老的辣",认为老员工才靠得住,担心年轻人压不住阵。其实大可不必,古今中外的伟人中有许多人均在年轻时就做出了卓越的贡献。马克思、恩格斯写《共产党宣言》时分别为30岁和28岁。爱因斯坦发表相对论学说时为26岁。毛泽东主办《湘江评论》、邓小平当上中共秘书长时都才25岁,其他老一辈革命家也多在二三十岁时就指挥千军万马了。

人才不同于煤炭、石油,埋它几千年,挖出来仍然可以发光发热。有的人被耽误几年就可能永远地失去了成才机会。传说,汉武帝在巡视过程中,发现一位名叫颜驷的地方小官颇有才华,问及为何未能提升,颜驷回答:"文帝好文臣爱武,景帝好老臣尚少,陛下好少而臣已老。是以三垂不遇,老于郎署。"后人因而有"颜驷易老,人生短暂"的感慨。领导在选用人才上要有时间紧迫感,应大胆起用年轻人。

人才学家提出要"用当其时"。这个观点很有道理,要最大限度地发挥人才的作用,就要准确地计算人才起用的"最佳起用期"。一个大学本科毕业生,经过5~6年的实践锻炼,大约在30岁时领导就应该考虑起用他担当重任。实际上,一些民营企业起用人才的年龄周期要短得多。但不管怎么样,"最佳起用期"确实很有道理。比如,当一个20~30岁青年干部被提拔,组织上找他谈话时,他会从内心中"感激涕零",发誓要好好干出一番成绩;而一个40多岁的干部被提拔,情况就不同了,他会觉得这是"合乎情理"的,甚至还会认为论资历、能力、贡献,自己早就该被重用了;如果是一个50多岁的老同志被提拔,情况就更不一样了,他会认为这只是一种照顾性、安慰性的"安排"而已,也就谈不上什么调动积极性了。所以,领导者要把握好人才"最佳起用期",及时发现人才,尽早使用人才,以便更多更好地发挥人才的积极性。

(二)用其所长,知人善任

千里马有不同特征,有的善任重,有体力;有的善跑远,有速度。人才也如此,有的善言辞,有的善科研,有的善管理,有的善带兵。第二次世界大战后,以色列政府邀请爱因斯坦回国担任总统,但被爱因斯坦拒绝。缘何？爱因斯坦无疑是 20 世纪的顶尖人才,但他非常有自知之明,知道自己是一个杰出的科学家,却不是领导型人才。所以爱因斯坦理所当然拒绝了,是明理之人,否则,人类有可能多了一个能力平平的总统,却少了一个杰出的科学家。

孟尝君好客,号称"门客三千"。有一次,他想驱逐一个不中意的门客。鲁中尧劝阻说:让猿猴离开树木跳到水中,当然不如鱼鳖;要论钻房跳梁,骏马不如狐狸;让勇士抛掉宝剑去拿锄头,当然不如农夫,对人如果去其所长,用其所短,那尧舜这样的圣人也会一无成就。这表明领导要善于识人之长、用人之长。

（三）择其山高,不讳谷深

山越高,谷越深。人才往往是优点越突出,缺点也突出,领导者要敢于起用缺点突出的人才,不用"无缺点"的庸才。领导者应该明确,任何人才都不是十全十美的,都有缺点,都会犯错误。有研究材料表明,科研的成功率只有 5％,而新技术转化为新产品的成功率只有 20％～30％。如美国硅谷 20 世纪 50 年代开业的 100 家电子工业企业,80 年代时只剩下 8 家。《惊世伟绩——高技术的摇篮硅谷揽胜》一书的作者 M. S. 马龙指出:"硅谷每一个成功的故事背面,有几十个失败的故事……他们是硅谷的真正英雄。"因此,硅谷的历史"不仅是胜利者的历史,而且是失败者的历史"。爱因斯坦说,科学研究中的失败也是对人类的贡献。所以,"只许成功,不许失败"的口号是不符合创新活动的。而"有过则罚"则是罚了人才,护了庸才。其实,从前的错误就是将来的智慧。只要你坚持不懈地耕耘,总有一天,种子会长成参天大树,不断地反思和改正错误,会使人变得更聪慧出众。

贞观年间,魏征曾向唐太宗提过一个忠告:对于身边大臣处理问题中的非重大失误和工作过程中暴露出来的非本质性缺点,您应当不闻不问。否则,告状信会像雪片一样飞来,使大臣们处于为难境地,最后向您提出辞呈,良臣离您而去,整个朝廷就没法治好了。

五、选拔人才的现代方法

（一）考试选拔人才

通过考试来识别和选拔人才,是古今中外普遍采用的一种方法。考试是由专门的政府机构根据统一的、客观的科学标准,通过考试择优选拔人才的方法,以考试成绩作为选用人才的主要依据,在考试成绩面前人人平等。我国公务员考试是国家选拔人才的重要方法。古代实行的是科举考试,识别发现了不少德才出众的人才。

在近代中西文化交流过程中,中国的科举制度被介绍到了西方。在中国科举制的影响下,欧洲开始废弃腐朽的赐官制,确立从竞争性考试中选拔文职官员的制度。如英国文官考试面向公众,定期举行。英国政府强调,"要得第一流人才,必须求助于公开竞争考试"。美国长期把通过考试作为选拔文职人员的三项基本原则之一。日本通过公开竞争的层层考试,从全国范围内选拔出优秀的人来担任政府各部门的官员。

考试选拔人才的优点:采取考试方法选用人才,有利于实行任人唯贤的路线,容易做到公正合理,减少不正之风;有利于在更大范围内选拔更优秀的人才;有利于人才竞争,鼓励进取,形成钻研业务、奋发向上的社会风气。考试的方法已成为各国选拔人才的主要方式。

考试选拔人才的局限:考试完全凭分数取人,而考试分数的高低与实际能力又并不完全一致。考试往往很难准确测试出人的实际能力,它所检验的只是一个人所获得知识的多少,究竟其中有多少能转化为解决实际问题的能力,仅凭考试难以检验。在凭考分高低识才取人的考试制度下,很难避免高分低能者进、高能低分者进不来的现象。因而,在考试选拔人才的同时,有可能埋没人才。因此,在使用考试方法的同时,应辅之以其他方法(如面试、考察等)加强对实际能力的了解。

（二）推荐选拔人才

推荐是选拔人才的重要方法。人才生活在组织之内、群众之中,人才的才华和本领要通过实际工作来表现。谁是人才,谁有才华和本领,谁能干事业,周围的领导、专家、群众最清楚。通过领导、专家、组织和群众推荐,是发现和选拔人才的重要方法。古人云:"千里马常有,而伯乐不常有。"这里说的是人才的选拔同"伯乐"息息相关,表明推荐方法对选拔人才很重要。

推荐选拔人才的优点:群众和组织对身边的人才最了解,采取推荐办法选拔人才,有利于拓宽人才选拔视野,容易在较广泛范围内发现和识别人才;有利于减少和避免埋没人才、让人才闲着无事干等浪费人才的现象发生,营造人才脱颖而出的机制。

推荐选拔人才的局限:推荐的影响力和权威性有限,且容易受举荐者素质和个人好恶的影响。虽然举贤可以不避亲,但该方法也很有可能被人用来推举并非人才的"自己人"和"圈内人",使投机钻营、"开后门"、搞近亲繁殖、搞裙带关系的人有机可乘。

（三）选举选拔人才

选举是选拔人才最重要、最通行的方法。选举是经过反复酝酿逐步形成候选人名单,然后由群众实行无记名投票,得票多者当选的一种选人方法。这种方法能比较充分地反映群众的意愿。一般说来,群众选出来的人才,为群众所公认,深得群众拥护,懂得群众的疾苦,了解群众的心声,群众基础好,有利于选出来的人才开展工作。

选举选拔人才的优点:有利于发挥群众选人的智慧,可以通过选举把深得群众拥护的优秀人才选出来;这样选拔的人才有群众基础与群众威信,受群众监督,对群众负责;选举是定期进行的,有利于废除干部领导职务的"终身制",克服官僚主义,密切党群、干群关系,纠正不正之风。

选举选拔人才的局限:有可能那些从不得罪人、做老好人的平庸者选票最多,得票率最高;而那些坚持原则、敢于负责、敢于开展批评,不怕得罪人的优秀人才,很可能丢选票,得票率低,从而落选;同时,也易造成一些心术不正的人拉选票、贿选等。

(四)毛遂自荐发现人才

毛遂自荐是指不经别人介绍,自我推荐担任某一项工作。毛遂自荐的故事表明,不要总是等着别人去推荐,只要有才干,不妨自己主动站出来,做出自己应有的贡献。

用毛遂自荐的办法发现和发掘人才,关键是要创造人才自荐的社会舆论环境和制度环境,使人才敢于自荐,不羞于自荐,形成能使人才脱颖而出的社会环境。对于人才来说,若想在其他人还没有露脸之前抢得先机,最好的方式就是毛遂自荐。

毛遂自荐未必能立竿见影,但充满希望,是一条人才实现抱负的坦途。毛遂自荐要主动出击,主动推销,既要讲技巧,更要凭实力。由于毛遂自荐往往早于企业或组织公开招聘,所以只要条件够好、符合企业或组织需要,的确很有机会拔得头筹、提前到位。毛遂自荐虽有被拒绝的风险,但也大大地增加了被选拔录用的机会。

(五)定性定量结合选拔人才

现代的人才选拔与测评方法,是定性分析与定量分析相结合。传统的选人和评价方法,重定性判断,轻定量分析;重政治思想,轻素质能力;重文凭资历,轻业绩实际;重单向评价,轻综合考查。领导测评和选拔人才要着重考查人的实际领导与管理能力、实际工作业绩与经验、心理潜能、职业倾向素质等。这些因素是综合反映一个人整体素质的主要指标,是鉴别人才优劣的主要标志。

现代的人才测评选拔方法,在操作程序、内容、技术、步骤、条件、规则等方面力求规范化和标准化,注重定量分析,通过笔试、面试、心理测试、实际操作、检验、审查、业绩考核等一系列方式来衡量、评价人的思想品德、知识、能力、专业水平、身心素质等。它特别注重考查人的综合素质、能力、实际工作经验,考查运用知识、理论分析问题与解决问题的能力,尤其是创新意识和创新能力,有利于克服人才选拔上的主观随意性。

六、古人选拔人才的方法与艺术

5000多年的中国文明史,包含了关于选人用人的丰富内容,留下了诸多值得借鉴和学习的重要思想。唐太宗说:"以史为鉴,可以知兴替。"创新领导选人用人方法,提高领导选人艺术,需要学习和借鉴古人在识才、用才、爱才、聚才等方面的艺术与宝贵思想。

(一)李悝"识人五法"

李悝(前455—前395),战国初期魏国著名政治家、法学家。魏文侯请李悝为他挑选的两位宰相候选人提出裁决意见时,李悝提出了著名的"识人五法"。魏文侯向李悝征求对宰相候选人的意见,李悝说,宰相主要是君主的助手,应由魏文侯自己而不是由别人酌定,但他可以提出五种意见供魏文侯参考,即"识人五法"。

(1)居视其所亲。看其平时生活起居亲近哪些人,因为物以类聚,人以群分。

(2)富视其所与。看他富裕时是怎么花钱的,是贪图享乐、花天酒地,还是广散钱财、生活俭朴。

(3)达视其所举。看他身居高位时推荐、重用什么样的人,是酒肉朋友、七大姑八大姨,还是不论亲疏举贤荐能,搞"五湖四海"。

(4)穷视其所不为。交厄运时能否坚守信念,不拿原则做交易。

(5)贫视其所不取。处于贫困境地时能否洁身自好,不取不义之财。

李悝提出的"识人五法",对今天识别人才依然具有重要参考价值和借鉴作用。从李悝的"识人五法"中我们可以看到,第二、三条属于身处顺境,第四、五条属于身处逆境。根据许多典型人物的成败实例,得出的结论是:在一定条件下,成功者属于下列三种人之一,即顺境时的节制者、逆境时的不屈者、常境时的有恒者。这些人得意时不忘形,失意时不气馁。

(二)《吕氏春秋·论人》"六验"识才方法

《吕氏春秋》是在秦国丞相吕不韦主持下,集合门客编撰的一部黄老道家名著,成书于秦始皇统一中国前夕。此书以道家思想为主干贯穿全书始终,以道家理论为基础,以名、法、墨、农、兵、阴阳家思想学说为素材,熔诸子百家学说为一炉,闪烁着博大精深的智慧之光。秦相吕不韦在其主持编撰的《吕氏春秋》中的《论人》一篇中提出了"六验"的识才方法,该方法至今仍有借鉴意义和现代价值。

(1)喜:验其节制能力,不得意忘形。

(2)乐:验其癖性爱好,不玩物丧志。

(3)怒:验其控制能力,不失去理智。

(4)惧:验其能否勇于负责,当铮铮好汉。

(5)哀:验其是否悲观失望,怨天尤人。

(6)苦:验其是否有坚忍不拔的气度,能吃苦耐劳。

(三)诸葛亮知人之道"七观"

诸葛亮以善于用人而见诸史册。他善用人,关于用人写过不少著作,其中有篇专门谈到用人必先知人的"七观"篇。

(1)问之以是非而观其志。即通过对一些大是大非问题的态度以了解其志向和信仰。

(2)穷之以辞辩而观其变。即就一些问题辩论以了解其观点和应变能力。

(3)咨之以计谋而观其识。即请他对某些难题出谋划策以了解其学识才华。

(4)告之以祸难而观其勇。看他在困难灾祸面前能否知难而上,勇挑重担。

(5)醉之以酒而观其性。把他灌醉,使其酒后露本性、吐真言。

（6）临之以利而观其廉。观察他在金钱财富面前能否保持廉洁。

（7）期之以事而观其信。看他对接受托付的事情是否能守信重诺，按时完成。

（四）思想家刘劭识人辨才"八观"

刘劭是三国时期魏国学者、文学家，广平郎郸（今河北）人。刘劭在总结前人观察和检验人才方式方法的基础上，写出了我国最早的一部人才学著作《人物志》，提出了识人辨才"八观"的方式方法。

（1）通则观其所礼。一个人发达了，要看他是否还谦虚谨慎、彬彬有礼、遵守规则。

（2）贵则观其所进。一个人地位高了，要看他推荐什么人。他提拔什么样的人，他就是什么样的人。

（3）富则观其所养。一个人有钱了，要看他怎么花钱，给谁花，花在什么地方。人穷的时候节俭不乱花钱，那是资源和形势造就的；人富了以后还能保持节俭，才是品行的体现。

（4）听则观其所行。听完一个人的话，要看他是不是那样去做的。不怕说不到，就怕他说了做不到。

（5）止则观其所好。通过一个人的爱好，能看出这个人的本质。

（6）习则观其所言。第一次跟一个人见面的时候，他说的话不算什么。等相处得久了，再听听他跟你说什么，是不是跟当初一致，跟当初的差别越大，人品越不好。

（7）穷则观其所不受。人穷没关系，穷人不占小便宜，这样的人本质好。

（8）贱则观其所不为。人地位低没关系，不卑不亢，保持自己的尊严，这样的人本质好。

第三节　用人的方法与艺术

一、用人的方法与原则

（一）公道正派，任人唯贤

用人必须任人唯贤，反对任人唯亲。所谓"贤"就是德才兼备；所谓"亲"既指亲属，也指关系亲近的人。任人唯贤，就是领导者用人要大公无私，公道正派，唯贤是举，重贤者，用贤人，近君子，疏小人，事业至上，人才为重。任人唯亲，就是用人搞裙带关系，安插亲信，拉帮结派，搞团团伙伙。亲者无才无德照用，非亲者即使优秀也轮不上。

任人唯贤和任人唯亲虽一字之差，但却是两种性质根本不同的用人原则。作为共产党执政的社会主义国家，要求领导者要旗帜鲜明地坚持任人唯贤原则，抵制和反对任人唯亲的做法。

（二）德才兼备，学能统一

任人唯贤既不能唯德是举，也不能唯才是举，必须德才兼备。北宋司马光在《资治通鉴》中提出："唯才德兼具者贤士也。才者，德之资也；德者，才之帅也。"才以德为本，德是才之帅，有才无德、有德无才都不行。有德无才干不了事，有才缺德干坏事，德才兼备才能干成事、干好事。

领导者用人必须坚持学能统一原则。有学问学识而处事能力不强者，担任领导工作是困难的；有处事能力而学问学识不高者，也难胜任领导和管理工作。因此，领导用人一定要注重德才兼备，学能统一。

（三）量才用人，职能相称

坚持量才用人，职位和才能相对应原则。要尽量做到人才的能力大小与职务高低基本相称。职能相称了，人才工作起来才能如鱼得水、得心应手。工作职位有层次与行业之分，人的才能有高低、专业之别。用人要尽可能做到和他的才能相适应，同时做到同他的性格、爱好、兴趣相适应。有位中学生曾向比尔·盖茨请教成功的秘诀，盖茨对他说："做你所爱，爱你所做。"爱因斯坦生前曾接到要他出任以色列总统的邀请，对这个不少人垂涎的职务，他却婉言谢绝了，仍钟情于搞他的科研。正因为他这种明智的爱，我们才有了爱因斯坦这个伟大的科学家。领导者在用人的过程中，就要知人所爱、帮人所爱、成人所爱，量才用人。

当然，对职能相称原则不能机械地理解成完全具备了该职务所需的能力素质要求后方可任用，那是不现实的。因为，不在其位，很难谋其政，任何一个人都很难100%具备他没有担任过的职务要求的能力。领导者用人的有效经验是只要够70%就可以大胆起用，余下的30%让其在岗位上锻炼成长。

之所以强调量才用人，是因为，小材大用，勉为其难，力不胜任，势必贻误工作；大材小用，杀鸡无须用牛刀，才力有余，造成人才浪费。优才劣用、高才低用、专才别用也都是对人才的压抑和浪费。领导者要尽量做到因事设人、量才任职、就事择人、就能授职、人事相宜，做到事得其人、人尽其才、地尽其力、物尽其用，充分发挥和发掘人力资源优势。

（四）用人不疑，疑人不用

1. 用人不疑的基本要求

在用人问题上我国历来有"用人不疑，疑人不用"的古训。用人不疑就是对被任用的人要给予充分的信任，放手让他在职位范围内工作。疑人不用就是对信不过的人或不值得信任的人不能重用。

用人不疑，一是思想上信任，对下属要推心置腹，诚恳相待，做知心朋友；二是工作上信任，相信下属对事业的忠诚，让他们放手工作，敢于负责。领导者不越权指挥，更不包办代替；下属取得成绩时，要及时予以表扬和鼓励，下属遇到困难时，要给予热情支持和帮助，下属出差错时，要主动承担责任，指导其改正，吸取教训。用人信而不疑，一要不听信谗言,并且有慧眼识破谗言;二要对谗言者进行教育,造成严重后果的要绳之以法;三要对受害者澄清事实,没有查清事实之前,不能轻易怀疑处置人才。

要做到用人不疑,要求领导者本身要品德高尚,出以公心,客观公正,作风正派,光明磊落,讲究信用,不挟私报复,不嫉贤妒能,不轻信谗言,不从个人好恶出发,不随便怀疑下属,对下属尊重理解,做知心朋友,推心置腹,以诚相待,正确评价是非,充分信任下属。

诚恳对待每一个人、每一件事,这是领导者应有的品质。在人才管理方面,有两点尤为重要:其一,领导者要言必行,行必果,做诚信的表率;其二,用人不疑,疑人不用。要使人才充分发挥自己的聪明才智,信任是最为重要的。真诚是人的本性,追求真诚是做人的原则,人最易被至诚所感动,不诚是不会感动人的。

战国魏文侯藏书任将,是古代统治者用人不疑的典范。战国时魏文侯命乐羊为将去讨伐中山国。可乐羊的儿子是中山国国君的近臣,因此,许多人都认为乐羊一定会袒护他的儿子,不会尽力攻打中山国。再加之乐羊攻打中山国采取的是"困而不攻"的战术。于是,许多人向魏文侯建议,撤换乐羊,但魏文侯对乐羊深信不疑。后来乐羊攻破了中山国,得胜回朝。在为乐羊庆功之后,魏文侯赏给他一个箱子。打开一看,不是金银赏物,而是乐羊攻打中山国时朝臣攻击乐羊的奏折。魏文侯藏书任将、用人不疑的故事,表现了知人之明和政治家的气度,仍值得我们今天学习和借鉴。

2. 用人不疑的重要作用

领导者用人信而不疑,能增强下属的自信心、主动性和创造性。用人信而不疑,能使人产生心理上的安全感,使其积极性得到充分发挥。用人信而不疑,能使人对组织、对其工作的集体产生归属感和认同感。用人信而不疑,会使人产生期待感,它能激化人的进取心,增强其去克服困难的力量。

3. 用人不疑和疑人不用的辩证关系

用人不疑必须以疑人不用作为补充,对于没有考察了解清楚的干部,或者认为品德上不可信或能力不可胜任的干部,决不可草率使用,更不能重用。当然,疑人不用并不等于完全排斥不用,而是暂不宜用、暂不重用,但可将其放在适当的工作岗位上,在实践中继续锻炼和考察。

也有人认为,用人要疑,疑人也要用。用人要疑,这个"疑"主要是指约束和监督机制。马云说:"以前讲'用人不疑,疑人不用',现在要讲究'用人要疑,疑人要用',信任是结合了用人不疑、疑人不用、用人要疑、疑人要用这四个方面的。"海尔 CEO 张瑞敏说,如果只用而不疑,企业迟早必乱;如果只疑而不用,企业人才必定越来越少。正确的态度是用人要疑,疑人也要用。"用人要疑",主要是指要健全约束和监督机制,用了的人不等于不需要监督。疑问在先,就能把可能产生的风险降到最低。疑人要用,就是在其人格、能力不确定的情况下,观察、选拔和使用他,不至于造成埋没人才和浪费人才。敢用疑人,会用疑人,才能保证企业的人才用之不竭。

（五）扬长避短，尽其所能

古人云："金无足赤，人无完人。"人才的才能和气质总是各有长短的，世无全才通才。"君子用人如用器。"领导者用人，要扬长避短，各取所长，各尽所能，各得其所。扬长避短，则无不可用之才；求全责备，则无可用之人。抑长用短，浪费人才，损害事业。扬长避短，尽其所能，则成就人才；用其所短，弃其所长，则成庸才。

用人所长，就是着眼于人的长处和优点，以开拓创业论英雄。用人所长，就是要让英雄有用武之地，并在开拓创业的过程中帮助其克服自身的弱点。着眼于长处和优点，就能发现人才，敢用人才，而且留得住人才，就会出现英才迭出、众贤竞归的局面。"因瑕掩瑜""因疵废人"，偏爱那些四平八稳其实平庸的干部，真正的人才站在自己的面前却视而不见，结果人心离散、贤者出走。

1. 扬长避短

扬长避短，是指领导者在分配和安排下属工作岗位时要发挥其长处，避免用其短处，努力做到"智者用其谋，愚者用其力，勇者用其威，怯者用其慎"。即让外向型人才做公关策划、经营销售工作，让内向型人才做资料分析、调查研究工作，让敏于思维的人做参谋、智囊工作，让扎实肯干的人做现场生产、指挥工作。反之，用短避长则会出现用骏马去犁田，使坚车去渡河，让诸葛亮当先锋，请张飞做军师的局面。

众所周知，马谡是一名优秀的参谋型人才。"攻心为上，攻城为下；心战为上，兵战为下"，正是在诸葛亮征南蛮擒孟获前马谡提出的建议。可惜的是诸葛亮不顾众议，派他为先锋，守街亭。《三国志》说"违众拔谡"，名为爱他，实则害他。让这么一个没有实战经验的人当主帅，肯定要出现"失街亭"的局面。在对马谡的使用上，显然诸葛亮违背了扬长避短原则。

2. 用长容短

用长容短，是指领导者在分配和安排下属工作岗位时，最重要的是用其所长，充分发挥下属的长处。而对下属的短处、缺点和不足，只要不影响工作、无碍大局，领导者大可不必苛求，更不应耿耿于怀、斤斤计较，而应采取包容态度。亚洲第一资本权贵李嘉诚的用人哲学是：有容乃大。有容人之短魄力的人，在我国历史上不胜枚举。舜不怕禹记杀父之仇，仍重用禹治水，并禅位于禹。齐桓公接受鲍叔牙的建议，不计当年的一箭之仇而拜管仲为相。

唐太宗不计前仇重用魏征。曹操在官渡之战打败袁绍，从袁绍的档案中发现自己的部下有不少人要投靠袁绍，这无疑是一个严重的问题，然而曹操却一烧了之。这样的处理赢得了人心，团结了将士。

不能因名将有缺点和短处，就不用其宏才大略于战场。不能因大学者有短处和缺点，就不用其满腹经纶于事业。这些用长容短、容人之短的古训和经验都值得我们每一位领导者深思和借鉴啊！

3. 扬长克短

扬长克短,是指领导者既要容得下下属的短处,又要帮助下属克服短处。容不下下属短处的领导者,不是好的领导者;对下属的短处视而不见、任其放纵的领导者,则是不合格的领导者。因此,领导者要重视和加强对下属的帮助教育,引导和帮助下属正视自己的短处和缺点,并努力加以克服。总之,领导者对下属的短处和缺点,既要容忍包容,又要帮其克服,两手抓不可偏废。

4. 化短为长

高明的领导者不仅能用其所长,而且能容短、克短,化短为长。化短为长,这是高水平领导者对待下属长处与短处的最佳方法。在高水平领导者面前,明明是短处、缺点,经他一调理,却变成了长处和优点。化短为长的艺术在于避短扬长,变短为长。

清朝名将杨时齐,就是化短为长的用人大师。他认为,只要善于化短为长,军中无不可用之人,包括残疾人在内。如让耳聋者当贴身勤务兵,可防止传言、漏嘴;让哑巴去送机密文件,就能做到即使其被打死也不会开口泄密;让盲人潜伏在前沿阵地"听"敌方动静,其听力特别灵敏;让腿疾者去守炮台,可发挥手的灵活操作作用。这种用人艺术真可谓美妙绝伦。

5. 短中见长

领导者如果不知人短中之长,就不能做到知人善任。高明的领导者能于短中见长,即从其短处之中、之外发现和发掘其潜在的优势和长处,并加以开发和利用。如陈景润不善言辞,有些"呆气",当中学教员时很"吃力"。华罗庚正是透过这种"呆气"看到了他的潜心钻研精神,把他调到中科院数学研究所,使他攀登上了研究"哥德巴赫猜想"的高峰。

又如,林肯在南北战争时期,任命嗜酒贪杯的格兰特将军为总司令。当时有人说格兰特嗜酒贪杯,难当此任。林肯却说:"如果知道他喜欢什么酒,我倒应送他几桶,让大家共享。"林肯当然知道酗酒可能误事,但林肯能短中见长,他深知在北军将领中,唯格兰特将军是运筹帷幄的帅才,所以容忍了他的缺点,而委以总司令的重任。后来事实证明,格兰特将军的受命,正是南北战争的转折点。

6. 容人之长

作为领导者不仅要有用人之长、容人之短的领导方法与艺术,而且要有容人之长的心胸与气量。领导者既要有求贤若渴的爱才之心,又要有容人之长、甘当"人梯"的高尚精神。我国历史上能容人之长和嫉妒别人长处者不胜枚举。

如燕国田单把齐国打败了,有复国之功,燕王也是田单扶起来的。有人进谗言:"百姓只知有田单,不知有陛下了。"而燕王不仅照样重用田单,而且下诏表扬他、封赏他。百姓反映说:"田单之爱人,乃王之教泽也。"燕王这样做不但未降低威信,反而提高了自己的威信。

与此相反,历代封建王朝,都有担心他人"才高震主""才高盖主"的人。刘邦一方面能用人所长,另一方面又时刻提防其长处发挥的程度。韩信征战一生,却三次被夺军权,最后死于未央宫。被刘邦称为开国第一功臣的萧何,在百姓中威信很高,正需要继续发挥作用时,刘邦却不放心,后只因萧何建议将御花园荒地拨给农民租种这么点小事就被刘邦打入了大牢。

晋及十六国时期的汉赵国鲁徽被杀更为典型。汉赵国将军赵染欲攻击晋国,鲁徽(长史,相当于现在的国务院秘书长)劝说,晋国君臣自己知道衰弱,无法跟我们抵抗,一定要拼命,不可瞧不起他们。赵染第二天清晨带数百人发动攻击,并说,等我捉住了李彬(晋国的统帅)回来再吃早饭,结果惨败。赵染后悔地说:"我不听鲁徽的话才弄到了这个地步,有什么颜面见他!"于是下令诛杀鲁徽。鲁徽说:"将军愚昧刚愎,所以先败,不知检讨自己的错误,反而嫉妒智慧比你高、能力比你强的人,用诛杀忠良来掩盖自己的错误。"

台湾作家柏杨先生对此做了如下详述,他说:"英明的领袖人物左右坐的多半是智慧比他高、才能比他强的人才;平庸的领袖人物,左右站的多半是智慧跟他相等、才能跟他相若的人;猪猡型的领袖人物——不论他是凶猪、蠢猪,左右跪的多半是智慧比他低、才能比他差的人。"鲁徽先生平常是有许多谋略让赵染自惭形秽,如芒在背,鲁徽不死赵染不安啊!

历史上鲍叔牙力荐管仲为相,管仲同齐桓公有一箭之仇,鲍力荐,做齐桓公的工作,管辅佐齐成就了霸业,后齐要管推荐接任者,管却未荐恩人鲍。其理由是鲍是个正直好人,对优于自己的人礼让有加,但对不如自己的人就不同他们接近,一听说谁有毛病,终生都不肯忘掉,没有容人之短的雅量,如何能为一国之相。

(六)合理搭配,整体效能

领导者选贤任能,不仅要善于使人各得其所、各尽其能,而且还要合理搭配,以便提高人才群体的整体效能。所谓合理搭配,就是在人才群体中,互相吸引,彼此团结;互相切磋,互相启发;互相配合,互相补充;互相激励,互相促进。

人才组合应按照结构优化的要求进行合理配置,使各个偏才、专才组成为班子的全才、通才,以形成"1+1>2"的更大功能。比较理想的人才组合,应是不同气质、性格的合理搭配,这样就能使领导班子处事既稳妥,又有效率,做到急慢相宜,刚柔相济,配合默契。

据《史记·高祖本纪》记载:西汉初年,天下已定,汉高祖刘邦在洛阳南宫举行盛大的宴会,喝了几轮酒后,他向群臣提出一个问题:我为什么会取得胜利? 而项羽为什么会失败? 高起、王陵认为高祖派有才能的人攻占城池与战略要地,给立大功的人加官进爵,所以能成大事业。而项羽恰恰相反,有人才而不利用,立功而不授奖,贤人遭疑忌,所以他才失败。汉高祖刘邦听了,认为他们说的有道理,但是取胜最重要的原因是不仅用能人,而且善于发挥人才群体的结构优势。他说:"夫运筹帷幄之中,决胜于千里之外,吾不如子房;镇国家,抚百姓,给馈饷,不绝粮道,吾不如萧何;连百万之众,战必胜,功必取,吾不如韩信。三者皆人杰,吾能用之,此吾所以取天下也。"

（七）五湖四海,用人为公

所谓五湖四海,就是指不搞小圈子,不拉帮结派,只要是事业需要的人才,不论来自什么地方,不论来自哪个方面,也不问其亲疏远近,都应根据其才能将其放在合适的岗位上,把一切有用之才组织起来,并使用好。

要坚持搞五湖四海,就要求领导干部必须用人为公,正确对待那些感情上与自己不融洽,性格上与自己有差别,喜欢提出与自己意见不同的人才;要有豁达大度的胸怀,不论与自己关系亲疏远近,只要符合德才兼备标准,都要出以公心,及时予以提拔任用。

坚持五湖四海的用人原则,要求领导者用人,要克服排他性,增强包容性,要有现代意识和长远的眼光,有宽阔的胸怀,有容人纳贤的气魄和度量。"为政之道,唯在致公,用人之道,唯在公正",要做到这一点,必须赏罚分明,一视同仁。领导者要有信心、有能力、有措施使人才能上能下,能进能出,动态稳定。

二、用人的准则与艺术

（一）用人的"黄金准则"

所谓领导用人的"黄金准则",就是领导者、管理者考虑问题、处理事务要设身处地站在被领导者、被管理者的角度,处处替被领导者、被管理者着想。

在西方,这个"黄金准则"记载在《圣经·马太福音》里面,具体表述为"你愿意他人如何待你,你就应该如何待人"。在我们中国古代的传统文化中,"己所不欲,勿施于人""己欲立而立人,己欲达而达人",讲的也是这个道理。

用人用己,就是要以自己的行为、态度、品质等去影响别人。领导者用人,首先要用自己,要求下属做到的首先自己要做到。榜样的力量是无穷的,领导者自身的榜样作用更重要、更有说服力。说服力来自身教重于言教,群众不是听你说得怎样,而是看你做得如何。

领导者享受了被领导者的尊重、服从、信任,被领导者也应享受领导者的尊重、信任,两者应相互享受、相互激励。领导者要尽量多地"给"被领导者所需要的东西,但不要从被领导者那里"拿"他们不愿给的东西。领导者要想方设法激励被领导者,再从被领导者那里得到激励。

领导者要学会换位思想、换位决策、换位指挥、换位协调、换位做思政工作,换位处理日常工作。换位的结果是,领导者离群众近了,离实际近了,人心顺了,凝聚力强了,工作效率高了。换位和换心是联系在一起的,换位思考,以心换心,将心比心,你向群众交心,群众就同你贴心。

（二）用人的"白金法则"

"黄金准则"是"你希望别人怎么待你，你就怎么待别人"。"黄金准则"虽然很重要，但也有局限性。这就是在处理与别人的关系时，只是从自身的角度来看问题，有时就有可能遭遇拒绝和排斥。

"白金法则"是"别人希望你怎么对待他，你就怎么对待他"，这是对"黄金准则"的补充和修正。"白金法则"要求你学会真正了解别人，然后以他们认为最好的方式对待他们，而不只是以自己认为最好的方式去对待他们。这就意味着领导者要运用自己的知识与智慧，去使别人过得轻松、舒畅和幸福，这便是"白金法则"的精髓所在。

在现代管理中，什么样的领导者能赢得下属的心呢？什么样的领导者能让下属赴汤蹈火也在所不辞呢？松下幸之助的答案是：领导就是关注对方的感受。

大智若愚，大德若缺，大赢若输。"仁者无敌"不是说他战胜所有的敌人，而是他根本就没有敌人，或者说，他战胜的是人类与生俱来最为凶险的敌人：自身的贪婪。

"白金法则"并不是游离于"黄金准则"之外的，而是一种更新、更富有人情味的待人用人的方法与艺术。

在今天高度竞争和复杂多变的环境里，领导者以自己一厢情愿的方式去对待下属，显然是永远不够的。作为领导者，不仅要去了解下属的需求，而且还要努力去满足他们的需求，这样才能使自己成为一个成功的领导者。

三、克服选人用人误区

（一）克服"首因效应"的选人用人误区

首因效应又称第一印象作用，是指人与人之间初次接触时，在心理上产生对某人带有感情因素的定势，从而影响对该人以后的评价。从心理学上说，"第一印象"在很大程度上决定着人们的态度和行为。

心理学家曾做过一个实验，给两组大学生看同一个人的照片。在看之前，对甲组说照片上的人是一个屡教不改的罪犯；对乙组说照片上的人是一个著名学者。然后让两组分别从这个人的外貌说明其性格特征：甲组：此人深陷的目光隐藏着险恶，高耸的额头表明他死不改悔的决心。乙组：此人深沉的目光表明他思考深刻，高耸的额头表明其在科学道路上探索的坚强意志。

这表明"第一印象"往往具有表面性、片面性、主观性和"先入为主"特点，由此形成看人的心理定式。如果领导者对一个人"第一印象好"，就可能只注意其长处，忽视不足，把缺点当优点。如果领导者对一个人"第一印象不好"，则相反。要消除首因效应的选人用人误区，强调领导者看人一定要"慎始"，要始终坚持用全面的、历史的观点看人，关注人才的全面表现和全部历史，而不能只看一时的表现，更不能凭一事的印象，既要重视对一个人的"第一印象"，但更要注重一个人的全面表现和全部历史。

（二）克服"晕轮效应"的选人用人误区

晕轮效应具有光环作用，是指一个人的突出特征会像耀眼的光环一样，给周围的人留下深刻印象，使人们看不到或忽视他的其他行为，从而影响到对这个人的整体评价，产生以偏概全的失误。

美国著名心理学家阿希曾做过以下试验：给被试者看一张刻有聪明、勤奋、灵巧、坚定、热情等五种品格的卡片。结果被试者普遍认为拥有这五种品格的人是理想的友善的人。然后把表中的热情换成冷酷，要求被试者再设想一个合适的形象，结果发现被试者普遍推翻了原来的形象，并想象出一个截然相反的形象。这说明"热情—冷酷"起着晕轮作用。

这表明领导者在识人选人时，千万不能以偏概全，被某些突出特征和一时一事的印象所左右，一定要透过现象看本质，用系统全面的观点看人取人，从形式到内容、从个别到全部全方位把握和了解人。

（三）克服"近因效应"的选人用人误区

近因效应是指某人的近期表现，在领导者头脑中占据优势，从而改变对该人的一定看法。

领导者在识人选人过程中，注意人的近期表现是对的，但要防止近因效应引起的"一俊遮百丑"或"近过掩前功"的偏向，一定要坚持用全面历史的观点识人选人。消除近因效应，要求领导者看人要"善终"，要看全部历史和一贯表现。

（四）克服"成见效应"的选人用人误区

成见效应是指在过去的认识、知觉基础上，对某人产生难以改变的固定看法或"成见"。

成见使得领导者戴着有色眼镜去看人和事。领导者一旦对某人产生消极成见，就会对该人产生否定态度，不管别人说他如何好，也不愿加以提拔重用。领导者识人选人，千万不能掺杂私心私念和个人成见偏见，一定要秉公办事，出以公心，不计前仇，不考虑个人恩怨，坚持以事业为重、以德才兼备为最高准则。

（五）克服"月光效应"的选人用人误区

月亮本身不发光，但可以借助太阳发出柔和的光辉，使人感到它很可爱，从而产生众首仰望的效应。在选拔人才中也有类似现象。如某人本来不是"千里马"，但由于他与某领导是亲戚、朋友或者同学，并得到领导的举荐，马上就"身价倍增"，跻身于领导行列。

虽然举贤不避亲，但不能为"月光效应"所左右。领导者识人选人一定要坚持"五湖四海"、海纳百川，而不能搞团团伙伙、裙带关系。

（六）克服"马太效应"的选人用人误区

这是美国哥伦比亚大学社会学教授罗伯特·墨顿于 1973 年提出的概念。他发现社会对有声誉的科学家做出的贡献给予的荣誉越来越多，而未出名的科学家的贡献往往得不到社会的承认。《圣经》中的《马太福音》第 25 章写道:"因为凡有的,还要给他,叫他多余,没有的,连所有的也要夺过来。"这就是多的越来越多,少的越来越少,穷的越来越穷,富的越来越富的"马太效应"。

爱因斯坦成名之前,曾为自己的一篇论文发表到处托人情、找关系。他父亲还出面诚恳地给一位教授写信,请他关照,但这位教授却"不屑一顾"。而当爱因斯坦成名后,社会又对他表现出过分的热情,使其头上的"光环"不计其数,这就是人们在人才问题上的"马太效应"。

领导者在识人选人上,视野要宽广,心胸要开阔,要广纳贤才,不能只把眼睛盯在少数名人和精英身上,要善于从群众、从基层选拔人才。领导者在识人选人问题上要努力克服喜欢"锦上添花",不愿"雪中送炭"的心理。

(七)克服"戴维现象(效应)"的选人用人误区

美国化学家戴维发现了订书匠法拉第在化学上的潜能,并将其精心培育成才,使法拉第名声大振,但此后戴维却开始贬低法拉第。戴维身为英国皇家学会会长,是唯一投票反对法拉第参加皇家学会并成为会员的。

伯乐由识别和培育千里马,转而处处限制和妨碍千里马奔驰,带有一定的普遍性,被叫作"戴维现象"。这有点类似武大郎开店,有漫画画到,武大郎当经理,招聘员工的唯一标准是:凡是比他身高高的一个不要。

领导者在识人选人问题上,思想境界一定要高,要有求贤若渴之心、爱才护才育才之德,要善于发现人才,敢于起用人才,乐于让人才超过自己。领导者既要有"人梯"精神,让人才踏在自己的肩膀上,又要有把人才扶上马、送一程的高风亮节。

◎ 案例 4-1

联合国教科文组织的调查表明,在占有知识上的差距,在人才比率上的差距,最终导致国与国之间在竞争力方面的差别。该组织引用以色列国为例。这是个国土面积为 2.8 万平方公里,人口仅 560 多万,自然条件极其恶劣,资金贫乏的小国,却一跃跨进发达国家行列。其根本原因就是以色列在占有知识、拥有人才方面具有极大优势。人口仅有全球总人口的 0.2%,却出了 162 位诺贝尔奖获得者,占诺贝尔奖总数的 20%;受过高等教育的人数占总人口的比例居世界之首,平均每 1000 个劳动力就有 77 名大学生,每 10000 人当中就有 140 名科学家和技术人员;科技对 GDP 的贡献率超过 90%。

◎ 案例 4-2

波兰著名钢琴家肖邦,原是默默无闻的一介小民,后来是靠匈牙利钢琴家李斯特举荐而成为骄子的。一次演出时,李斯特先坐在钢琴前,当剧场灯光熄灭后,他却让肖邦来演奏。肖邦的高超技艺博得现场暴风雨般的掌声。灯亮了,人们才发现刚才演奏钢琴的是陌生人肖邦。李斯特举荐人才的美德,传为佳话。

◎ **案例 4-3**

　　历史上春秋时楚国的虞丘子是个大官,有一天他对楚庄王说:"我想推荐一个人来代替我。"楚庄王很吃惊:"你给我立下了汗马功劳,楚国终于强大了起来。今天你为什么要离开我呢?"虞丘子回答:"我年纪大了,才学又不够,老占着位子,比我更有本事的人就没有机会为国家效力了。有个人叫孙叔敖,很有才干。如让他担任我的职务,楚国一定会更加强盛。"楚庄王见虞丘子言辞恳切就答应了。孙叔敖到任后果然不负众望,把楚国治理得非常强盛。

◎ **案例 4-4**

　　晋国大夫祁黄羊"外举不避仇,内举不避亲"的故事历来被传为佳话。祁黄羊堪称任人唯贤的典范。公元前 570 年,祁黄羊年老辞职,晋悼公问祁黄羊:"南阳缺少个县令,哪个可以担任呢?"祁黄羊回答:"解孤可以担任"。悼公反问道:"解孤不是你的仇人吗?"祁黄羊回答道:"您问我哪个人可以担任南阳的县令,不是问我的仇人是谁呀!"悼公称赞:"好的"。于是就任用解孤为南阳县令,贵族们都称赞任命得好。

　　后来悼公又问祁黄羊:"国家缺个尉官,哪个可以去担任呢?"这是风险高的苦差事。祁黄羊回答:"祁午可以担任。"悼公吃惊地问:"祁午不是你儿子吗?"祁黄羊答道:"您是问哪个可以担任尉官,不是问我的儿子是谁呀!"悼公于是任用了祁午为尉官。贵族们又称赞任命得好。

　　孙子听说这件事,称赞说:"祁黄羊的主张好啊! 外举不避仇,内举不避亲,祁黄羊真是秉公无私啊。"

　　这个故事向我们揭示了一个深刻的道理:只有品德高尚的人,才能举荐贤德的人。祁黄羊称道他的仇人,不是为了向人讨好;安排自己的儿子,也不是为了营私。

第五章　适应和驾驭环境的方法与艺术

领导活动是领导者率领被领导者在一定的领导环境中进行的，离开了特定的时空环境，领导者什么事情也做不成。领导者如何适应环境、改造环境、创造环境和驾驭环境，不仅需要有魄力和能力，而且要讲究方法与艺术。因此，领导者要想恰到好处地适应环境、不畏艰难地改造环境、游刃有余地创造环境、得心应手地驾驭环境，就需要认真学习钻研适应和创造环境的方法与艺术，提高改造和驾驭环境的水平与能力。

第一节　领导环境概述

一、领导环境的含义

（一）环境

环境（environment）是指某一特定生物体或生物群体以外的空间，以及直接或间接影响该生物体或生物群体生存的一切事物的总和。在环境科学中，人类是主体，环境是指围绕着人群的空间以及其中可以直接或间接影响人类生活和发展的各种因素的总体。环境有自然环境和社会环境之分。

所谓自然环境，是指环绕在人们周围的各种自然因素的总和，如大气、水、植物、动物、土壤、岩石矿物、太阳辐射等。这些是人类赖以生存的物质基础，通常把这些因素划分为大气圈、水圈、生物圈、土圈、岩石圈等五个自然圈。人类是自然的产物，而人类的活动又影响着自然环境。

所谓社会环境，是指在自然环境的基础上，人类通过长期有意识的社会劳动，加工和改造的自然物质，创造的物质生产体系，积累的物质文化等所形成的环境体系，是与自然环境相对的概念。社会环境一方面是人类精神文明和物质文明发展的标志，另一方面又随着人类文明的演进而不断地丰富和发展，所以也有人把社会环境称为文化—社会环境。在社会环境中，还可区分为硬环境与软环境，它们对领导环境有不同的影响作用。就存在形式来说，硬环境是一种物质环境，软环境是一种精神环境。软环境是相对硬环境而言的一个概念，它是指物质条件以外的诸如政策、文化、制度、法律、思想观念等外部因素和条件的总和。在现有的环境下,这些因素又集中体现在体制机制上。

(二)领导环境

领导环境,是指领导主体借以进行活动的内部和外部的客观因素的总和,包括自然条件、历史条件和社会条件等多种条件环境。自然条件主要指一个地方的地理位置、气候、资源等客观条件,不同地方的自然条件千差万别:有的地方四季如春,风调雨顺;而有的地方丛山峻岭,沙漠荒凉,寸草不生,甚至灾害频繁。截然不同的自然条件,肯定会给领导者的领导活动带来较大影响。如河南的兰考县,由于自然条件较差,多为盐碱地、风沙地,虽然有像焦裕禄那样好的领导者,但其落后面貌也很难在短时期内发生改变。

所谓历史条件,是指长期以来的文化习俗、民族传统、经济状况等人文发展状况。面对激烈的竞争,有的地方历来基础较好、底子较厚,再加上领导得力的话,就能比较快地把各项工作搞上去。比如上海,改革开放之初,因为中央没有把上海列入改革开放城市,其发展速度不如深圳等经济特区。但由于其历史基础好,人才集聚,加上地理位置靠海,交通便捷,信息灵通,因此当党中央实施浦东开发战略后,上海在很短的时间内就赶上去了,速度超过深圳,现在已经成为世界瞩目的国际大都市,这种得天独厚的历史条件的环境优势是其他地方无法相比的。有的地方基础差、底子薄、历史条件等环境不大好,又缺乏竞争的传统和意识,即使有好的领导者,恐怕也很难在短时期内改变落后面貌。当然,有的地方即使历史上基础设施差一点,由于有其他方面的优势,也可能会有惊人的发展。如浙江温州,虽然历史上经济基础并不雄厚,但从文化传统这方面来说,温州历来就比较注重商业,做生意是"家传秘方",商品意识特别浓,比较适应于今天的激烈竞争。领导者正确地将这种意识加以引导,就形成了自己的特色,走出了一条有自己特色的以民营经济为主导的"温州模式"新路子,取得了巨大的成功。

所谓社会条件,包括的内容就更广了。它既有国内的环境因素,也有国际的环境因素;既有政治的、经济的,还有文化的、宗教的等多种因素构成的环境。比如文化环境,在文化层次较高的地方或单位,与在文化层次较低的地方和单位,领导者的工作难度就相差甚远,效果也就不同。在地处边疆的少数民族地区,由于少数民族较多,民族矛盾较为复杂,领导者在这样的社会环境中任职,其工作难度相对于内地的省份要大得多,如有时为了照顾到民族关系,"一碗水"很难端平,很可能会引发汉族干部的情绪。这难免会对其经济发展和社会和谐带来一定影响。

二、领导环境的特点

(一)客观性

由于领导环境是指独立于领导者自身以外的一切条件因素,这些条件因素是独立于领导者之外的客观存在,谁也没有办法改变,是不以人的意志为转移的。比如自然条件、历史条件和重大的社会条件,领导者在一定时间范围内是难以改变的,只能在既定的环境中开展工作。因此,任何领导者都必须首先冷静地认识和分析所面临的客观环境,而不能不切实际地幻想抛开现存的环境。如"文革"时期的社会环境就对领导者施展才干有极大的制约,而十一届三中全会以后的环境变了,对领导者来说,发挥作用的余地就大得多了。

（二）系统性

领导环境中的各种条件因素不是彼此孤立,而是互相联系和相互依赖的。地理环境很可能会影响社会环境;外部环境可能会影响内部环境;经济环境也将对文化环境、思想意识等方面产生深刻的影响。比如文化条件、历史背景,一般都离不开本地的自然条件,所谓"一方水土,养一方人"。领导者在实施领导活动中的领导方法一般都会带上很浓厚的地方色彩。如在我国的北方与南方,由于地域和气候等自然条件的不同,人们的性格差异区别很大:北方人豪爽、大气、讲义气,"大块吃肉,大碗喝酒"表现了北方男人的豪放;南方人则心细、精明、办事效率高。在实际生活中我们看到,不同地方的差别是十分明显的,而这种差别的主要原因就是自然环境的差别。

（三）层次性

不同层次的领导者面对的是不同的环境,对它的作用也会有差别。高层领导者更多地受到国际环境、全局环境的影响;而基层领导者相对地受本地、本单位环境的影响就要多些。因此,一般来说,高层领导者考虑问题总要站在全局的角度,而基层干部往往只是站在眼前和周边环境来想问题。

（四）能动性

领导环境虽然是客观的,但其中有些条件又是可以由人来能动地发挥作用的,比如思想、观念、人的干劲、智慧,以及对各种条件的组合、运用等。因此,看不到环境的客观性可能走向盲目性、唯心论;而看不到人在环境改造上的能动性,又会走向悲观消极,是一种形而上学。实际上,任何领导环境都是人与物不同因素的组合,只有大力发挥人的因素,某些物的因素才可以从无到有、从小到大,困难也可以从大到小。

（五）可塑性

可塑性是指能动性发挥的结果。由于环境中人的因素发挥得好（领导方法得当）,则领导环境朝着好的方向发展;反之,则向坏的方向发展。通过人的作用,可能发生不同的变化,即塑造出好的领导环境。更好地使环境中的各种因素实现优化组合和最佳配置,就能更好地实现领导目标。相反,如果领导者的方法不当,人的能动性的发挥就会对领导环境起破坏作用,使领导环境向坏的方向发展,就会阻碍领导目标的实现。也正是因为领导环境具有可塑性这一特点,就更说明我们研究领导方法与艺术是非常必要的。

三、领导环境的分类

（一）领导环境的划分

（1）以领导环境的性质为标准来划分：领导环境可分为自然环境、社会文化环境、政治环境、经济环境、技术环境等。

（2）以空间为标准来划分：领导环境可分为内部环境和外部环境。

（3）以时间为标准来划分：领导环境可分为过去、现在和未来的环境。

（4）以对领导活动作用的方向为标准来划分：领导环境分可分为有利环境和不利环境。

（5）以领导者可以掌握的程度为标准来划分：领导环境可分为可以控制环境、部分可以控制环境和不可以控制环境等。

（二）良好领导环境的基本要求

良好领导环境的基本要求：一是宽松的政治环境（如路线正确、为政清廉）；二是宽裕的经济环境（如发展快速、财政富足）；三是自由的舆论环境（如言论自由、敢于直言）；四是快速的信息环境（如信息畅通、反映快捷）；五是和谐的自然环境（如资源充足、利用得当）。

四、领导环境的作用

（一）影响领导作为

领导环境是领导活动的基本构成要素。领导活动在本质上是领导者带领被领导者作用于领导环境去实现领导目标的过程。这是一个主客体的矛盾运动过程，主体是人，即领导者和被领导者；而客体就是领导环境，这两者都不能缺少。任何领导活动都少不了领导环境这个舞台条件。没有一定的自然条件，领导活动就没有展开的场所；没有一定的历史条件，会使领导活动失去基础；没有一定的社会条件，会使领导活动成为无源之水。领导者只能依赖领导环境这个必要条件和必需的平台，才能施展才干、有所作为，上演出轰轰烈烈的人生话剧来。

领导环境对领导者进行领导活动起着举足轻重的作用，影响领导工作的兴衰成败和领导者作为。环境好，或者说通过努力能塑造出好的环境，就能使领导工作顺利开展，实现既定目标、有所作为。如果领导者面临的环境不好，自然条件恶劣、历史条件不厚实、社会环境不宽松、人心不齐、思想观念不解放，再好的领导者也难以有大的作为。

（二）影响领导情绪

无论领导者还是被领导者都十分看重领导环境。良好、顺利的环境，有助于振奋领导者及其组织成员的信心。如自然环境好，绿树成荫、空气清新，令人赏心悦目，让人心情舒畅；社会环境好，使人感到安全舒适、信心倍增；而不良的环境，无疑首先就会给人以压抑、窒息的感觉,难以振奋士气和精神。但是环境有表面现象和实际情况以及发展潜力之分。有些表面看上去困难大的地方,但蕴藏的发展潜力也大;相反,有时看上去环境好、困难小的地方,隐含着的危机却不可忽视。可见即使有表面上的好环境,领导者也不能沾沾自喜。这就要求领导者要引导干部群众深入、正确地认识环境,在思想上做好应对差环境或者环境发生恶劣变化的准备,调整好情绪,以利于正确地对待和运用环境。

（三）影响领导方式

领导者的领导方式、方法都不可能是一成不变的,它必须根据领导环境的不同而变化。比如领导环境好,不仅自然条件好,尤其社会条件好,群众基础牢,社会舆论也宽松,那么领导者就可以大刀阔斧地干,甩开膀子地干,在领导方式、方法上就适宜于开放式的方式方法;而领导环境不好,尤其是社会环境不宽松,群众思想不解放,领导者在领导方式方法上就得多注意做细致的工作,运用诸多的领导艺术循循善诱地去引导。也正是因为领导环境的不同,领导职能的发挥也要因地、因时而异,像决策、用人、协调、监督等各种职能在起作用时,都要受环境条件的不同影响和制约。

（四）影响领导作风

俗话说:"近朱者赤,近墨者黑。"人都会受到环境的影响和熏陶。领导环境的状况直接影响到领导者的情绪,同时对领导者的作风也产生重要作用,这种影响有正面的也有负面的。良好的环境,既可以使领导者的作风更泼辣、工作更放得开;也可能会使领导者作风漂浮、铺张浪费、养尊处优、不思进取。相反,较严峻的领导环境,可能使领导者的作风更细致、更慎重、更缜密;也可能使之变得萎靡不振、无所作为。

第二节　适应环境的方法与艺术

一、用辩证方法看待领导环境

领导环境是个复杂的社会系统,系统内各要素之间有着千丝万缕的联系。领导者要以辩证唯物主义态度,运用辩证的、全面的、历史的、发展的观点和方法认识领导环境问题,要善于透过现象看本质,要采用辩证唯物主义的态度与方法,全面、深入地认识影响领导目标实现的各种环境问题,要善于剖析问题的本质,不要被表面现象所迷惑。譬如说,有些地方有些时候领导环境表面看起来不怎么好,但可能潜力大、后劲足,领导者应从不利条件背后发掘积极因素,树立工作信心;有些地方有些时候领导环境表面看很好、形势喜人,但很可能潜伏着危机和矛盾,领导者应有足够的思想准备和预案,而不能一叶障目,被表象所迷惑,犯下跟着感觉走的低级错误。

二、把握领导环境变化规律

马克思主义哲学认为,世界是物质的,物质是运动的,运动是有规律的,规律是可以认识的,认识是无止境的。俗话说,"三十年河东,三十年河西""沧海变桑田",这表明客观事物是不断发展变化的,其变化又是有规律的。领导环境虽然纷繁复杂、千差万别,但无论多么复杂的领导环境,其发展变化都是受规律支配、有规律可循的。领导者应深入实际调查研究,了解国情和所担负领导工作单位的实际情况,深入研究领导环境变化规律,严格按照规律要求做好领导工作。领导者既不能浮在表面,人云亦云,跟着感觉走,由着情绪行;更不能违背规律,搞长官意志、主观主义,鲁莽蛮干,凭想当然办事。领导者应全面驾驭领导环境,深刻把握客观规律,对自己担负的领导工作环境有正确估计和清醒认识。

三、善借群众智慧认识领导环境

认识领导工作环境,光凭领导者个人的观察与认识是远远不够的。明智的领导者要注意发挥下属的积极性,善借群众智慧来认识环境,这样才能做到对环境的认识深刻全面,减少片面性。俗话说,"众人拾柴火焰高""三个臭皮匠,顶个诸葛亮"。一方面,领导者要深入群众、依靠群众,拜群众为师,向群众学习,听民意、聚民智,问计于民、听政于民,从群众中找点子,请群众想办法;另一方面,领导者对群众的意见、建议要认真思考和分析,进行可行性研究,必要时可邀请专门人员去进行综合分析,尤其是听专家意见,然后在此基础上形成自己的看法和判断,并做出科学决策。

四、有捕捉环境机遇的敏锐眼光

在现实生活中,每个人都一样,人人都有出彩的机会,就看你能否发现和抓住。平常说的"机不可失,时不再来"就是这个意思。领导工作能否取得成功,关键是看领导者能不能利用好领导环境,并从中发现和抓住机遇。机遇不仅与挑战并存,而且机遇稍纵即逝,抓住了机遇就能拔得头筹、赢得发展,错过了机遇就会失去发展机会、落在别人后面。比如 20 世纪 80 年代,我们国家利用和平与发展这一时代主题带来的和平国际环境,抓住机遇实行改革开放,取得了举世瞩目的辉煌成就。又如以民营经济发展而闻名全国的温州,改革开放以来,温州领导和群众敏锐地捕捉到国家支持鼓励非公有制经济发展这一千载难逢的机遇,当别的地方还在徘徊、观望,争论姓"资"姓"社"时,温州的领导解放思想,大力支持鼓励民营经济发展。

领导者应清醒地认识到,好环境和坏环境都不是一成不变的,好的、有利的环境由于时局的发展变化,可能会变差、变坏,坏环境也可能变好。但无论是好环境还是坏环境都是机遇与困难并存的。如果领导者能捕捉和把握发展机遇,既可使坏环境由坏变好、由不利变有利,也可利用好环境,抓住机遇,加快发展。对领导者来说坏环境固然不利,但是,它可以给人们增加压力,迫使你"破釜沉舟""背水一战",在不利环境中奋起直追,变不利为有利,使坏事变成好事。

五、正确处理小环境与大环境的关系

每个领导者都是在一定的大环境背景下的自己的小环境里开展工作的。大环境和小环境相互影响、相互制约。改造和驾驭领导环境要求领导者正确处理好大环境和小环境的关系。领导者要通过建设科学合理的领导体制、用人机制、分配体制、保障体制等,创造好本地方、本部门、本单位、本企业的小环境,尤其是人际关系、文化氛围、社会风气等环境,确保小环境里人心齐、风气正、工作顺、效率高。尤其是当大环境不好时,领导者的责任是要创造好自己所负责的小环境。领导者要努力改造和创造好小环境,而不能以大环境不好为借口不去改造和创新小环境。大环境是由众多小环境构成的,如果每个领导者都把自己的小环境改造好了,就会影响和改变大环境,小环境好了,大环境自然也就会好起来了。

六、增强能动适应环境的能力

认识和了解领导环境的目的是为了更好地适应环境,为实现领导目标服务。领导环境具有客观性,有些自然条件、历史条件和社会条件的存在是不以人的意志为转移的,在短时期内也无法得到根本改变。领导者面对较恶劣的自然环境、较差的历史基础、不良的社会风气等工作环境,最好的选择就是面对现实,主动适应环境,积极去改变,不能因为不适应环境而逃避,更不能因为不适应环境而无所作为或败下阵来。强调要适应环境,并不是消极被动的,而是要能动地利用环境,在适应中利用,在利用中适应。领导者要做环境的主人,而不能做环境的奴隶。对待较恶劣、困难的环境,如果领导者自己首先被困难吓倒,自认倒霉,必然无所作为。这将导致组织涣散、士气低落,领导目标无法实现。对领导者来说,困难的环境,虽然对工作不利,但领导者首先要有战胜困难的信心和必胜信念。

第三节　驾驭环境的方法与艺术

一、明确驾驭和创新环境的目标

(一)创造小环境

所谓创造小环境,就是指本地方、本单位、本部门的小环境,尤其是政治、舆论、人际关系这些环境。比如建立起好的领导体制、舆论氛围、用人机制、分配体制、保障体制等。这些大多是在本地方、本单位、本部门内可以解决的问题。不要小看这些"小"问题,由于它涉及人们的实际利益,自然会影响很大。而正是这些"小"问题

的解决与否,又将影响整个社会环境,从而影响领导目标的实现。而这些问题大部分在领导者的职权范围内就可以解决,因此不能因事"小"而不为,相反应尽快地解决好,从而创造有利于领导目标实现的好环境。

（二）建设中环境

所谓建设中环境,即指在自己职权范围内无法解决的问题,可以通过努力来建设:或是通过向上级反映、汇报等方式,争取上级的支持与帮助;或是经过短时期自身的努力,可以创造出有利条件;或者通过周边单位和个人的支持,可以解决一些关键性的问题等,使自身的领导环境得到大的改善。这就是建设中环境,它要花的力气、下的功夫会比较大。

（三）影响大环境

所谓影响大环境,就是说一些较大范围的重大领导环境问题,我们虽权小力薄、无力回天,但可以通过解决一个一个小的单位和部门的问题,改善小环境中存在的困难问题,促使大环境产生影响,甚至对整个大环境起向导作用。领导者只有下力气充分认识领导环境,用正确的世界观和方法论,认真分析领导环境、适应领导环境、利用领导环境,并采取多种办法、措施着重改造领导环境,才可以让领导环境更好地为领导工作服务,帮助实现自己的领导目标。

二、要增强驾驭和创新环境的能动性

既然环境对领导活动起很大作用,那么,领导者就必须想尽办法,在认识领导环境、分析领导环境的情况下,充分利用好环境。好的环境固然可以利用,但要抓紧时机,它不可能永远好下去,在各种因素的作用下,它也有可能变差、变坏,平常说的"机不可失,时不再来"就是这个意思。驾驭和创新环境,就是要想方设法使环境为实现领导目标服务。譬如在"文化大革命"的大环境中,有的人在这样的环境中无所作为,但许多领导者尤其是科技界的领导者,却利用这个环境,搞出了"两弹一星"、南京长江大桥、葛洲坝水利工程等举世瞩目的浩大工程。不好的环境固然是件坏事,但是,如果领导者能够比较好地利用,坏事也可能变成好事。它可以给人们增加压力,在不利的环境中奋起直追,古人运用的"破釜沉舟""背水一战"的办法,变不利为有利,就是很好的例子。在现实生活中,每个人都一样,机会人人都有,就看你是否善于很好地抓住。领导者取得成功的环境也是如此,关键是看领导者能不能善于利用好领导环境,抓住机遇。

三、要有驾驭和创新环境的魄力

领导者要做环境的主人,而不能心甘情愿地做环境的奴隶与仆人。对待比较恶劣、困难的环境,如果领导者自己首先被吓倒了,自认倒霉,必然无所作为。这将导致组织涣散、士气低落,怎么还能实现领导目标呢？遇到困难的环境,虽然自己心中并没有底,但首先要有战胜困难的信心,要有基本的必胜信念。面对险恶环境,要有必胜的信念和气魄,但绝不是狂妄自大、盲目乐观。这种必胜信念又必须与细致深入的工作结合起来。毛泽东在战略上藐视敌人的同时,在战术上又十分重视敌人。他说过,仗是要一个一个地打,山头是要一个一个地去占领,敌人是要一个一个地去消灭。领导者在对环境有充分的信心后,大量的工作是对环境进行深入细致的分析,"为伊消得人憔悴"。这是十分艰苦、有时甚至是十分枯燥的过程,不仅需要花费大量的时间,而且还要有很强的耐心。只有不断地对环境进行分类和综合的分析,从中发现问题,找出症结,才能对症下药,开出治理的"良方"。所谓"梦里寻她千百度",可见这个过程之艰难。只有这样,才会获得"蓦然回首,那人却在灯火阑珊处"的喜悦。

四、要有驾驭和创新环境的勇气

领导者既要适应和利用领导环境,更要改造和创新环境。对领导者来说,希望长期在优越领导环境中开展工作,这虽然可以理解,但并不现实。领导工作中遇上困难的、恶劣的环境,是比较正常和普遍的。如有的地方自然环境好,而社会环境却不好;有的地方社会环境较好,但自然环境又可能困难重重。有的单位经济条件好,但人心不齐,素质不高;有的单位人员素质高、班子团结,但物质基础薄弱、经济条件差。各方面都好的领导环境是很少有的。领导者要有改造环境的勇气和能力,把不利环境改造成有利环境,在不好环境条件下创造良好环境。对领导者来说,现成的好的领导环境,尤其是全面、长期的好的领导环境,总是可望而不可即的。因此,开动脑筋、想办法改造和创新环境,是领导者的必然选择。改造和创新环境的能力,是衡量领导者素质高低的重要标志。优秀领导者就在于能想前人之未想、干前人之未干的事,开拓新局面、创造新环境、实现新目标。因为,只有为实现目标创造有利的条件,才能凝聚下属和全体组织成员的力量,才有利于领导者施展才华,更好发挥自己的领导方法和艺术。

◉ **案例 5-1**

改革开放前期,全国处在计划经济的框框内,从思想观念到体制、规章都不利于市场经济的发展。而温州由于其独特的地理位置、思想观念和传统习惯,则对市场经济一往情深。虽然温州市政府作为一个小小的地方政府,对全国的大环境无能为力,但前几届领导班子没有听天由命,而是通过积极创造小环境、建设好中环境,使温州经济比较快地发展起来,形成了中外闻名的"温州模式"。不仅使之站住了脚,而且成了符合国际大趋势的新模式,对全国后来发展民营经济的大环境起到了很大的影响作用,才有了后来全国借鉴学习"温州模式",逐步推广"温州模式"。

◎ **案例 5 - 2**

　　毛泽东在土地革命时期，面对敌强我弱的艰难环境，在秋收起义失败后，带领部队撤到浏阳文家市。他冷静分析了形势：虽然革命遭到失败，但真理在手，人民群众站在我们这边，只要我们坚定信心、保存实力，与敌人展开持久的游击战争，就必然会使星星之火变成燎原之势。所以，他毅然决然带领部队到井冈山创建革命根据地，与强自己几十、上百倍的国民党打起了"捉迷藏"的游击战。最后，山沟里散兵游勇式的小米加步枪，就是战胜了武装到牙齿的百万反动派。毛泽东历来具有伟大气魄，他从来"自信人生二百年，会当水击三千里"，立志要"改造中国与世界"。这种坚定的信心和信念就是驾驭环境和利用环境的基础，领导者要向毛泽东学习，提升驾驭环境和利用环境的大无畏勇气和魄力。

第六章 用权的方法与艺术

领导权力是发挥领导职能的前提与保证。没有权力,领导者就无法开展组织、指挥、决策、协调等领导活动,就无法实现领导目标。领导者要发挥好领导职能,不仅要有权力,而且要会行使权力,懂得行使权力的方法与艺术。这样才能保证权力得到正确运用,使权力最大限度地发挥作用和效能。

第一节 领导权力及其运用

一、领导权力概述

（一）领导权力的含义

所谓领导权力,是指通过特定程序授予领导者为实现组织目标,对下属施行的强制性影响力和制约力。领导权力是发挥领导职能的前提与保证。没有权力,领导者就无法开展领导活动和实现领导目标。领导权力虽然看不见、摸不着,但却是能让被领导者时刻感受到的一种强制力、制约力。

（二）领导权力的构成要素

领导权力包括权力主体、客体、目标和作用方式四要素。一是领导权力的主体,包括党政机构的领导者、企事业单位的领导者以及社会组织中的领导者。二是领导权力的客体,包括所有不同社会组织和社会集团中的所有被领导者。三是领导权力的目标,包括各级各类社会组织和社会集团的领导者所要完成的领导工作任务和所要实现的领导目标。四是领导权力的作用方式,既有强制性的硬约束,也有运用科学方法与高超领导艺术来实行的软实力。

（三）领导权力的涵盖内容

领导权力包括的内容较为丰富,虽然不同的领导机构、领导部门其领导权力不尽相同,各具特点,但在具体的领导活动和领导工作中,其所拥有和行使的领导权力又具有共性和普遍性。

（1）决策权。领导就是决策,领导过程就是制定决策和实施决策的过程。领导者能否正确决策,第一位的是要保证领导者拥有决策权、能够有效行使决策权。

（2）指挥权。指挥权是领导者实施领导决策或规划、计划等的必要保障。如果没有指挥权，领导者就不成其为领导了，更无法开展领导工作。

（3）组织权。组织权主要包括设计合理的组织机构，规定必要的组织纪律，确定适宜的人员编制和配备恰当的人员等。这是领导意图得以实现的组织保证。

（4）人事权。人事权是指领导者对工作人员的挑选录用、培养、调配、任免等权力。如果领导者没有人事权，在单位人事问题上做不了主，这样的领导权是不完整的。

（5）奖惩权。奖惩权是指领导者根据下属的功过表现进行奖励或惩罚的权力。这是领导者激励下属，建立组织内部良好风气所必需的权力。如果领导者没有奖惩权，好人好事得不到表扬和激励，歪风邪气得不到批评和惩罚，则很难调动下属积极性和在组织内弘扬正气。

二、领导权力的特征

（一）法定性

领导权力是通过法定程序授予的。领导者只有在法律法规认定了职位并授权以后，才能拥有权力和行使权力。权力不能自封，更不能通过不正当手段篡夺，必须依法依序授予才能取得。领导权力具有法定性，而法律法令是代表人民利益的国家意志。因此，在领导活动中接受领导权力或服从领导权力，不是接受某个领导者个人的意志，而是接受人民意志和国家意志。领导权力的法定性同时表明，依法授权不仅赋予了领导者的权力，同时也明确了领导者应承担的相应责任，领导用权是权力和责任的统一。

（二）强制性

强制性是领导权力最根本的特征。强制性是由领导者职位决定的一种权威，领导者行使权力，对下属提出的要求、发布的命令具有强制性和不可抗拒性。领导权力或权威，意味着被领导者必须服从和执行。领导者为了完成某项工作任务，没有强制性的权力是不行的。比如，在战场上，要冲锋陷阵，没有权力的强制性就会没有战斗力，队伍就不堪一击；在经济工作中，没有权力的强制性，也不可能执行大多数人的意志，使工作无所适从；在社会管理中，没有权力的强制性，就无法统一认识和统一行动，任何社会组织都形不成凝聚力。

（三）层次性

领导权力的层次性源于社会组织的分层性。社会作为一个完整的组织系统，按纵向划分为若干个层级，每一个层级都有相应的领导权力。如在我国省、市、县、乡、村的系统中，各层级拥有各自的权力。上级对下级既有指挥、控制和监督的权力，但同时又不能干涉下级职权范围内的事。下级要对上级负责，依照上级指示、决定、命令办事，及时请示汇报工作，在自己管辖范围内，有权自主地决定问题。

（四）普遍性

领导权力是人类社会存在的一种普遍现象，从古至今，各行各业，几乎无所不在地分布在社会生活的每一个方面、每一个角落。随着社会结构和分工的复杂性不断加强，这种权力的作用也随之体现得更加具体了。那种反对一切权力和权威，无组织、无纪律、无命令、无服从、无制裁的绝对自由的无政府主义思想是错误的。维护和服从领导权力权威，既是民主法治社会的重要标志，也是公民应具备的理性和思想素质。

（五）阶级性

古今中外的历史与现实证明，在存在阶级的社会中，任何领导权力的实现都体现了统治阶级的意志，是为统治阶级利益服务的。在我国社会主义初级阶段，虽然完整意义上的阶级对立不存在了，但阶级并没有消灭，损害人民根本利益的敌对势力还存在。我们的国家政权是人民的政权，是用来为人民服务的，是用来镇压破坏人民利益的敌对势力的。因此，领导权力是人民授予的，是用来为人民利益服务的，人民性、阶级性是领导权力的根本特征。

三、领导权力的来源与运用

（一）权力的来源

领导者的权力来自组织机构正式授予的法定地位。任何一名领导者，或是由上级任命，或是由本单位群众推选，或是通过公开招聘的方式任职，一旦担任某一领导职务，就意味着拥有这一职务的法定权力。

权力是领导者统帅、指挥和引导下属的先决条件，没有一定的权力，领导者就无法去统帅、指挥和引导被领导者；领导者没有一定的权力，下属就不会服从领导者的指挥和领导。对领导者来说，没有权力，就不成其为领导，也无法实现其领导。权力对领导者极为重要，要求领导者既要有正确行使权力的能力和水平，又要树立正确的权力观，正确行使权力。领导者用权，必须特别注意防止以权谋私，一定要从根本上认清权力是人民给的，人民给你的权力是要用来为人民谋利益，而不是用来谋取私利的。领导者需牢记陈毅元帅的警世名言："手莫伸，伸手必被捉。"领导者不要为了一点点蝇头小利，而因小失"节"，一失足成千古恨。

（二）权力的运用

所谓领导用权，是指领导者在遵循用权原则和规律的基础上，创造性地使用权力来实施有效领导。领导者用权所采用的方法和艺术，被称为用权之道。在领导用权上，有的领导者用得好、用得活，管人管事恰到好处，既能管住，又使人心悦诚服；而有的领导者单靠搞强制性的权力去管人，使人很反感，即使服从了，也比较勉强；还有的领导者有了权不会用、不知道如何去用，使下属感到这样的领导没能力、不称职。优秀的领导者要学习和掌握用权的领导方法与艺术。权力是领导的象征。领导就是象征着拥有和行使某种特定的权力。作为一名领导者,首要的是要有职有权,没有职务,没有权力,就不成其为领导。

（三）正确用权观

第一,正确行使权力而不滥用权力,立党为公,执政为民,决不公权私用,以权谋私。

第二,依法行使权力而不乱用权力,依法行政,遵章办事,防止不给好处不办事、给了好处乱办事的行为。

第三,自觉接受监督,严格自省自律,牢记权力失去监督就会走向独裁、专制、腐败的历史教训和规律。

第四,努力提高自身综合素质,全面提升正确行使权力的智慧、水平和能力。

第五,确立良好的从政道德,光明磊落,一身正气,做为人民掌权、为人民服务的政治家,不做只会耍政治手腕、玩弄权术的政客。

第二节　用权的方法

一、用权的基本要求

（一）依法用权

（1）领导者要依法进行领导管理。治理一个国家需要法律,这叫依法治国;管理一个单位需要法律和规章制度,这叫依法办事或依法行政。领导者在行使权力时,首先就要靠法制、规章来规范,建立起切实可行的制度,真正做到有法可依、有章可循,明确什么可以做、什么不可以做,用以约束下属,也约束自己。

（2）领导者用权要接受法律约束。依法治国、依法行政、依法办事,首先要求领导者自觉接受法律约束。在现实社会生活中,往往有领导者目无法纪、滥用权力的现象发生,甚至有人提出"到底是权大还是法大"的疑问。有的领导者是"和尚打伞,无法无天",严重扭曲了"法"与"权力"的关系,造成了诸如"以权代法""以权藐法""以权犯法"等恶劣现象。克服这些现象的影响,要求领导者真正做到依法用权,增强法治观念,学法、知法、守法,自觉地接受法律对权力的制约。

（二）用权民主

社会主义国家,人民是主人,领导者是公仆。这决定了领导者与被领导者一方面是权威与服从的关系,另一方面在政治上又是平等民主的关系。因此,领导者在行使权力的过程中,必须充分发扬民主。

（1）领导者首先要有民主意识。自觉地意识到权力是人民授予的,接受权力就必须为人民办事、为人民服务。权力在手,责任在肩,不能有半点马虎。比如一些领导者手中掌握着大量的资金或者是老百姓的前途命运,稍有懈怠,就会造成无可挽回的损失。因此,领导者处在领导位置上,就要竭尽全力、如临深渊、如履薄冰地认真对待自己的工作。领导者要有民主意识,在使用权力前,多与群众交流意见,真正通过自己的权力作用为人民群众带来幸福。

(2)领导者要有平等意识。在使用权力的过程中,应该把下属视为同志和朋友,以平等的态度待人,不摆架子、不打官腔,与被领导者建立起一种融洽的新型关系,使他们能自觉服从你的权力。

(3)领导者要有民主作风。做到尊重群众、相信群众和依靠群众,广开言路,博采众长,特别要多注意听取不同意见再做决策,用权决不能主观武断。

（三）用权清廉

"能吏寻常见,公廉第一难。"对领导者来说,不徇私情和廉洁自律是最基本的要求。有的领导干部有权就贪、掌权就腐、前腐后继,结果断送了事业、断送了前途、断送了家庭,甚至断送了生命。领导者用权一定要清廉,决不可以权谋私。在市场经济条件下,权钱交易盛行,陷阱很多、诱惑不少,领导者一定坚守用权清廉这一原则,自觉做到一心为公、两袖清风,管好自己的生活圈、交往圈、娱乐圈,管好配偶、子女和身边的工作人员,慎交友,离是非,保洁身。要带头弘扬社会主义道德风尚,模范遵守法律法规和廉洁从政规定,常修为政之德,常思贪欲之害,常怀律己之心,常弃非分之想,不为名利所累,不为物欲所惑,不为人情所扰,始终保持高尚的精神追求和清廉的生活作风。

随着市场经济的发展,唯利是图、拜金主义思想越来越渗透到社会生活的方方面面。等价交往、权钱交易也悄无声息地被渗透到领导与被领导关系之中,一些领导者利用手中的权力来换取别人的钱、物或其他利益,包括物资的利益,也包括名誉、地位等精神的个人利益。廉洁勤政是领导者的职业道德,也为"官德",它与其他行业从业人员要遵守的职业道德一样,是领导者的职业道德。不坚持这个原则,就没有了职业道德,不仅会受到法律的严惩,而且也会长期受到良心的谴责,一辈子都会过不安稳,所以领导者用权要坚持廉洁原则。

（四）用权公正

领导干部从走上领导岗位第一天起,就必须按照"立党为公、执政为民"要求,正派做人,秉公办事,公正行使权力不分厚薄远近,不计恩怨情仇,公道对待每一个人,公正处理每一件事,真正做到"权为民所用、情为民所系、利为民所谋"。人品千古事,得失寸心知。领导者最基本的角色就是公仆,为人民服务是本质所在,只有坚持"正"字当头,做到做人品行端正、做官动机纯正、对待百姓秉正、处理事情公正,才能真正赢得老百姓的拥戴。

（五）用权诚信

人无信不立,政无信不威。做人要讲诚信,做官更要讲诚信,用权更要讲诚信。诚信是党的本质和宗旨的重要体现;一诺千金是领导者必须遵循的重要准则。领导者能否成功统揽全局、驾驭下属,某种程度上取决于下属和群众对领导的信任程度。群众内心信服领导,必将产生无穷的力量。因此,领导者一定要树立靠诚信用权率众、靠诚信用权服众的理念。领导者在用权问题上不能投机取巧、阳奉阴违,更不能玩弄权术、不讲诚信。

二、用权的辩证方法

(一)大胆用权但不越权

领导者要正确行使权力,既要把权用足用够,又不能越权和滥用权力。要克服两种越权现象:一是在权力范围上越权,即超越自己职责权力范围用权。有的是正职领导抛开副手,直接插手副手的事务;有的是副职领导对于一些该请示正职领导的问题不请示,擅自决定事情。前者叫"越俎代庖",即上级对下级越权;后者叫"先斩后奏",是下级对上级越权。这两种现象都是用权上超越了自己的职权范围。二是在权力使用上越权,即领导者爱去管别人的事。虽然有些领导者也许是出于好心,但超越了自己的职权范围去用权。一方面,干了不该干的事,或使别人没事可干,或干扰了人家正常的工作计划与安排,造成他人埋怨和意见;另一方面,没有干好该干的事,"种了别人的地,荒了自己的田"。

(二)尊重权力但不唯权是从

领导者要尊重和珍惜权力,但不能唯权是从。有的领导者视权力就是一切,盲目地崇拜权力,唯权是从。在他们看来,不管当权者对不对,一切以有权者的意见为意见,"权大真理多"就是他们的基本信条。看谁的权大就听谁的,他们视权力至高无上,不可侵犯,在权力主体面前低三下四、俯首帖耳、千方百计地想讨得上司的欢心,以此来求得厚爱和高升;相反,对下属、对权力的对象则耀武扬威、颐指气使、摆出一副不可一世的主子架势,更有甚者还奉行"顺我者昌,逆我者亡"的信条,以此大搞拉帮结派。

(三)大权独揽但不搞家长制

领导者要大权独揽,敢于担当、敢于负责,但用权不能搞家长制、一言堂、唯我独尊。在小农经济社会,"一家一户,家长为主,所有田粮,家长做主"。一家之内,家长处于至高无上、唯我独尊的地位,其他成员则处于服从地位。在封建社会里,皇帝以"家长"的身份驾驭群臣,各级地方长官也是"民之父母"。这样的人际关系就是"君王一言定乾坤,黎民徭役无尽头",令行禁止、悉听其言,谁也违犯不得。这种封建主义残余思想遗毒至今,在一些地方和单位,有的领导干部以家长自居,不管大事小事,一切都是"一把手"说了算,领导成员集体形成的决议,还要最后等"一把手"点头才能办理;有的"一把手"用权家长制、一言堂,不尊重集体领导,随意推翻组织决议。

(四)用权民主但不放任用权

领导者用权要民主,善于授权分权,但不能放弃用权原则,放任用权。一是不能牧羊式用权,即领导者对待下属放任自流,像牧羊人放羊一样,一切听其自然。这种看上去好像是给下级以自由的做法,实际上是甩手不管、不闻不问工作的进展情况,坐等下级来报告工作,是一种不负责任的做法,不可能达到领导效果。二是不能无反馈式用权,即领导者在做出决策后,放任下属去做,不要求下属反馈情况,自己也不去了解情况,听任下属自行处理,不能及时地掌握工作开展进度和中间出现的问题,等到问题成堆时再去处理,造成无法弥补的损失。三是不能不讲用权效益。用权要讲求效益,就是看你用权的效果怎么样,有没有达到你的期望值。如果达到了期望的效果,就标志着用权的成功;如果没有达到所期望的效果,就说明用权没有成功。现在有些领导者在用权时就存在这种情况,办事往往不落实,只求场面上轰轰烈烈,做表面文章、玩数字游戏,不管实际效果。

(五)用权谨慎但不能有权不用

领导者用权固然要谨慎,不能越权贪权揽权,但也不能有权不敢用不作为。一是有的领导者在处理问题时,犹豫不决,下不了决心,难于决策,不敢用权;二是有的领导者在应当履行职责时,碍于情面,怕得罪人,无原则地迁就照顾,不敢行使权力;三是有的副职领导者认为,反正是"一把手"说了算,自己这一票无足轻重,不敢独立发表意见,只是敲敲边鼓、跑跑龙套;四是有的领导者无所用心,加上能力不强,别人也不把他当回事,大权旁落,有了权也用不上。

(六)提升用权艺术但不玩弄权术

领导者要珍惜手中的权力,钻研用权艺术,提升用权效率,但不能以权谋私,玩弄权术。

权术是一种权力变异现象,是某些权力行使者为了满足个人的野心、权欲、私利,在获取权力、维持特权、保护官位等方面采取的伎俩和手段。权术的表现很多:弄虚作假、欺上瞒下;阳奉阴违、两面三刀;无中生有、节外生枝;口蜜腹剑、笑里藏刀;消除异己、拉帮结派;丧失原则、左右逢源;投机钻营、八面玲珑;见利忘义、曲意逢迎;等等。

权术思想反映了剥削阶级的权力观念,是由剥削阶级本质所决定的。实际上无论他们怎么玩弄权术,最终总是逃脱不了灭亡的命运。所谓"机关算尽太聪明,反误了卿卿性命",形象地再现了玩弄权术者的可悲下场。作为人民勤务员的领导者必须执政为民,为民用权,切忌玩弄权术,为人民掌好权、用好权。

第三节　用权的艺术

一、大权独揽,小权分散

在日常工作中,我们经常看到不少领导者整天忙忙碌碌:大事小事一把抓,回家有人"堵"、吃饭有人"候",甚至连上厕所都有人"等"……但这样辛辛苦苦的结果却并不令人满意。而有的领导者却显得非常轻松:大事情由他出面管,小事情放手让别人去干,自己只要按工作计划去检查、督促,听听结果的汇报……这样的结果是工作计划完成了,下属心情舒畅,自己也感觉"洒脱"。为什么会产生两种截然不同的效果呢?主要区别在于运用"大权独揽,小权分散"的领导技巧上。

（一）大权独揽，掌控大事

每个单位都有大事和小事的区别。所谓大事,就是全局性的、宏观的中心工作。它牵一发而动全身,影响大,领导者必须牢牢控制住对大事的最后决策权。如果抓不住这一点,任凭别人左右或者代劳,就会大权旁落,不仅自己没有威信,而且事情搞砸了,最后的"账"还得算在你这个领导头上。因此,领导者尤其是"一把手"必须对重大决策以及重要的人、财、物的重大变动和管理方面拥有决定性的权力。只有大权独揽,才能有效地控制工作局面,防止思想和工作失控。

（二）大胆用权，果断拍板

有些领导者在工作中遇到难题,碰上新情况,不论是否可以解决,总是喜欢左顾右盼或者眼睛向上,看左邻右舍的情况或者坐等上级指示。这样做往往会贻误时机,影响工作,或者造成拖拉作风,形成低下的办事效率。领导者用权,就要在关键时刻体现勇气、魄力和能耐。在弄清情况、掌握住方向和原则的前提下,果断拍板,大胆用权。任何犹豫不决、畏首畏尾、当断不断的做法,只会造成工作的被动,更会影响你的形象和威信。

（三）善于放权，小权分散

每位领导者的精力都是有限的,工作中面面俱到,实际上既不能深入,也不现实。领导者在抓住了大的方向和原则问题之后,就要大胆放权,把该放手的权力分散给副手、助手或部下,使他们有职有权,各人去干各人职责范围内的事情。这不仅减轻了日常事务性工作的负担,腾出更多的精力去考虑大政方针、发展前途等战略性问题,而且还可以落得个礼贤下士、信任下属的美名。当然,小权分散是有限度的,不能什么小事都不管,对一些带倾向性、可能对大局产生影响的小事主要领导必须要过问,对决策后的执行情况进行追踪考察也是非常必要的。

二、宽猛相济，德威并重

据《左传》记载,春秋战国时期的郑国有一位国君叫公孙乔,他在临终前把自己的统治术总结为"宽猛相济"。孔子听后,大加赞赏说:"宽猛相济,政是以和。"这里讲的宽猛相济就是说在用权时过宽、过严都不好。过于严格,下属惧怕、人人自危,听不到不同意见;过于宽容,则下属会产生懈怠情绪,各自为政,越权犯上,拖拉敷衍,作风懒散。因此,要将宽与严二者结合起来,该严的则严,该宽的就要宽。这在今天仍然有一定的借鉴意义。

（一）要以人品人格立威

领导者的权威来自法定授权和人格魅力影响。领导者要注重非权力影响力的作用。非权力影响力是一种心理上的折服力，是靠领导者的优秀素质、崇高人品、丰富经验和长期在实践中建立起来的相互信任而逐步培养起来的。领导者只有具备这样的素质，才能在群众中有一种不严自威的统驭作用，下属才会在对领导者崇敬与信赖的基础上产生出一种甘愿接受其控制与支配的心理。这种境界只有依靠长期修养才能获得，领导者要注重培养这种影响力。领导者用权时，一定要带头执法、自觉守法、自律自尊、严于律己、以身作则、以上率下。

（二）用权要坚持原则

领导者在用权上要坚持原则的坚定性。在原则问题上一定要坚定不移，寸步不让，坚持到底；在发号施令时，做到令出如山、言出必行、决不食言。有的领导者在用权上不坚持原则，违背或破坏原则，过于随意。如一些单位制度不少，但领导者在执行时讲情面、讲特殊、"开口子"，使制度、原则成了一纸空文，不仅办不好事情，而且影响领导者自身威望。

用权要坚持原则，还要通过有效的督促检查来体现权力的强制力。任何一项工作、任务、措施的落实，不能只听汇报、看数字，而是要看行动、看效果。这就离不开督促检查，领导者要善于"杀回马枪"，对做得好的进行表彰，对玩忽职守者坚决予以严惩，而不能好坏不分、赏罚不明。

（三）用权要讲究灵活

领导者在用权和处理同下属关系时还必须具有宽容豁达的胸怀，对下属的具体困难要充分体谅照顾，同下属建立起良好和谐的关系。对于一些无关紧要的小问题，适当地"装聋作哑"，来他个"难得糊涂""无为而治"，也许反而会收到理想的效果。

一是不要苛求下属。"人非圣贤，孰能无过"，下属有点小毛病，或者偶尔失误，又没有造成大的损失，领导者就不必深究。这时领导者用关切的目光深深地一望，"此时无声胜有声"，他自己会感到深深自责。

二是对下属提出的过激意见，领导者要善于宽容。下属提意见时，有的会比较激动，难免情绪过激，领导者应宽容，不予计较。对下属的工作情况，虽然应该心中有数，但不要事事过问，不要处处显示你的存在，不要让下属感到时时处于领导的监视之下，他自己没有半点隐私和自由的空间。如果这样，必然会引起下属的紧张与反感。

三是对下属之间不牵涉原则和无碍大局的争执，不要轻易卷入，要超脱一些，保持一定的距离，必要时显示一下你的威严也是应该的。

三、合理授权，自如掌控

（一）合理授权，信任下属

合理授权是领导者重要的用权艺术。一方面，领导者要懂得授权的重要性，合理授权，而不包揽权力；另一方面，领导者要懂得怎样授权，知道哪些权可授、哪些权不能授，一般说来，决策权必须由领导者掌控，具体执行权可放手相授。

合理授权的前提是信任下属，使下属充分用权。《三国演义》中，孔明第四次西出祁山作战时，经过与司马懿一番斗智斗法，终于赢得了战场的主动权。但昏君刘禅听信司马懿的谗言，中了"离间计"，立即把孔明"星夜召回"，丧失了北伐作战的大好机会。这从反面揭示了古人"将在外，君不疑者胜"授权思想的必要性。

（二）授权精准，掌控自如

首先，要选准"授权者"。这是授权的前提。选不好或没选准就不要授权；一旦将权授错了对象，有可能权力被滥用，甚至大权旁落，其后果不堪设想。

其次，要充分信任"授权者"。一旦选准了"授权者"，就要果断授权，既不要留一手，也不要干预、掣肘"授权者"用权。还要正确看待下属用权中的失误与错误，要理解下属，并帮助教育下属吸取教训，防止再次失误。

最后，掌控授权，防止失控。授权不是放任权力，更不是听任被授权者肆无忌惮用权。明朝皇帝朱由校昏庸无道，将大权交予奸臣魏忠贤，每当魏向他奏事时，他总说："你看着办吧，怎么都行！"结果大权旁落，导致魏忠贤飞扬跋扈、残害忠良。这表明，领导者授权要放手但不放任。领导者对下属如何用权要胸中有数、有所掌握。权用得对、用得好的，领导者不用去管；而对用权不妥或用权失误的，尤其是以权谋私问题，领导者却不能不管，而要有行之有效的约束机制。"不受约束的权力必然导致腐败"，这是授权时必须重视的。

四、政出必行，严防朝令夕改

（一）政出必行，令行禁止

领导者用权要做到政出必行，令行禁止。决策一旦确定，政策一经出台，就要坚定不移地贯彻执行，不能因为有上下左右的干扰而摇摆不定。如果一个政策朝令夕改，它就缺乏权威性，下属和群众就会感到无所适从，使原本该办的事情也半途而废。领导者在推行新政或出台改革新措时，要学商鞅变法精神。

商鞅变法中有个"南门徙木"的故事。商鞅为了明示自己变法的决心，在城南放了一块木头，并贴出告示说，谁把这块木头搬到城北去，就给以百两银子的重奖。告示贴出来后，人们都认为是开玩笑的。因为木头很小，搬到北门去只是举手之劳，不可能得到这么多奖励。所以，很久都无人去试。后来有一个穷汉抱着试试看的心情，真的去搬了，商鞅二话没说就兑现诺言，给以奖励。这样一诺千金、注重信誉的做法,让人们增强了信心,所以,人们就能大胆地跟着商鞅进行改革了。

为什么一些领导者不能坚决地坚持自己的决策和所出台的政策呢?其中一个重要原因是可能受到一部分人的反对,甚至反对意见比较强烈。需要强调指出的是,在社会结构多层化、利益格局多样化的现今社会,一个新政策的出台、一项新决定的执行,必然要涉及一部分人的利益调整,必然存在利益博弈,有人不满甚至反对是常态。对此,领导者要头脑清醒、决心坚定、措施得力,以保证决定的执行,不能一有人反对就犹豫不决,甚至朝令夕改。领导者要有较强的心理承受能力,遇事沉着、有主见。特别是一些改革措施,因涉及许多人的切身利益,有很大的阻力,这是难以避免的。

(二)政策不可朝令夕改,但要适时调整

政策政令不可朝令夕改,但对合理的建议要认真听取,不要固执己见,以免造成失误。坚持政出必行,并不是说明知是错误的也要坚持,而是坚持正确的,同时也要善于修正错误,适时调整完善政策政令。一方面,要认真听取群众正确意见和合理化建议,并予以吸收采纳;另一方面,要认真分析群众意见,有些意见是因为群众不明情况,跟着少数人瞎起哄。这就要通过宣传解释工作,宣传说服群众,使群众明白真相,以得到群众的理解和支持。

但是,对不合理的意见领导者一定要态度鲜明,尤其是对那些胡搅蛮缠、唯恐天下不乱的人,要果断地顶回去,将已做出的决策坚定地执行下去。

◎ **案例 6 - 1**

孙武:"将之出,君命有所不受。"这一名言要求领导者要高度信任下属。西汉名将周亚夫,屯兵在外,军令严整,"军中闻将军之命,不闻天子之诏",连皇帝因举止不合军中规矩也不准入其营门。文帝不仅不予怪罪,反而称周亚夫为"真将军"。周亚夫因此更加忠心耿耿为文帝服务,率军不到三个月就平定"吴楚之乱",取得战争胜利。这充分证明了率军授权时充分信任下属的重要性。

◎ **案例 6 - 2**

诸葛亮第一次兵败祁山,不仅挥泪斩了失街亭的马谡、重赏了有功的王平,而且引咎自责,上书刘禅自贬三级。曹操因为自己的战马受惊,闯入麦田,踏坏了麦苗,违背了自己制定的军规,拔刀割下自己的头发自罚,以示三军。

第七章　激励的方法与艺术

领导激励是领导者激发和鼓励下属的动机和行为，调动其积极性或内在动力的一项领导活动。激励是领导者的主要职责，是整个领导工作极为重要的方面，国外学者认为，"领导就是激励"。领导激励有多种类型，激励的基本原理是满足需要，激发动机，行为鼓励，目标引导。领导者只有全面掌握激励的方法与艺术，才能使激励在领导工作中发挥神奇作用。

第一节　激励概述

一、激励的含义与特点

（一）激励的含义

激励一词是外来语，译自英文单词 motivation。所谓激励，是指持续激发人的动机和内在动力，使其心理过程始终保持在激奋的状态中，鼓励人朝着所期望的目标采取行动的心理过程。它含有激发动机、鼓励行为、形成动力的意义。美国管理学家贝雷尔森（Berelson）和斯坦尼尔（Steiner）关于激励的定义是："一切内心要争取的条件、希望、愿望、动力都构成了对人的激励——它是人类活动的一种内心状态。"

"激"是激发下属的动机、热情和活力。"励"是鼓励、强化下属与群体目标一致的积极行为。激励则是指激发人的动机，诱导人的行为，使其发挥内在潜力，为实现组织所追求的目标而努力的过程。激励是一种心理行为，其实质是通过对动机的强化，提高人们的积极性，从而达到改进行为状态的目的。

领导活动中的激励，是指领导者遵循人的行为规律，运用物质、精神和情感相结合的手段，采取有效方法，最大限度地激发下属工作的积极性、主动性和创造性，以保证组织目标的实现。激励既是领导方法，也是领导职能。

（二）激励的特点

1. 激励手段因人而异

激励的对象具有差异性。世上不存在两个完全相同的人，每个人的需要各不相同，是多角度、多层次、多方面的。这就决定了不同的人对激励的效果是有差异的。

由于激励对象是有差异的,这就决定了不同的人对激励的满足程度和心理承受能力各不相同。领导者在运用激励方法时,不能千篇一律,要针对不同的人采取不同的激励手段。

2.激励动机多变

从认识的角度来看,激励产生的动机不是固定不变的,要受到多种主客观因素的制约,不同的条件下其表现各不相同,是动态变化的。

3.激励效果难直观

激励以人的心理作为出发点,而人的心理是看不见、摸不着的。激励过程作为人的心理活动过程,是不可能凭直观感知的,只能通过其导致的行为表现来感知、观察和判断。

4.激励作用有限

从激励程度看,应该坚持适度激励原则。激励的目的是使被激励者的潜能得到最大限度的发挥。但是人的能力是有限的,要受生理以及其他诸多因素的限制和影响。因此,激励不能超过人的生理和能力因素的限度,激励应该适度,而不能过度和无度。

二、激励的类型

(一)物质激励、精神激励、情感激励

所谓物质激励,是指通过运用物质刺激手段,激发和调动职工工作积极性。物质激励包括正反两个方面:一种是正激励,如加工资、发奖金,奖车、奖房、奖旅游和其他物资等;一种是负激励,如罚款、降薪等。物质激励的重要性是显而易见的,因为物质是人类生存的基础,衣食住行是人类最基本的物质需要。马克思说:"人们奋斗所争取的一切,都同他们的利益有关。"从这层意义上说,物质利益对人类具有永恒的意义。

所谓精神激励,是指通过精神鼓励手段,激发和调动职工工作积极性。精神激励包括表扬表彰、授予荣誉称号等,如评选先进人物、劳动模范、三八红旗手、五四青年奖,以个人姓名命名先进班组,提拔晋升,给机会深造学习,等等。精神激励是在较高层次上调动职工的工作积极性,其激励深度大、维持时间也较长。许多企事业单位和学校注重塑造企业文化、校园文化,培育企业精神和大学精神,就是精神激励的一种重要而特殊的形式。实践证明,注重人的思想、精神、价值观层面的激励,远比物质金钱层面的激励更具影响力和持久性,精神鼓励能使人的积极性获得持续高涨。尤其是在物质激励不可能完全到位的情况下,有效的精神激励可缓解某些特定时期员工的内心不平衡。创造激励员工奋发有为的企业环境,其功效是一般物质激励难以替代的。

精神激励对不同群体的激励作用和效果不尽相同。按照马斯洛的需求理论分

析,精神激励对于层次比较高的人的作用更加明显。因为,这一群体的生理需要、安全需要等已经得到较好满足,他们所需要的是社会需要、尊重需要和自我实现需要等更高层次的需求。所以,对于这一群体,更应该有针对性地给予合适的精神激励。

所谓情感激励,是指以联络人的感情为基础的激励。情感激励要求领导者用情感去激发员工的积极性和创造性。领导工作的核心是管人用人,而管人用人的核心则是管人心。"得民心者得天下",管心就是得人心。在管理中,制度约束固然重要,但要使员工最大限度地释放能量,则"情感激励"不可少。情感激励是激励人才最好的又是最廉价的方式。人们常说的"感情留人"的实质是情感激励。尤其是对于单位的人才,领导者不能把他们仅仅视为"经济人",仅仅满足其生存和物质的需要。而要在管理中贯穿尊重、信任、沟通、关心、赞美等情感激励手段,尊重他们的人格,给予他们公正评价,满足他们自我实现的多方面的需求,从而营造出人性化的、以人为本的环境与氛围。

领导者在领导工作中要综合运用物质激励、精神激励和情感激励三种手段,正确处理三种激励的关系。既要重视物质激励,又不能只讲物质激励,而忽视精神激励和情感激励。强调精神激励和情感激励,但不能离开和忽视物质激励。三种激励手段不可顾此失彼,要合理搭配、有机结合。

（二）内激励与外激励

所谓内激励,是指被激励对象自身产生的发自内心的一种激励力量。内激励是通过启发诱导形式激发人的主动精神,使人们的工作热情建立在自觉基础上,充分发挥人的内在潜能。内激励是由内酬引发的,它源自被激励者内心的激励。内酬是指工作任务本身的刺激,即在工作进行过程中所获得的满足感,它与工作任务是同步的。追求成长、锻炼自己、获得认可、自我实现、乐在其中等内酬所引发的内激励,会产生一种持久性的作用,包括学习新知识和技能、责任感、光荣感、成就感等。内激励有助于员工"开发自己",激发良好的工作热情。一方面,内激励有利于增强被激励者的认同感。一个人有了对组织目标的认同感以后,就会产生一种肯定性的感情和积极态度,进发出一种为实现组织目标而奋斗的驱动力。另一方面,内激励有利于增强被激励者的义务感。从心理学角度考察,人们往往把自己愿意承担的义务看成是"应该做的"。因此,当一个人有了义务感时,他就能发奋工作,自觉去实现组织目标。

所谓外激励,是指通过控制人的动机,以此来强化或抑制某种动机,多以行为规范的形式出现。外激励是由外酬引发的激励。外酬是指工作任务完成之后或在工作场所以外所获得的满足感,它与工作任务不是同步的。外激励方式:一是赞许。如当面称赞、当众夸奖、通报表扬等,受赞许者的行为因此而受到肯定,可起到强化其动机的作用。二是奖赏。奖赏的激励作用比赞许大得多。奖赏既可以是物质的,也可以是精神的,还可以是物质奖赏和精神奖赏同时并用的。三是竞赛。人都有好胜心理,特别是有高度成就感的人,好胜的心理更为强烈。竞赛有激励上进的作用,但标准要具有可比性。竞赛的结果要公布,许诺的奖励要兑现。

（三）正激励与负激励

所谓正激励,就是当一个人的行为符合组织的需要时,通过奖赏的方式来鼓励这种行为,以达到持续和发扬这种行为的目的,以期个体保持这种行为。

所谓负激励,就是当一个人的行为不符合组织的需要时,通过制裁的方式来抑制这种行为,以达到减少或消除这种行为的目的。负激励是对人的行为的一种矫正、教育,鼓励其改正缺点和错误。

正激励和负激励作为两种相辅相成的激励类型,它们是从不同的侧面对人的行为起强化作用。不同之处在于二者的取向相反。正激励起正强化的作用,是对行为的肯定;负激励起负强化的作用,是对行为的否定。正激励是主动性的激励;负激励是被动性的激励,它是通过对人的错误动机和行为进行压抑和制止,促使其幡然悔悟,改弦更张。正激励与负激励都是必要而有效的,激励效果不仅会直接作用于个人,而且会间接地影响周围的个体与群体。通过树立正面的榜样和反面的典型,扶正祛邪,形成良好风范,产生无形的正面行为规范,能够使整个群体的行为导向更积极、更富有生气。

（四）他人激励和自我激励

所谓他人激励,是指通过激励以调整他人的行为动机,实质是外激励。在大多数激励过程中,被激励者是受到外在力量控制的,即必须接受他人的控制或鼓励。很显然,他人激励要使受激励者能产生持续的积极性,就要不断地施加激励举措。这种靠不断激励作用而产生的积极性是有限的,与更高的目标和实现目标的自觉性相比较,是有局限性的。

所谓自我激励,是指通过内在的自我激励,以调整自己的行为动机。自我激励从需要、目标着手,通过分析自己的需要,选择合理的目标并实现这些目标。实际上,一个人工作的真正动力主要来自自身、依靠自身,需要自我激励,而不是来自外力。人的行为是由自己控制的,人都需要在能使他们自我激励、自我评价和自信的环境中工作。领导者要学会和掌握帮助下属提高自我激励能力的方法与艺术。

如何激励自己?最重要的是要有目标,如果你没有目标,是不可能激励自己的。最大激励自己的动力是你能够不断朝向自己的目标前进,能够将目标在眼前清晰呈现,能够在内心感受到这就是自己所追求的目标。当你觉得朝向目标前进是件非常好的事情时,你才会有驱动力。

三、激励的作用

（一）目标导向作用

激励既是实现领导工作的政策导向，也是在一个组织内提倡鼓励什么的风向标。激励是对动机和行为的肯定，它表明了什么样的动机行为受到尊重、什么样的精神和风格得到赞扬，同时也告诉人们社会需要什么、组织和领导倡导什么，还指导人们怎样取得成功，所以说，激励具有目标导向作用。

（二）激发积极性

领导激励的出发点和归宿，就在于调动下属的积极性、主动性和创造性。领导激励能使下属认识到自己工作的重要性，激发下属实现组织目标的热情，提高下属的工作效率。领导者按照一定的公认标准进行激励，就会在下属之间形成你追我赶、相互竞争的良好氛围并使组织目标得以实现。现代行为科学认为，人的积极性是一个巨大的内在潜力，通过激励去挖掘这个潜力的目的，就是让被激励者力有所用、才有所展、劳有所获、功有所奖、拼有所得、搏有所成。激励具有激发动机、构筑动力、诱导行为之意，其最终目的是要让被激励者能够自觉谋职、勤奋工作，勇于奉献，争创一流的业绩。这就是领导者激励的初衷所在，也是激励之本意。所以，通过激励可以充分调动员工的积极性，激发员工的创造性，使人的潜能得到最大限度的发挥，从而最大限度地提高工作绩效。

（三）营造良好环境

良好的组织环境是实现组织目标的基础。领导者正确运用激励方法，以协调个人目标与组织目标的不一致性，以达到"单位兴我荣、单位衰我耻"的共同认识。有目标才有奔头、才能产生动力。但由于每个人的目标各不相同，并且个人目标与组织目标又不尽一致，领导激励就是为了有效消除员工之间在目标上的不一致、领导与群众在目标上的不一致。通过实现共同目标的激励，消除员工在目标上的差异，疏通和密切上下级关系，在员工之间、领导与群众之间形成心往一处想、劲往一处使的亲和力与团队精神。这表明，领导激励有助于形成良好的组织环境。

（四）提高员工素质

通过运用不同的激励手段，在方向上对员工进行引导，表彰先进，激励后进，营造良好的学习氛围和竞争环境，形成员工比、学、赶、超，人人奋进的良好的工作和发展环境，从而使员工的素质得以不断提升。通过激励可以形成良好的集体观念与社会影响。激励不仅直接作用于个人，还间接影响到他人和周围环境，其功能表现为可形成良好的集体观念和社会影响。企事业单位的竞争，说到底是人才的竞争，谁赢得了人才，谁就取得了主动权。激励是吸引人才的有效手段，不仅可以把所需要的人才吸引过来，而且有利于提高员工自身素质、增强组织凝聚力。

第二节　激励的方法

一、目标激励法

目标激励法是指领导者通过设置适当目标,来诱发和激励下属积极性的一种激励方法。目标对人的行为有引发、导向和激励作用。目标对人的激励力量的大小、激励程度的强弱,取决于两个因素:一是目标的价值,即目标价值在人们心目中的大小,目标价值的大小与激励作用成正比;二是人们对目标的期望值,期望值即在人们看来目标实现的可能性,期望值越高,激励作用越大。

目标的激励效果可用公式表示为:激励作用＝目标意义×实现可能性。

领导者在设置目标时,要注意以下四个问题:

(1)目标要有价值性。所设置的目标一定要有重大价值和重要意义,能鼓励和振奋人心,对人们有刺激和激励作用。目标设置很低,没有多大价值和意义,对下属就不会起到激励作用。当然对目标价值的理解不能仅仅从对我是否有好处方面考虑,而应从对社会的价值和对个人的意义两方面衡量。

(2)目标要有挑战性。一个目标的设置要有一定的难度,缺乏挑战性的目标使人感到平淡无奇,不具有刺激性,会降低激励力量。有一定难度的目标,既有利于激励人去拼搏,而且在达到目标后会给人一种成就感。

(3)目标的实现要有可能性。目标定得要适中,目标太高会使人感到可望而不可即,目标太远也不利于及时反馈工作效果而使人感觉遥遥无期,二者都会降低应有的激励效果。

(4)目标要有动态性。目标向导理论认为,在目标引导的过程中,当下属达到目标的能力增强时,上级要为他们提供一个可使他们实现更高目标的条件、环境及成长和发展的机会,引导他们实现更高的目标。

目标价值太小,目标太低,会使人们产生"得来全不费工夫"的顺利感。

目标价值太大,目标太高,会使人产生"画饼充饥"的失望感。

目标价值适中,难度合理,"跳一跳,能够到"会使人产生成就感。

目标价值有一定的难度,但通过较大努力可实现,会使人产生"梅花香自苦寒来"的自豪感。

二、情感激励法

情感是影响人们行为最直接的因素之一,任何人都有渴求各种情绪的需求。情感具有二重性:积极的情感可以提高人的活力,消极的情感可以削弱人的活力。人都需要关怀与体贴。一句亲切的问候,一番安慰的话语,都会成为激励人们行为的动力。"良言一句三冬暖,恶语伤人六月寒。"领导者对下属事业上的挫折、感情上的波折等,要给予及时"治疗"和疏导,对下属取得的成绩和进步,要及时予以肯定、鼓励和表扬。通过这种情感激励,以营造相互信任、相互关心、相互体谅、相互支持、互敬互爱、团结融洽的组织氛围,培养员工对组织的归属感,提高组织的凝聚力和亲和力。

三、榜样激励法

榜样激励法是指通过先进人物和典型事件影响和改变个体、群体和社会的观念与行为的激励方法。榜样的力量是无穷的,领导为下属树立一个好的榜样,就会使下属在其潜移默化的影响下受到教育,以激励斗志,鼓舞向上。榜样对较先进的人有一种挑战作用,它激励较先进者找出差距、迎头赶上;榜样对表现普通者具有激励作用,使其奋发向上;榜样也会使后进者产生心理上的触动和压力,使之争当先进。

领导在工作中运用榜样激励法时要把握好两点:一要实事求是,树立榜样,既不能人为地"拔苗助长",也不能人为保着"红旗不倒";二要有普及性和针对性,所树立的榜样要有普遍指导意义,要有可学、可复制性。

四、尊重激励法

尊重激励法是领导者通过尊重和信任下属的方法,来增强和激发下属的安全感、责任感和自豪感。其做法:一是尊重下属的首创精神、进取心和独立见解,爱护他们的积极性和创造性。二是相信群众,信任下属,放手让下属大胆工作,使他们感到组织的信赖和自身的责任。三是积极为下属和群众创造做好工作、完成任务的条件,使他们能够胜任自己的工作,顺利完成自己的工作任务。四是当下属和群众遇到工作困难时,领导者要主动支持他们,帮助他们排除工作中的困难和忧愁,增强他们的信心和安全感。五是当下属和群众在工作中出现差错时,领导者要满腔热情地帮助他们总结经验教训,并主动地承担自己应该承担的责任。

五、荣誉激励法

荣誉激励法是对表现优秀或做出贡献劳动者给予酬誉的一种激励方法。即把工作成绩与晋级提升、选模评优联系起来,以一定形式或制度固定。希望得到他人或社会的赞赏,是一种普通的心理要求和人格特征。表彰和褒奖具有提高和引导人们的行为,鼓励人们保持和发扬这种行为,驱使人们向先进学习看齐的激励作用。实施表彰和褒奖,首先应坚持精神鼓励和物质鼓励相结合,不能单纯依靠物质刺激,也不能单纯依靠精神鼓励,只倡导精神崇高。其次要实事求是,恰如其分,不能滥奖,不能单靠奖励来刺激,更不能拿奖励"送人情"。表扬不能小题大做,面面俱到,搞平衡,搞廉价表扬。最后,要引导下属正确对待表彰和褒奖,克服妒忌心理和骄傲自满情绪,达到激励目的。

六、宣泄激励法

人的思想情绪是千变万化的,矛盾也无时不在、无处不有,有些矛盾能得到及时化解,有些矛盾则由于某种原因不能及时发现和解决。为使矛盾得到缓和,就要使职工的不满情绪得到有效宣泄。对待职工的不满情绪,要像大禹治水一样,要疏导不要强堵,让其适当宣泄,有利于稳定情绪、平衡心理和矛盾的解决。领导者要主动去听听职工发牢骚,给职工创造"发泄"的机会与环境,以此达到相互沟通、消除隔离、分清是非、放弃猜疑、加强理解、相互支持、相互信任的目的。国外有的企业设有宣泄室,专门让有气需要发泄的员工到那里去尽情宣泄。

七、危机激励法

今天的社会竞争日趋激烈,竞争的结果是优胜劣汰。竞争往往潜伏着危机,没有压力和危机感,就有可能被击倒,被淘汰出局。孟子的"生于忧患,死于安乐",同海尔公司的"末日管理法",说的就是这个道理。因此,一个明智的领导者,必须时时提醒员工审时度势,看到面临的不利因素,居安思危、见微知著,如履薄冰,如临深渊,这样才能使员工迸发出奋斗图存的努力。并且领导者要善于把这种压力和危机感转化为激励员工的动力,转化为组织的凝聚力,实行压力分解,激发员工的斗志和积极性。

运用危机激励法时,领导者要把面临的困难如实告诉下属,使他们知道真实情况和真实处境,以便凝聚人心,激发奋起克服困难的昂扬斗志。一要实事求是,不夸大也不缩小实际困难,把困难说过了头,易使下属泄气,说得太少、太容易,难以引起下属重视,难以使他们全力奋斗。二要选准时机,说得太早会使激励作用减弱,说得太晚会使下属猝不及防,难以达到激励作用。三要注意方法,告知危机与困难时,要先骨干后群众,逐级传达,稳步推进。

八、公平激励法

领导者在管理中,在分配、晋级、奖励、用人等方面要力求做到公平合理,这样才能激发职工和下属的积极性。一个人在产生公平感时,会心情舒畅,努力工作;产生不公平感时,则会怨天尤人,牢骚满腹,影响工作的积极性。

领导者在激励员工时要"一视同仁","一碗水端平"。譬如报酬分配与奖励,一个人所得的报酬、奖励是否满意不是看其绝对值,而是进行社会的或历史的比较,看其相对值。每个人都对报酬与贡献的比率进行比较,如认为这两个比率大致相等,就觉得公平合理,因而感到满意和心情舒畅,工作劲头就高,否则相反。

用 O 表示报酬,用 I 表示贡献,用 O/I 表示报酬与贡献的比率。假设用作参考者的比率用 $(O/I)_A$ 表示,而当事人的比率用 $(O/I)_B$ 表示:

当$(O/I)_B = (O/I)_A$时,当事人认为公平合理,情绪正常,工作劲头不减。

当$(O/I)_B < (O/I)_A$时,当事人认为不公平合理,情绪低落,消极怠工。

当$(O/I)_B > (O/I)_A$时,当事人会感到不安、紧张,他可能要求减少自己的报酬或增加自己的贡献来减少$(O/I)_B$的比值,以求与$(O/I)_A$等值。

九、反向激励法

反向激励法是领导者通过向下属的心理施加反向的负刺激,来激发他们的自尊心和荣誉感的方法。其做法是:领导者针对下属争强好胜的心理状态,有意识地直接或间接地向下属表达诸如怀疑、否定之类的信息,来适度地触动他们的自尊心,使他们从内心产生一种保持自尊的强烈意念,驱动他们用自己的富有积极性、创造性的行动来否定外来的负面信息。

反向激励法类似通常所说的激将法。两者的相同之处是都用否定的言行去激发他人的自尊心和争强好胜心;不同之处是两者激发的目的和对象不同。领导者使用反向激励法的目的是为了激励,使下属产生一种奋发向上的力量;激将法则可以激励,也可能激怒,而激怒下属是不会收到好的效果的。

采取反向激励法,可从弹簧的原理中得到启示或证实。一根处于松弛状态的弹簧,给它加上一定的压力就可以使它弹起来。这种在外力作用下能够反方向弹起来的特点,就叫作弹性。弹性是一种具有普遍性的物理现象,许多物体和事物都具有一定的弹性,人的心理也是一样。人的心理弹性和某些具体事物的弹性还有所不同。它既可以被压发,也可以被引发。所谓引发,是指激励理论中的正向激励,以上所说的各种激励法都属于这一情况。所谓压发,就是指与正向激励相反的反向激励。正向激励与反向激励的方向不同,但目的都是一致的,都是为了启发和调动人们的积极性和进取心。

如某企业对中层干部实行毛遂自荐。能力技术俱佳的小张乃众望所归。而小张迟疑难决,在厂领导暗示下,一位老工人找到小张,言词激烈地说:"小张,你不也是一位名牌大学的高才生吗?大家对你寄予厚望,没想到你这么没出息,连个车间主任的位子都不敢接,真是窝囊废!""我是窝囊废?"小张腾地站起来,说:"我的大学白上了,连个车间主任也当不了吗?"小张说完就激情满怀地走进工厂领导办公室自荐。这就叫"请将不如激将",叫反向激励。

又如反向刺激治心病。据史书记载,南北朝时期,南康太守刘滇之妹嫁给湖北鄱阳郡王爷为妻,夫妻感情深厚。鄱阳郡王被齐明帝杀害后,王妃悲痛欲绝,一直无法排遣对丈夫的思念之情,终于抑郁成疾卧床不起,多方治疗也无效。一天,刘滇请来当地著名的人物画家殷茜作一幅鄱阳王画像,来安慰妹妹。殷深知王妃病因,经一番苦思冥想之后,作了一幅画转交他人,并让刘滇告知其妹,有人曾偷画王爷像,要王妃派亲信以高价赎取。王妃发现画中描绘的竟是王爷生前和一宠妾在镜前调情的丑态,顿时大怒,从床上一跃而起,骂道:"这老色鬼,早该千刀万剐!"从此,她的身体逐渐康复。画家殷茜非常懂得心病还需心药医的道理,用的是反向刺激法,旨在让其斩断情丝,用妒忌去化解由爱产生的悲伤,结果达到了"画"到病除的神奇效果。

十、评比竞赛激励法

所谓评比竞赛激励法,是指领导者通过经常性的检查、评比和各种形式的竞赛活动,来激发下属的上进心和竞赛意识,努力使自己的工作走在他人前面的方法。唯物辩证法认为,有比较才有鉴别。评比是比较,竞争也是比较。所谓评比,是指通过检查比较来评出先进与落后;所谓竞赛,是指通过竞争性的比赛,来分出优劣和奖励优胜。"人往高处走,水往低处流",争强好胜、不甘落后,是人们共有的一种心理状态。因此,通过评比竞赛,能够激化和深化下属的竞争意识,调动其工作的积极性和创造性。

这种方法已被实践证明是能有效地激励人们上进心和积极性的好方法。需要指出的是,评比和竞赛不能过于频繁,要突出重点,注重实效,不能搞花架子,不能弄虚作假。

第三节　　激励的艺术

一、正确把握激励导向

在领导方法中,奖励或激励是一种最重要、最有效的导向。领导者想倡导什么、鼓动什么、支持什么,就奖励或激励什么。趋利避害是人的本能,人们的一切行为都是为了追求某种有利或避免某种不利。这就必然在生理和心理上产生与之相适应的喜好和厌恶情绪,激励就是为了诱导人们共同地喜好和厌恶的趋向,促进事业的发展。奖励和激励是引导下属的重要杠杆,领导实施激励法时一定要坚持正确导向原则。如果奖励错误的事情,错误的事情就会经常发生。这个问题虽然看起来很简单,但在具体实施激励时却常常被一些领导者所忽略。一个流传很广的故事说:渔夫在船上看见一条蛇口中叼着一只青蛙,青蛙正痛苦地挣扎。渔夫非常同情青蛙的处境,就把青蛙从蛇口中救出来放了生。但渔夫又觉得对不起饥饿的蛇,于是他将自己随身携带的心爱的酒让蛇喝了几口,蛇愉快地游走了。渔夫正为自己的行为感到高兴时,突然听到船头有拍打的声音。渔夫探头一看,大吃一惊,他发现那条蛇抬头正眼巴巴地望着自己,嘴里叼着两只青蛙。种瓜得瓜,种豆得豆。渔夫的激励起到了作用,但这和渔夫的初衷是背道而驰的,本想救青蛙一命的渔夫,却不想由于不当的激励,而使更多的青蛙遭了殃。奖励得当,种瓜得瓜,奖励不当,种瓜得豆。领导者实施激励时最犯忌的,莫过于他奖励的初衷与奖励的结果相背,甚至南辕北辙。

二、灵活把握激励时机

领导者合理把握激励时机极为重要。激励在不同时间进行,其作用与效果是大不相同的。超前激励可能会使下属感到无足轻重;迟到的激励可能会让下属觉得画蛇添足,失去了激励应有的意义。激励时机的把握如同厨师炒菜一样,不同的时间放入调味料,菜的味道和质量是不一样的。根据时间快慢的差异,激励时机可分为及时激励与延时激励;根据时间间隔是否有规律,激励时机可分为规则激励与不规则激励;根据工作的周期,激励时机又可分为期前激励、期中激励和期末激励。激励如同发酵剂,何时该用、何时不该用,都要根据具体情况进行具体分析,不能机械地强调一种方法而忽视其他,而应该灵活选择,综合运用。

灵活把握激励时机,核心是一个"快"字,及时激励。"雪中送炭"和"雨后送伞"的效果是不一样的。激励越及时,越有利于将人们的激情推向高潮,使其创造力连续有效地发挥出来。古人提倡"赏不逾时"和"罚不迁列",意思是奖赏不能错过时机,惩罚不能等到士兵离开队伍的行列后去执行。激励只有及时才能使人们迅速看到做好事的利益或做坏事的恶果,"赏一劝百,罚一警众","奖励一个人,激励上百人",产生震撼和轰动效应,才能赏立信、罚立威。那种认为"有了成绩跑不了,年终算账晚不了"的想法和做法,往往使奖励本有的激励作用随时机的贻误而丧失,造成奖励走过场的结局。

三、合理控制激励频率

所谓激励频率,是指在一定时间里进行激励的次数,它一般以一个工作周期为时间单位。激励频率的高低是由一个工作周期里激励次数的多少所决定的,激励频率与激励效果之间并不完全是简单的正相关关系。激励频率的选择受多种客观因素的制约,包括工作的内容和性质、任务目标的明确程度、激励对象的素质情况、劳动条件和人事环境等。

对于工作复杂性强、比较难以完成的任务,激励频率应当高;对于工作比较简单、容易完成的任务,激励频率就应该低。对于任务目标不明确、较长时期才可见成果的工作,激励频率应该低;对于任务目标明确、短期可见成果的工作,激励频率应该高。对于素质较低的工作人员,激励频率应该高;对于素质较好的工作人员,激励频率应该低。在工作条件和环境较差的部门,激励频率应该高;在工作条件和环境较好的部门,激励频率应该低。上述划分并不是绝对的,领导者应因人因事因地制宜地确定恰当的激励频率。

四、科学掌握激励程度

所谓激励程度,是指激励量的大小,即奖赏或惩罚标准的高低。激励程度与激励效果有着极为密切的联系。能否恰当地掌握激励程度,直接影响激励作用的发挥。超量激励和欠量激励不但起不到激励的真正作用,有时甚至还会起反作用。比如,过分优厚的奖赏,会使人感到奖励得来全不费功夫,丧失了发挥潜力的积极性;过于吝啬的奖赏,会使人感到得不偿失,多干不如少干。激励一定要恰如其分,激励程度不能过高也不能过低。激励程度并不是越高越好,超出了一定限度,就无激励作用可言了,正所谓过犹不及、物极必反,讲的就是这个道理。

五、适时调控激励方向

所谓激励方向,是指激励的针对性,即针对什么样的内容来实施激励。激励方向对激励效果有着显著影响。马斯洛的需要层次理论表明,激励方向的选择与激励作用的发挥有着非常密切的关系。当一个人某一层次的优势需要基本上得到满足时,领导者应该适时调整激励方向,将其转移到满足更高层次的优先需要上来,才能更有效地达到激励目的。如对有强烈表现欲望的员工来说,奖给他奖金和实物,不如为他创造一次能充分表现自己才能的机会,使他从中得到更大的鼓励。激励方向的选择,是以优先需要的发现为其前提条件的,及时发现下属的优先需要是领导者实施正确激励的关键。

六、精准了解激励对象

人的需求就像人的指纹一样千差万别,不同人的需求各不相同,即便是同一个人,在不同的时间或环境下,也会有不同的需求。激励的起点是满足下属的需要,但下属的需要因人而异、因时而异,并且只有满足最迫切需要(主导需要)的措施,其效价才高,其激励强度才大。为此,领导者必须深入地进行调查研究,不断了解员工需要层次和需要结构的变化趋势,有针对性地采取激励措施,才能收到实效。领导者在制定和实施激励政策时,首先要清楚地了解下属最需求的是什么,并将这些需求整理归类,然后依此制定相应的激励政策,达到"你所给予和激励的正是他所最需要的"的目的。

领导者要针对下属的需求量身定制激励措施,只有这样激励才能发挥作用,如果不是这样,激励的效果就会大打折扣。领导者应明确,每位下属所需要的被激励方式是不同的,领导者应模仿自助餐的做法,提供多元激励,以适应下属对多样化激励的需要。例如,对于上有老父母、下有儿女的职工而言,给予他们一定的假期奖励,比多发奖金或许更有吸引力;而对于衣食无忧、渴望上进的员工而言,奖励他们外出学习培训则可能正是他们的最大愿望。

七、遵章维护激励公平

公平性是领导工作的重要原则。如果领导激励不公,不但达不到激励效果,还会因此而挫伤下属的工作积极性,影响他们的工作效率和效果。下属取得同等成绩,一定要获得同等层次奖励的激励;下属犯同等层次错误,也应受到同等层次的处罚。如果做不到这一点,领导者宁可不奖励或者不处罚。领导者在对员工进行激励时,一定要有一种公平的心态,不应有任何的偏见和喜好。虽然某些下属可能让你喜欢,有些让你不太喜欢,但在工作中、在激励上,一定要一视同仁、公平公正,不能有任何不公的激励行为。

公平激励的原则和要求:一是多劳多得。你想多得,就必须多劳。领导者要引导下属相互比贡献、比付出、比劳动,而不是相互比待遇、比报酬、比所得。有的人之所以感到不公平,并不是因为自己得到的少了,而是别人干的没自己好反而所得却比自己多,于是就有怨言、怒气。二是领导者激励要重视报酬和贡献的复合性。报酬有物质方面的,也有精神方面的,物质少了用精神补,精神少了用物质补,不能单打一。三是要改革完善分配制度,努力做到干部职工的待遇能高能低、地位能上能下、单位能进能出,机会均等,公平竞争。

八、巧妙破解激励误区

激励误区是指领导者在对下属实施激励的过程中,致使激励客体动机失常,行为扭曲,动力反向,从而招致激励失效或效率弱化的思想偏差。其原因主要是领导者对下属的需求目标、期望值和心理体验的把握不确切,对激励原则的运用、激励类型的选择、激励方法的采纳、激励时点的确定等操作不当,陷入激励误区,使激励失效。领导者如何巧妙破解激励误区?

(1)要克服领导激励的权术取向。激励是领导工作的基本方法之一,也是一种领导艺术。如果把它作为一种权术、权谋,去拉帮结派、拉拢人心,这样的领导激励势必损伤被激励客体的自尊和人格,挫伤他人的积极性。领导者必须明白,领导艺术与领导权术是截然不同的两回事,权术是政客弄权的手段,把激励作为权术来使用,就必然陷入激励误区,领导激励要力戒权术取向。

(2)要克服追求轰动效应的取向。激励具有刺激功能,激励先进,鞭挞后进,引起客体的瞩目,但指导思想上不能立足于轰动效应。追求轰动效应会使激励流于形式,力度失控。

(3)要克服照顾情绪搞平衡的倾向。如有些领导者在激励时,虽然 A 贡献比 B 稍大,但差距不太大,若取一舍一又担心闹情绪,于是增加表彰奖励指数,让 A 和 B 一起上。我们知道,百米竞赛,冠亚军只有零零点几秒之差,但决不能将冠军名额增加到两个。过分注意感情,照顾情绪,护着亲朋好友,不仅失掉激励的先进性、公平性原则,而且失掉领导威信,使领导激励起不到应有作用。

(4)激励要多管齐下。激励的方式方法很多,有目标激励、榜样激励、责任激励、竞赛激励、关怀激励、许诺激励、金钱激励等。领导激励要处理好五种关系:物质激励与精神激励的关系,以精神激励为主,以物质激励为辅;激励的灵活性与原则性的关系,激励既不能太随意,又不能过于死板;激励先进与激励后进的关系,要双管齐下两手抓;激励力度与激励效果的关系,切忌把扩大激励效果的赌注压在激励力度上;领导考核与群众民主评议选举的关系,激励既不能单靠领导拍板,也不能全由群众推选评议,而应把二者有机结合在一起。

◎ 案例 7 - 1

《史记》载:汉楚相争之初,项羽用兵 40 余万,4 倍于刘邦,曾经政由己出,号令天下,威震一时。然而,由于他贤愚不分、奖罚不明,"于人之功无所记,于人之罪无所忘;战胜而不得其奖,拔城而不得其封","虽有奇士不能用"。所以程平、韩信等部下都"择良木而栖,择贤主而事",相继离开了他。由于项羽不谙激励之道,奖罚不明,不会用人,这位"力拔山兮气盖世"的霸王,最终不免演了一幕"别姬"的悲剧。

◎ 案例 7 - 2

影视剧《亮剑》中的李云龙,他的激励法特别实在。为了让战士们苦练杀敌本领,在当时那个连饭都吃不饱的战争年代,他叫人杀了猪让炊事班煮了,让战士们吃上热气腾腾的猪肉,这种诱惑对激励战士们练兵杀敌起到了巨大作用。他让战士们扔手榴弹,谁能扔到那个筐里就可以吃肉,当然还有其他强项的也可以吃肉,达不到的怎么办? 对不起,到一边闻味去。由于李云龙善用激励法,他手下的兵,个个军事技术过硬,杀敌英勇!

第八章　表扬的方法与艺术

表扬是最常见、最基本的领导方法,也是鼓舞士气、弘扬正气最重要、最有效的领导方法。优秀领导者都能充分运用表扬方法调动下属和群众的积极性,以实现领导目标。领导者在运用表扬手段时要特别注意和讲究方法与艺术。只有表扬的方法与艺术运用得当,才会起到事半功倍的效果,若运用不当,则可能带来负面影响。领导者要努力学习和掌握表扬的方法和技巧,充分发挥表扬在领导工作中的作用。

第一节　表扬概述

一、表扬的含义

表扬是指对好人、好事公开称赞。表扬是一个褒义词,含有赞扬、赞美的意思。表扬也具有宣扬、张扬,公开赞美,使大家知道的意思。表扬的近义词有褒扬、赞扬、赞美、称赞、夸奖、表彰、夸赞等,如赞不绝口、有口皆碑、交口称誉等。

表扬是对人的思想行为做出积极肯定的评价,是领导工作中最常见的领导方法,对营造组织内部互相学习、积极上进的良好氛围,调动下属积极性和实现领导目标具有重要作用。

表扬能够引起人们愉快的感受。在人的生理结构中,神经的边缘系统和丘脑里存在着快乐中枢,人能够并且愿意接受产生快乐效果的刺激,希望得到他人或社会的赞赏,是一种普遍的心理状态,也是人格特征之一。表扬作为一种对人的行为的评价,在行为前它具有前馈作用,即提高和引导人们的行为;在行为后具有正反馈作用,即鼓励人们保持和发扬这种行为,驱使人们向先进学习和看齐。

二、表扬的类型

(一)口头表扬

在现实生活中,领导者一般用得最多的是口头表扬。如当领导者在现场看到下属或是做了某件好事,或是不怕苦不怕累不怕脏,克服困难完成了某项艰巨任务,或是表现出团队团结、和谐的氛围等,领导者为了肯定、鼓舞和激励大家,会在现场及时予以口头表扬。口头表扬及时快捷,对下属起到趁热打铁的激励作用。但口头表扬具有一定的随意性,一般不能作为提拔、晋升、奖励的依据。

（二）书面表扬

书面表扬,是领导者或领导机关对组织内好人好事以文件、通报等书面形式予以表扬。书面表扬较为慎重。一方面,发文表扬之前,要对所表扬的好人好事进行严格的调查核实,确保被表扬的好人好事准确无误;另一方面,书面表扬的好人好事要具有典型性、代表性和较大影响力,细微的好人好事一般无须书面表扬。由于书面表扬的好人好事要具有典型性、代表性和较大影响力,因此书面表扬通常可作为提拔、晋升、奖励下属的依据。

三、表扬的作用

（一）激励作用

喜欢听表扬赞美是人的一种天性,是一种正常的心理需要。在日常交往中,人人需要真诚表扬,人人喜欢被赞美。如果一个人经常听到真诚的赞美,就会感受到自身的价值,有助于增强其自尊心和自信心。真诚表扬不仅能使人的自尊心、荣誉感得到满足,更能让人感到愉悦和鼓舞,而且可以让人得到持续的动力,保持旺盛的进取心。表扬和赞美在很多时候,有着出人意料的效果,一句衷心而恰当的表扬和赞美,可以发挥出十分神奇的效果,可以激励先进者更加神勇,不断地创造新纪录。赞美和鼓励,可能使白痴变天才;否定和讽刺,可能使天才成白痴。表扬对于激励后进者更为重要。卡耐基说:"要改变人而不触犯或引起反感,那么,请称赞他们最微小的进步,并称赞每个进步。"只要领导者善于从后进者身上发现不易觉察的,甚至是微不足道的进步因素,善于捕捉他们身上的闪光点,把握时机,通过表扬对他们的成绩加以肯定,循序渐进培养他们的自信,让他们从心理上获得成就感,就可以化腐朽为神奇,激励后进者重新振作,重整旗鼓,创造奇迹,让人刮目相看。

（二）引导作用

表扬具有导向功能和引导作用。表扬旨在鼓励和倡导人们做好人好事。领导者对组织内部的好人好事及时而真诚的表扬,可以起到引导员工做好人好事的导向作用。如有的员工以主人翁姿态提了合理化建议;有的爱岗敬业,工作精益求精;有的弘扬工匠精神,刻苦钻研技术,热衷于创造发明;等等。领导者及时予以表扬,可使好人好事在单位蔚然成风。不仅有利于营造组织内部的良好风气,培养和提升员工的良好品质,而且有利于引导员工争当好人,多做好事,积极上进。

（三）强化作用

领导者表扬的就是组织鼓励和提倡的。领导者对好人好事予以及时表扬,所释放的信号是组织鼓励和提倡员工向好人好事学习,争做好人好事。从心理学角度分析,当人的行为得到鼓励、肯定和表扬时,就会使人们保持和弘扬该行为,并使好的行为得到固化，形成良好习惯，变成自觉行动。领导的表扬还有利于帮助员工强化识别是非、善恶、对错的能力，可起到固化员工追求真善美的强化作用。

（四）暗示作用

表扬在特定的场合下是一种良性暗示。所谓暗示作用，是指在无对抗的条件下，用含蓄诱导的间接方法对人们的心理和行为产生影响，从而诱导人们按照一定的方式去行动，使其思想、行为与暗示者期望的目标相符合。譬如在一个组织内，总是有人组织观念强，严格遵守纪律，有人组织观念淡薄，自由散漫，甚至不遵守纪律。领导者可以采用不是先批评组织观念淡薄的下属，而是多表扬遵纪守法的下属的方法来暗示大家要遵守纪律，增强组织观念。如领导者对组织观念强、严格遵守纪律的下属予以表扬，比起直接批评自由散漫、纪律观念淡薄的员工来，既不使他们感到丢面子，又可起到督促他们遵守纪律的暗示作用，达到引导他们向组织观念强的同事学习、克服自由散漫毛病、做遵纪守法优秀员工的良好效果。

第二节　表扬的方法

一、表扬要真诚

所谓真诚，是指领导者表扬下属的态度要诚恳热情，发自内心，不要冷漠无情，应付差事。人们都有喜真恶伪的天性。只有真诚的东西，才会被人所接受。表扬更不能例外，领导者只有以真诚的态度去表扬，才能唤起下属的真挚感、亲切感、温暖感、信任感和友谊感，愉快地接受表扬。因此，领导者表扬时，对下属的成绩和优点，应从内心感到由衷的高兴，满腔热情地表示赞扬，并热切地希望他能够把这些成绩、优点发扬光大。只有表扬者在感情上很热情，被表扬者才会受到感染，心里也才热得起来。如果表扬者只是讲些公式化的语言，如某某"干得不错""年轻有为""前途无量"之类的套话就很难达到激励的效果。只有领导者对下属的工作实绩做出客观、公正的评价和表扬，下属才会认为是真诚的，才会愉快地接受，并受到鼓舞和激励。

二、表扬要及时

所谓及时，是指领导者对工作表现好、取得了好成绩、提出了好建议等的员工，及时给予肯定和表扬。因为，一个人在完成一项工作后，总希望尽快了解它的价值和社会反映。如果能得到及时肯定或表扬，会给他带来愉快，使他的行为得到保持和再现。许多有经验的领导者都很重视及时表扬，提倡"一分钟表扬"，这种方法产生的效果是良好的。如果领导者对好人好事漫不经心、漠不关心、视而不见，或认为这是理所当然的，不做任何表示，那么下属的好行为就难以持续下去，甚至会感到自己的好行为没有得到认可,产生"干好干坏一个样"的想法,就会导致消极因素的产生。

三、表扬要具体

所谓具体,是指领导者表扬要言之有物,用事实说话。表扬只有有血有肉,道出了被表扬者的心血和精力之所在,才能使人感到表扬者观察得细致入微,从而激发被表扬者的知音效应,产生出"士为知己者死"的精神动力。有的领导者表扬常常犯空泛而不着边际的毛病,这只能给下属一种言不由衷、故作姿态、敷衍客套之感,起不到任何积极作用。社会心理学家海伦曾用大量实验证明,表扬用语越具体,其有效性才越高。表扬越具体,说明你对他越了解,你对他的长处和成绩越敬重。对方才感到你的表扬是诚实的,不是在吹捧,从而才有积极的效果。

四、表扬要如实

所谓如实,是指领导者表扬要实事求是,恰如其分,掌握好表扬用语的分寸,不能任意夸大情节,评价失实,随意拔高。表扬不是搞文艺创作,不能像文艺作品那样虚构、夸张,必须有一说一、有二说二。只有对那些确实值得表扬的下属和事迹给予表扬,才能起到鼓励他人的作用。如果表扬时随意夸大事实,把七分成绩说成十分,把朴素想法拔高到理想化的境界,不仅有可能导致被表扬者产生盲目自满情绪;而且有可能造成群众的逆反心理,使群众不服气,甚至会反感和生厌。

五、表扬要多样

所谓多样,是指领导者表扬要因人因时因地而异,方法要灵活多样,不能千篇一律。心理学告诉我们,人的需要是多种多样的,人的个性也是多种多样的。同一种表扬方法,对不同的人所起的作用是不同的,有些人可能受到很大鼓舞,有些人可能会无动于衷。表扬所起作用的程度,取决于它是否满足了人们的心理需要,是否符合人的个性特征。表扬方法要灵活多样,最好选取对被表扬者价值最大的方法进行表扬。对不同的人应采取不同的方式表扬。比如,对年轻人的表扬,在语气上应稍带夸奖,可以提出勉励性希望;对德高望重的长者的表扬,在语气上应带有尊重,抱着学习姿态。

六、表扬要适度

所谓适度,是指领导者表扬的人数、次数要恰当,表扬的标准要适中。首先,领导者表扬的人数要得当。领导者必须把一次表扬的人数控制在一定数量范围内,过多或过少都不利于鼓励先进,调动积极性。如果数量过少,则容易使受表扬者产生离群感、孤立感,使其他人产生与己无关的心理;相反,如果数量过多,也会由此产生

"干好干坏一个样"的感觉,形成"你好我好大家好"的局面,这就失去了激励作用。其次,领导者表扬的标准要得当,不能过高或过低。表扬标准过高,容易使下属感到高不可攀,望而生畏,从而失去争取表扬的动力;表扬标准过低,容易使下属感到唾手可得、易如反掌,同样会失去激励作用。最后,领导者在一定的时期内,表扬同一人的次数要得当。在一定时期内表扬同一个人的次数越频繁,表扬的作用也就越低。

七、表扬要扬长

所谓看长处,是指领导者在表扬下属的时候,应当多看下属的长处、优点,不要求全,不能等到一个下属各方面都做得很好了,甚至达到"标兵""模范"的程度才给予表扬。俗话说:"金无足赤,人无完人。"任何人都是一分为二的,既有优点又有缺点。有的人优点突出,缺点也明显。如果表扬的标准是"完人"、十全十美,就会使大多数下属的成绩、优点和贡献得不到及时的肯定和尊重。特别是缺点较多,但愿意改正,并有所转变的人,如果在他们做出业绩后得不到及时的表扬和肯定,是不利于调动其积极性的。因为,渴望得到尊重和欣赏是人性中最本质的需求,每个人都希望得到别人的表扬和肯定。"赏识导致成功,抱怨导致失败。"领导者对平时缺点较多的员工应充分挖掘他们的长处与优点,并予以充分的肯定与表扬,有利于他们增强克服缺点和做好工作的信心,产生事半功倍的效果。

领导者表扬应当把着眼点放在下属的长处上,做到既"诚于嘉许",又"宽于称道"。思想工作的任务不是专去挑人的缺点和毛病,把人治住,而是激励、带动人们前进,在发挥人们的长处中克服其短处,通过引导把人变成先进,这是领导者做人的工作的着眼点。有些领导者极少表扬人,这与他的着眼点不对有关系。他看人的着眼点是挑剔别人的毛病,好像只有找出下属的毛病,才能显示领导者对工作负责一样。领导者如果只从这个角度看人,当然会使他在看下属时不顺眼,自然就谈不上积极表扬。领导者应当转变看人的角度,多看人的长处,这样才能搞好表扬。

第三节　表扬的艺术

一、灵活选择表扬的人与事

所谓表扬人,是指领导者对员工中表现优秀的某一或某些个人的表扬。这种表扬适用于树立典型、先进和模范等。表扬人,是对被表扬者思想品德、工作业绩、为人处事等进行全面肯定。因此,表扬人要慎重、要准确,这样才能服众和起到激励作用。

所谓表扬事,是指领导者对员工中某件做得好的事情进行正面评价和表扬。表扬事不涉及对做了该好事的当事人的评价,而主要评价和表扬该好事的作用、影响与意义。这种表扬,要求把表扬事和评价人区别开来,对事不对人,就事论事。即使是做这件好事的人,过去犯过什么错误,或者现在毛病还很多,同样可以表扬这件事,这叫对事不对人。

二、巧妙设计当面表扬与背后表扬

所谓当面表扬,又称直接表扬,是指被表扬者在场,领导者对其进行表扬。这种表扬方法的优点是表扬及时,产生效果快。领导者大多喜欢采取这种表扬方式。

所谓背后表扬,又称为间接表扬,是指当事人不在场时领导者对其进行表扬。表扬的信息通过第三者间接传给被表扬对象。这种方法往往比当面表扬更富有激励作用。因为,人的心理常常是讨厌别人背地讲自己的坏话,但却很喜欢别人在背后讲自己的好话。尤其是下属对领导者有成见、有误解时,领导者多采用背后或间接表扬形式,还能起到消除成见和误解、融洽双方关系的作用。

三、合理处理当众表扬与个别表扬

所谓当众表扬,是指领导者对好人好事在集会上、在大庭广众之下予以宣传表扬。即领导者对组织内突出的好人好事,或带有方向性的良好行为,以及过去表现不好现在确有转变的人,予以当众表扬。这种方法往往可收到鼓励先进、鞭策众人的良好效果。其不足之处是,如若表扬不当,特别是大家也做了同样的事而未受表扬时容易引起不服。

所谓个别表扬,是指领导者对做了好人好事的下属在非公众场合予以表扬。有的人害怕领导当众表扬,领导者可在办公室或其他非公众场所,当面表扬和肯定被表扬者的优秀事迹和工作业绩。这样的表扬,不仅起到对当事人的鼓励、激励作用,而且还起到沟通关系、融洽感情、消除误会等当众表扬无法起到的作用。

四、科学搭配群众公举表扬与领导表扬

所谓群众公举表扬,是指领导者采用由群众推举和评选好人好事的办法,让群众代表去表扬好人好事。这会使被表扬者对来自群众的赞美和表扬备受激励和鼓励,心里踏实;也有利于激励群众向被表扬者学习,更好地发挥榜样或先进事迹在群众中的示范和榜样作用。这种方法具有领导表扬不可替代的作用,领导者要善于采用群众公举的表扬方法。

所谓领导表扬,是指领导者对下属所做的好人好事和取得的成绩给予肯定和表扬。这种表扬体现了领导者对下属的了解、尊重和信任,带有权威性。一般来说,群众是很重视领导者对自己的评价和表扬的,也喜欢根据领导者的表扬来评估自己的价值和在组织中的影响与地位。

五、谨慎安排表扬个人与表扬集体

所谓表扬个人,是指领导者对成绩突出的某个人予以表扬。这种方法比较常见,也相对简单。但也应注意被表扬者要具有先进性、典型性和可复制性。

所谓表扬集体,是指领导者对于组织内某个集体单位进行表扬。表扬集体单位这种方法有利于培养人们的集体荣誉和责任感,增进集体的团结。这种方法相对复杂,要求较高,采用时要特别慎重,尤其是表扬的对象要精准。选择集体单位表扬时,一要注意集体单位确实做出了显著成绩,表现突出;二要注意集体的成绩不是少数人努力的结果,而是大多数人对集体的成绩都有贡献。

◉ **案例 8-1**

1948 年 5 月,毛泽东在西柏坡与粟裕研究中原大战时问他:"去年,也是在这个宜人的 5 月,你们在山东打了一仗……"

"在孟良崮。"粟裕回答。

毛泽东:"战果如何?"

粟裕:"全歼 74 师,击毙敌酋张灵甫。"

毛泽东含笑鼓掌并幽默地说:"你们那样果敢、迅猛地消灭了 74 师,在中国这块土地上,有两个人没想到,一个是……"

粟裕脱口而出:"蒋介石。他大喊,我的精锐之师遭此惨败,实在没想到。"

毛泽东:"还有一个人呢?"

粟裕:"陈诚?"

毛泽东:"不足挂齿。"

粟裕:"何应钦?"

毛泽东:"何足道哉。"

粟裕:"白崇禧?"

毛泽东:"离题千里了。"

粟裕猜了半天都没猜着,便问:"那么是谁呢?"

毛泽东望着他大惑不解的样子,爽笑道:"第二个没想到的就是我毛泽东!"

这里,毛泽东巧妙地用"孟良崮大捷有两个人没想到,让粟裕猜猜都是谁"来表扬粟裕高超的军事指挥才能,体现了毛泽东发自内心的喜悦和真诚的态度。这也让粟裕感到莫大的欣慰。

◎ **案例 8－2**

　　1939 年 5 月 20 日，毛泽东在中央干部教育部召开的学习运动动员大会上说，共产党要领导几千万几万万人的革命，假使没有学问，是不成的。学习的方法是"挤"和"钻"，工作忙就要挤时间，看不懂就要钻进去。接着，毛泽东以陈云为例，赞扬他有"挤"的经验，他有法子"挤"出时间来看书，来开会。对于学习，陈云一直抓得非常紧。他在工作之余抓住一切机会，不打扑克，也不跳舞，全力地读书学习。陈云把学习当成了共产党员的责任。他说："我们好多同志总以为只要一天到晚不停地工作，就算尽了我们对党的全部责任，这种想法是很不全面的。一天到晚工作而不读书，不把工作和学习联系起来，工作的意义就不完整，工作也不能得到不断改进。因为学习是做好工作的一个条件，而且是一个必不可少的条件。""在工作中学习是最主要的办法，是最靠得住的办法，只要身上揣着几本书，摆在干粮袋里，闲的时候就看一看。"毛泽东表扬陈云"挤"时间看书学习，其表扬艺术是实事求是、恰如其分的。

第九章　批评的方法与艺术

　　批评同表扬一样是最常见、最基本的领导方法,也是领导者纠正不良作风,抵制歪风邪气,弘扬正气最重要、最有效的方法。优秀领导者既能充分运用表扬方法调动下属和群众的积极性,也能恰到好处运用批评方法帮助下属克服不良作风,抵制歪风邪气,增强组织凝聚力,更好实现领导目标。但批评不同于表扬,如果运用不当,会引起被批评者反弹,甚至激化矛盾,影响团结。因为人们的心理更容易接受表扬而反感批评,往往听到表扬高兴,听到批评扫兴,甚至得不到表扬不以为然,若受到批评则如坐针毡。因此,领导者运用批评手段时要特别慎重,要树立以人为本的领导理念,科学掌握批评的原则和技巧,注意方式方法,讲求批评艺术。如果批评方法运用不当,简单粗暴,只会事与愿违,不但达不到预期效果,还会产生消极作用。领导者要认真学习和钻研批评的方法和技巧,发挥好批评在实现领导工作目标中的积极作用。

第一节　批评概述

一、批评的含义

　　所谓批评,是指对缺点和错误提出改正意见。如领导者对下属中存在的学习不认真、工作不负责、自由散漫、不求上进、个人主义、自由主义等现象进行批评。批评不是指责、不是抱怨、不是批判,而是友善地指出问题、说明危害、帮助改正。批评是关心、是爱护、是帮助。在领导工作过程中,领导者要正确运用批评武器,遵循批评规律、掌握批评方法、深谙批评艺术。

　　批评与自我批评,既是领导者必须具备的优良作风,同时也是重要的领导方法。批评是指对别人的缺点或错误提出意见,自我批评是指对自己的缺点或错误进行的自我揭露和剖析。批评与自我批评有着丰富的内容,包括基本的原则、态度、方法、形式等。做好批评与自我批评必须全面认识自己的缺点与不足,别人的批评指正以及自我反省是主要的两种手段,而自我总结和反省是必不可少的。古人云:"吾日三省吾身。"一个人只有经常地、自觉地自我反思和自我批评,虚心接受领导和他人的批评,才能不断地改造自我、完善自我、提高自我。

二、批评的作用

(一)坚持真理,修正错误

批评和自我批评,是对错误思想的匡正、对错误做法的纠正。众所周知,"人非圣贤孰能无过",任何组织和个人都不可能不犯错误。人类的发展某种意义上讲就是不断纠正错误的过程,一个人、一个政党、一个政权不可能永远正确、永远不犯错误,这就需要通过经常性的批评与自我批评来及时修正错误,吸取教训,防止由小错变成大错,由局部性错误变成全局性错误。犯错误谁都难免,关键是过而能改,及时发现错误、勇于纠正错误。如果犯了错误自己浑然不觉,又不允许别人指出和批评,就会在错误的道路上越走越远。一个聪明的人、一个伟大的政党,并不是从来不犯错误,而在于能听得见别人对自己所犯错误的批评和勇于自我批评,不讳疾忌医,勇于改正错误,具有自我纠错的能力。毛泽东在《为人民服务》一文中说:"因为我们是为人民服务的,所以,我们如果有缺点,就不怕别人批评指出。不管是什么人,谁向我们指出都行。只要你说的对,我们就改正。你说的办法对人民有好处,我们就照你的办。"领导者要善于运用批评和自我批评的手段,坚持真理,修正错误。

(二)扶正祛邪,弘扬正气

我们知道,任何社会都是一个错综复杂的集合体,正能量与负能量同在、积极因素与消极因素共处、优良作风与不良作风并存。处在复杂生活中的任何个人、任何政党和政权,都要受到社会各种因素的影响,都要打上社会生活的烙印。一个人、一个政党、一个政权如何抵制和克服消极因素的影响和不良风气的腐蚀,最重要的是要拿起批评和自我批评这一锐利武器。对于领导者来说,组织内部的不良作风一露头,就应及时开展批评,将其克服在萌芽状态,使组织始终保持一种昂扬向上、团结和谐的优良作风。

(三)增进团结,化解矛盾

任何组织和个人之间,难免存在矛盾和摩擦。如果矛盾和摩擦得不到及时有效的调解,就会影响组织内部和人与人之间的团结。有了矛盾和摩擦怎么办?最好的办法就是开展批评和自我批评,让不同的意见相互碰撞、相互交锋。通过批评与自我批评,分清是非、弄清对错,各自检讨、自行改正,澄清误解、消除矛盾,加强团结、形成共识。若放弃批评和自我批评,无论是"你好我好大家好"的一团和气,还是"一言堂""家长制"的作风,都不利于化解矛盾和加强团结。

(四)激励引导,知耻后勇

从领导科学角度来看,批评和表扬对被领导者都是激励,有时批评对人的激励作用往往比正面褒扬更有效。在实际生活中,人们大多不太喜欢被别人批评,因为批评本质上是对人或事的否定。从心理学角度来看,褒扬带来的愉悦肯定比批评要大得多,人们爱面子往往胜于爱真理。"良药苦口利于病,忠言逆耳利于行"良药虽苦口,忠言使你难受,但它可以给你刻骨铭心的震撼,给你改正错误的勇气。批评有正确的批评也有错误的批评,被批评者要有接受批评的雅量,按照毛泽东说的"知无不言,言无不尽;言者无罪,闻者足戒;有则改之,无则加勉"的教导,正确对待批评。批评者要出于公心,胸怀大局,对被批评者的诉求则要反思批评的正确性。

三、批评的方针与原则

(一)惩前毖后,治病救人

正确理解和把握"惩前毖后,治病救人"方针的含义,是能否坚持正确批评和克服批评误区的前提。惩前毖后,是指领导者对下属所犯错误一定要严肃指出,不能讲情面,并指出所犯错误带来的不良影响和危害,使之吸取教训。治病救人,是指领导者发现错误、批评缺点的目的,就像医生治病一样,是为了救人,而不是把人整死。只要犯错误的下属不讳疾忌医、固执坚持错误,领导者都要挽救和帮助。"惩前毖后,治病救人"具有内在统一性,惩前与毖后、治病与救人,是不可分割的。惩前是为了毖后,无以惩前就无谓毖后,无以毖后就无所谓惩前。

领导者批评下属,要从团结的愿望出发,要有与人为善的态度。世界上没有不犯错误的人,即使是好人也可能犯错误,犯了错误就需要别人的帮助。领导者要敢于揭露矛盾,开展批评,只讲真理,不讲面子。但领导者对犯错误下属的组织处理则必须慎重,思想批评应从严,组织处理宜从宽。

(二)实事求是,坚持原则

领导者批评下属时,要实事求是,有一是一,有二是二,以事实为依据,防止主观武断。这看起来容易,但要做好并不是很容易。它要求领导者批评下属前,必须要进行调查核实,没有核实或与事实不符的,绝对不要当成批评下属的依据。领导者批评下属时既要坚持原则、严肃认真,又要耐心细致讲道理,要说服而不压服。关键是要晓之以理,动之以情,理必须站得住脚并讲透,情要真实感人,才能使下属心服口服。

(三)端正动机,态度诚恳

科学意义上的批评,应该包括判断是非、形成原因、利弊分析、指出改正方向等含义。领导者批评下属的根本目的,是帮助下属正确认识自己的错误、找出犯错误的原因、明确是非和利弊得失,并指明纠正的方向,从而促进被批评者醒悟,积极改进自己的言论和行为。领导者在批评下属前必须仔细审视自己开展批评的动机是否正确,有没有掺杂私念和不良动机。领导者批评下属的动机不应当只是表示不赞成、不满意;批评的语言应当是鼓励下属成长、促进上下级之间融洽的有效工具;批评的态度应该是谨慎的,必须事先设身处地地为被批评者着想。必须明确批评是为了改善目前的状况,而不是为了整人,让被批评者难堪,更不是为了自己发泄私愤。

领导批评下属要推心置腹，以诚相见，将心比心，以情感人。做到了这一点，被批评的下属会感到领导者在真心实意地关心、爱护和帮助自己，自然就会愿意接受批评和帮助。领导者在批评下属时，要襟怀坦荡、态度鲜明，不要用威胁或责备的语言批评下属，尤其要注意不要把批评变成讽刺和挖苦。领导者在批评下属时，要设身处地地体谅、理解他们的处境和心情，不要忘记给下属以鼓励。领导者要把批评看成是一件需要双方共同配合才能完成的事情，不要只顾自己批人痛快，不顾他人感受。既要使对方知道改正对他有益，也要使他知道你是诚意诚心地帮助他。

（四）讲究方法，注重艺术

领导者批评要有张有弛，松紧适当，讲究方法与艺术。既要让被批评者服气，又能尊重被批评者的情感。领导者要学会把关爱融于对下属的批评之中，让他们在接受批评的同时能感受到你暖暖的关爱；领导者要学会把欣赏的语言融于批评之中，在下属接受批评的同时能保留一份自信；领导者要学会把希望融于批评之中，当下属在接受批评的同时仍能看到未来依然光明。批评必须有明确的目标，所要批评的言论或行为，必须是可以并且能够改正的。领导者在批评下属时要善于制"怒"，自己心中的不愉快不可在语言或态度上流露出来。批评不要简单粗暴，而要讲究方法与艺术。

（五）抓住苗头，防微杜渐

领导者对下属的批评，要及时抓苗头，做到"防患于未然"，不要等问题成了堆，才去解决。领导者批评下属，不要等其小错酿成大错后才去处理，而是在发现了某些蛛丝马迹时，就及时提醒、帮助下属，从而使其及时认识和改正，真正起到防患于未然的作用。这就要求领导者善于发现苗头，能够及时抓住苗头，把问题解决在萌芽状态，以最优的方法、最低的代价获取最大的批评效果。

第二节　批评的方法

一、扬抑批评法

人性中最深切的秉性，一是被人赏识的渴望，希望表扬；二是避免遭到别人的批评。领导者在良好的氛围中诚恳地提出批评，下属会更加折服领导者的宽容与批评艺术，他的自责心情会更严厉，在以后的工作和学习中就会更加严格地要求自己，从而尽心尽力地把工作干得更好。领导者从赞扬和诚心感谢入手进行批评，可以营造良好的批评氛围。如领导者对被批评下属说，"大家有目共睹，前期你在工作上取得了很大成绩""你为人正直，作风正派，我很欣赏你这一点""你对我以往的工作支持很大，这一点我很清楚"。这种铺垫被批评者听了会感到虽然自己犯了错误，但领导并没有全盘否认自己，他会乐意接受批评，并虚心改正。下属犯了错，作为领导者自然应该加以批判、指正。同时,批评之后,领导者也不要忘记补上几句安慰或鼓励的话语,并在今后的工作中依然信任他,使被批评的下属在受到严厉批评后,既认识到自己的错误又能保有自信心,明白你"爱之深责之切"的良苦用心。对待犯错误的下属,领导者不妨退一步,采用欲抑先扬的表扬式批评策略,这样既能保护被批评者的自尊,又能让被批评者在"表扬"中明白自己的不足和错误,达到"春风化雨"的效果。

二、激将批评法

对于那些积极要求上进、好胜心强的下属适合用此种方法。"这次因为你犯的错,使你比别人落后了一点。但我也知道你是一个不甘落后的人,你会就此认输吗?"这样的话,既是批评又是激励,作为下属,听了之后一定会重振精神,重拾信心和勇气。因势利导的批评,能充分调动下属工作的积极性和创造性,激励下属树立克服困难的信心,自觉地认识错误、改正错误,帮助下属提高自己、发展自己。

三、直接批评法

所谓直接批评法,是指领导者通过直截了当的批评,来促使下属认识和改正错误的方法。通常做法是:领导者对下属的问题和错误,不绕圈子,不旁敲侧击,直接进行开门见山、一针见血的批评,使他们在批评的直接冲击下尽早尽快地认识和改正自己的错误与缺点。

在运用直接批评法时,领导者应注意区分对象和场合,不可滥加使用,尤其是对那些虚荣心强、心理承受能力弱的下属,更不能在公众场合下进行直接批评。否则,批评不但不能奏效,还会产生相反的作用。

在现实生活中,由于人们在思维能力和心理素质上存在着明显差异,因而对待批评的态度和认识错误的程度也会有所不同。例如,有的人觉悟高,素质好,性格开朗,一点即明,乐于接受别人批评,知错便改,领导者对他们即使批评的言辞直露、激烈一些,他们也不会因此而耿耿于怀;有的人虚荣心强,不愿听逆耳忠言,领导者对这类人进行批评时,应该特别注意方式方法,不宜直接进行批评;有的人茅塞难开、执迷不悟,或对自己的过错矢口否认,搪塞掩饰,甚至转嫁他人,领导者对于这样的人最好进行有理有据的直接批评,促使他们尽早地认识和改正自己的错误。

四、渐进批评法

所谓渐进批评法,是指领导者逐步输出批评信息,有层次地进行批评的方法。其方法是领导者在进行批评时,对下属的错误和缺点不是"和盘托出",而是有目的、有重点地逐步提出,由浅入深、耐心引导,一个层次接着一个层次、一个问题接着一个问题地逐步解决。这样做可以使下属对批评逐步适应、逐步接受,不至于因心理负荷过重导致心理失衡而产生抵触情绪,或者因此而背上沉重的思想包袱,从此一蹶不振。

批评作为一种具有压力性的社会评价,能够对人们的心理造成一定的负荷。这种心理负荷的大小,又和批评的直接程度、集中程度和批评措辞的激烈程度成正比。批评的方式越直接,批评的问题越多,批评的态度越严厉,给人们造成的心理负荷就越重;反之,造成的心理负荷就越轻。然而,由于人们在长期的客观环境中所形成的心理承受能力不尽相同,同样一种批评就会对心理承受能力不同的人形成不同的心理负荷。例如,同样是实事求是、直截了当的批评,那些胸怀坦荡、性格开朗的人就能够比较愉快地接受。而那些虚荣心强、心理承受能力弱的人就很难接受,并会因此而造成强大的心理压力,导致心理平衡发生严重倾斜,这种结果是领导者在工作中要竭力避免发生的。对于这种类型的人的错误和缺点进行批评时,要求领导者要适应下属的心理特点,采取具有一定缓冲作用的渐进批评法。

五、商讨批评法

所谓商讨批评法,是指领导者以商讨问题的态度,把批评信息传递给被批评者的方法。其方法是领导者针对被批评者的心理特点,改变居高临下教训人的批评方式,以商讨问题的态度,平心静气地对下属的缺点和错误进行畅所欲言、以理服人式的批评教育。这样做有利于改变被批评者可能存在的对抗动机,提高批评意见的可接受性,使他们感到领导者的批评意见是充满诚意的,愿意虚心接受。

喜欢受表扬,不愿被批评,这是人们共有的一种心理状态。这一特点在那些反应敏捷,性格倔强、暴躁,叛逆、否定心理强的人身上表现得更为突出。他们对待批评的态度往往是遇批"色变"、一谈就"蹦"、一批就"跳",致使正常的批评教育难以进行下去。但是,领导者如果换一个角度,从平等的地位,以商讨的口吻去进行批评,他们则比较容易接受。

六、参照批评法

所谓参照批评法,是指领导者针对下属的错误和缺点,借助他人发生过的、并为下属所知晓的经验教训,运用对比的方法衬托出批评的内容,促使下属在参照物的对比所产生的压力下自我反省,深刻认识和纠正自己的错误与缺点。这种方法通常适用于阅历浅、盲目性大、自我觉悟和自我意识差、理智感弱、易受感化的青少年被教育者。

领导工作中不可能没有批评。正常的卓有成效的批评,不仅要求领导者要有明辨是非的能力,而且还必须要有能够让下属也明确认识的是非标准。由于被批评者犯错误大多是因为头脑中缺乏明确的是非标准,自然他们对领导者用来批评的是非标准也不甚了解,因而也就很难理解领导者的诚心和用意,有时甚至还产生误解、偏见和抵触情绪。

要使被批评者乐意接受批评,仅靠领导者说教是不够的,首先要帮助被批评者树立起明确的是非标准。常言道:"耳听为虚,眼见为实。"领导者如果将判定事物正确与否的是非标准,物化为发生在被批评者身边或附近的某一有过明确定论的具体事物,这一事物就可以成为被批评者判定自己的思想和行为是非对错的参照物,使他们在同参照物的对照比较中看到自己的错误之所在,并乐意接受领导的批评。

七、发问批评法

所谓发问批评法,是指领导者用提问的方式进行批评。通常的做法是:领导者把要批评的事用提问的方式表示出来,以此引起被批评者的思考,使其在思考中醒悟,在醒悟中认识和纠正自己的缺点和错误。发问批评法比较适用于那些善于思考、性格内向、各方面都比较成熟的被批评者。这种类型的人,一般都具有一定的思考接受能力,他们对自己的错误和过失,多数情况下都能一点即明、幡然醒悟。因此,领导者把批评的信息以提问的方式传递给他们,他们便会引起警觉和反思,并在思考中自我醒悟、自觉地改正自己的缺点和错误。

八、点名批评法

所谓点名批评法,是指领导者在集体场合,通过直呼其名来对下属的错误和缺点进行严肃的批评,使其受到深刻触动,从而取得既教育本人又教育大家的双重效果的方法。在领导工作中,批评通常是通过领导者与下属个别交谈的方式来进行的。个别批评虽然能够维护被批评者的"面子",有利于批评的顺利开展,但这并不是批评的唯一模式。在实际工作中,为体现赏罚严明、秉公办事的原则,对于一些错误性质严重、影响面较大、个别批评教育难以奏效的下属,领导者必须进行针对性强的公开批评。需要强调指出的是,点名批评法刺激性强,"杀伤力"太大,运用不当容易伤害被批评者的自尊心和激发矛盾,领导者不能不分对象、不分时间和地点滥用一气,而应慎用少用。

九、暗示批评法

所谓暗示批评法,是指领导者在集体场合进行批评时,为不伤害被批评者的自尊心,不是公开直接点其名,而是通过"对事不对人"的批评,既使被批评者感到是在批评自己,又使知情或不知情的群众从中得以警示和受到教育的方法。暗示批评法是在公众场合进行批评的一种好方法,也是领导工作和管理工作中较为常用的一种方法。在现实生活中,领导者为制止某种错误行为,或纠正某种带有倾向性的问题,就必须在公众场合提出批评。然而,领导者在集体场合对人们进行公开批评,往往会使被批评者感到难堪、"下不了台",并因此而产生抵触情绪或背上沉重的思想包袱。为避免这种消极后果,领导者可采用暗示批评的方法。这样可以收到既批评和制止了某种错误行为，又让被批评者能够接受改正的一举两得之效。

十、幽默批评法

所谓幽默批评法，是指领导者用有趣且又意味深长的语言、表情和动作，对下属的缺点和错误进行善意的批评，使其在笑声中思考和改正自己的问题的方法。幽默是一种带笑而又含义深长的情趣，它可褒可贬，使人在笑声中得到启发和教育。幽默批评法是一种技巧性和适应性都比较强的批评方法，它适用于各种场合和各种性格类型的人。领导者把幽默引入批评方法之中，可以造成一种平等、和谐、愉快的气氛，较好地消除被批评者的对抗和沮丧心理，促使他们自觉、愉快地接受批评意见。

需要注意的是，幽默和讽刺有着本质的区别。幽默批评是一种善意的批评，而讽刺批评却带有一定程度的嘲弄，运用不当，幽默批评就会变为讽刺批评。因此，熟练运用幽默批评法，要求领导者必须具有较高的思想、政治、心理和科学文化素质。

十一、集体批评法

所谓集体批评法，是指领导者针对下属拒绝批评的否定性心理，领导和群众上下一致，对被批评者进行批评教育，以此造成强大的舆论压力，促使其认识和改正自己的缺点和错误的方法。实事求是地讲，有时只由一把手或主管领导做出的批评决定，被批评者难免心存疙瘩，甚至产生逆反心理。但如果将被批评的错误视情况交班子或群众集体公开公正讨论，并形成具有广泛共识的批评意见，让犯错误者感受到来自集体的意见是民主的、正义的、"众怒难犯"的，其若拒绝改错就会被孤立，从而摆脱侥幸心理，甘愿改正。在这种方法的执行过程中，领导者要适当引导，保证集体决定的批评意见适度有效。批评意见形成后要帮助犯错者正确认识自己作为集体一员的责任和义务，增强其团队意识，并深刻理解和体会民主制度对违反纪律行为的约束和惩罚作用。

集体批评法通常适用于头脑灵活、歪道理多、试图通过狡辩和钻空子来拒绝批评的人，这类人大多能言善辩、工于心计，他们或找种种借口推卸责任、掩饰错误，或钻领导工作和领导关系的空子，来减轻、转移批评的分量。领导者运用集体批评法，就可以堵塞漏洞，消除可能被利用的可乘之机，迫使被批评者在事实和舆论面前低头认错。集体批评法的适用对象十分有限，领导者在具体运用时要谨慎，不可不分对象地频繁使用。

十二、触动批评法

所谓触动批评法，是指措辞比较尖锐、语言较为激烈的批评方法。它通过领导者批评内容和语调的强刺激，使被批评者的思想受到震动，并从震动中得到醒悟。触动批评法主要适用于惰性心理、依赖心理和试探性心理比较突出的人。例如，精神不振，萎靡颓唐，行动散漫者；被动性强，自我意识薄弱者；犯了错误，不愿正视自己的问题，怀有侥幸心理者；等等。对于这些人，领导者适度加大批评的刺激量，就能使他们的内心受到应有的触动。需要注意的是，触动批评法"火药味"比较浓，大多数属于"正面交锋"，如果运用不当，很可能会使领导者与被批评者之间发生对抗，导致矛盾进一步激化。因此，领导者应当慎用此法。

第三节　批评的艺术

一、批评的技巧与艺术

（一）端正态度

批评要站在下属的立场上，从爱护的角度诚心诚意进行，使他感受到你的温暖和关怀，卸下戒备和抵触情绪，真心接受你的批评。批评下属时，要始终注意不要发怒，不要恶语伤人，不要以权压人。批评语言要有"温度"。虽然批评是否定的，但要使这种否定达到目的，就不能没有艺术。批评的语言应该是"未成曲调先有情"，在批评过程中始终充满暖人肺腑的话语，这样才能使批评的内容为受批评者所接受，成为一种催其奋进的激励因素，达到启发人、引导人、转化人的批评的目的。领导批评下属时，切忌冷嘲热讽，语言粗暴，没完没了，翻老账。要有大公无私的立场和与人为善的态度，切不可公报私仇，夹杂个人恩怨。幸灾乐祸，落井下石，借下属犯错误的时机而泄私愤、图报复，更不可取。

（二）辩证看人

"金无足赤，人无完人。"无论什么人，只要工作，存在缺点、错误总是难免的。当一个下属有错误时，对其是一点论，还是两点论，是把其看死，认为不可救药，还是用全面发展的辩证眼光看人，这其中是有学问和讲究的。领导者批评下属时，只见过不见功，或只见功不见过，只见今天的好不见昨天的"坏"，或只见今天的"坏"不见昨天的好，这种一只眼睛看人的方法，往往会把问题绝对化，势必陷入批评的误区。因此，要正确地、辩证地看待下属，对成绩与缺点、历史与现实进行全面的分析，既要看到一个人的长处，也要看到他的缺点，把握住一个问题的两个方面，这样才会对下属进行客观的、恰当的批评，才能较好地化消极因素为积极因素。既然人都是一分为二、优缺点并存的，那么领导者在批评下属时，应先表扬其优点，再批评其缺点，批评后再进行鼓励，使整个批评过程在愉快的气氛中结束。心理学研究表明，这种方法符合大多数人的心理特点，是一种值得特别提倡的科学批评方法。

（三）找准时机

所谓找准时机，是指领导批评下属要适时，既不能过早，也不能过晚，正当其时，恰到好处。心理学研究的成果告诉我们，语言的"分量"是随机而分轻重的。这主要取决于所说的话语对听者切身关系的大小、听者对话语的精神准备程度、外界环境的情况，以及听者兴奋性刺激物和抑制性刺激物的多少等条件。批评也是如此，若为时过早、条件不成熟，往往达不到预期目的。

（四）选定场合

所谓选定场合，是指领导批评下属时，场合要适合于错误的性质，要适合于纠正错误的需要。对下属的错误该批评的就要批评，但最好不要当众斥责他，这样会使他无地自容，自尊心严重受损，而不是首先意识到自己所犯错误的严重性，下属会马上以敌视的态度来反击批评者，以保护他受到威胁的自尊心。这样，领导者的批评除了增加对方的反感和抵触外，不会有任何积极的效果。对于下属工作中一般性的错误或过失，就可以采取以下方法来解决：能通过个别谈话解决问题的，就不要再进行公开批评；能通过自我批评方式达到教育目的的，就不要通过组织进行批评；能在小会上批评收到教育效果的，就不要拿到大会上去公开批评。

（五）把握分寸

所谓把握分寸，是指领导批评下属的深浅要适度，而不能无度、缺度或过度。批评是做人的思想工作，而人都是有自尊心、自爱心和人格的，因此，批评下属一定要把握好分寸。任何事物，都有保持自己质量的数量界限，即度。超过了度，就会发生质变。物极必反，真理向前迈进一步就变成了谬误，批评过了头会使好事变成坏事，达不到预期效果。领导者批评下属时讲话要注意分寸，留有余地，不要把话说绝、说死、说过头。批评要掌握好火候，不能急于求成，防止急躁冒进。领导者批评下属时，要全面看待下属的优点与缺点、成绩与错误，实事求是，有一说一，不要"只见树木不见森林"，对下属全盘否定，把下属批得一文不值。批评下属要做到一分为二，既不能因为下属有了错误和过失，就否定他以往的成绩和功劳，也不能因为他以往有成绩和功劳，就掩盖他的错误和过失。领导者批评下属要坚持严肃性和科学性的统一，努力做到适度、适当、适时，恰到好处。

（六）准确明了

领导者批评下属要深谙精确表达语言的技巧与艺术。准确，是批评的生命。领导者对下属的批评一定要有根有据，切不可主观臆断，想当然，或者凭"小报告"，听风就是风，听雨就是雨。如果领导者批评的不准确，容易引起被批评者的反感和抵触情绪，即使批评的动机很好，被批评者也会拒绝接受，这就达不到批评的目的。因此，领导者要实事求是地弄清楚下属所犯错误的基本事实，包括行为动机、过程、影响后果，分清是非、有的放矢、对症下药。批评时切忌"上纲上线"，应结合实际，客观地反映事实真相，批评不扩大、不缩小，事实确凿，定性准确。否则，仅凭道听途说、主观臆测随意批评下属，不仅会伤害下属的感情，也将丧失你在下属心目中的威信。批评下属语言要准确明了，事实要确凿，内容要具体、不含糊其辞，让被批评者和听众一听就明白。如果领导者批评下属含糊其辞、漏洞百出、不知所云，不仅不利于被批评者改正,而且还可能被人误解,产生疑义或歧义。

(七)言简意赅

领导者批评下属一定要言简意赅,能少则少,挤掉"水分",不讲废话,长话短说。切不可无限上纲,漫无边际乱联系,随心所欲扣帽子。领导者批评时说话一定不能太长,更不能反反复复,唠叨不止,没完没了,否则会引起被批评者的反弹和逆反心理。

(八)和风细雨

这是指批评要态度宽容,采用民主的方式和说服的方法,语气平和,摆事实、讲道理。领导者开展批评时,要具体分析被批评者犯错误的原因,剖析其危害和影响,找出纠正的方法,指明努力的方向,从而使下属从中获得思想上的营养和前进的动力。领导者对下属的缺点和错误态度要宽容,要明白大家都会犯错误,世界上没有不犯错误的人,知错能改就行了。因此,领导者对下属的缺点和错误一定要采取更加宽容和善解人意的态度,设身处地地替被批评者着想。

(九)旁敲侧击

有时批评需要直截了当、针锋相对,有时批评只能"旁敲侧击"。旁敲侧击是一种批评的艺术和技巧,是利用言者有心、听者有意的策略,遵循响鼓不用重锤敲的规律,为被批评者创造自己主动改正缺点的机会,它比直截了当、针锋相对的批评方法更容易为被批评者所接受。当然"旁敲侧击"不能滥用,而且它只适合对轻微缺点和错误进行批评,只适用于理解能力强、自觉性高、知错能改的人。

(十)因人而异

对于不同性格的下属,对于不同的事情,批评的方法不能千篇一律,应因人、因事而有所不同。内向的下属对事物的反应速度较慢,情绪不外露,有时又非常敏感。对他们领导者就要有耐心,不能操之过急,最好不要在公共场合批评他们,应选择适当的时候个别交谈,重在开导,让他们慢慢想通。外向型的下属急躁、任性、易激动,情绪不稳定,常常有什么说什么。对这类下属领导者就要以柔克刚,可让他们先说出心里话,待其宣泄完后再心平气和地与其讲清道理。

二、批评的误区

(一)因人而异失公正

领导者批评下属必须对事不对人,同样错误同样对待,一视同仁,力求公正。但在现实领导工作中,一些领导者往往不是首先看清要批评的是什么样的事、该不该批评,或者能不能批评,而是同样性质、同等程度的错误发生在不同下属身上,却采取不同态度,有的批评,有的不批评。这种对人不对事、因人而异、不平等待人的批评做法是不可取的,难以使下属诚服。久而久之,必然引起被批评者的不满,而不论批评的内容是否正确都将被其拒之千里之外。

（二）全盘否定走极端

领导者批评下属，应尽量准确和具体，下属哪件事做错了，就批评哪件事，不能因为他某件事做错了，就论及这个人如何不好，以一件事来论及整个人，将其说得一无是处，对其全盘否定。领导者批评下属时，一定要忌用"不可救药""我算看透你了""你历来如此""你一贯这样""你根本不行"等极端言词来否定下属。

（三）一批了事忘后情

批评只是解决思想问题的手段，而不是目的，当一个人受到批评后，在心理上会产生疑虑情绪：是不是领导者对我有成见？带着这种情绪，他会特别留心领导者的有关言行，从中揣测领导者对他的看法。当发现领导者不理睬他时，他就会认为领导者对他有成见；当领导者无意中批评到与他相似的问题时，他会神经过敏地认为领导者又在讲他，又在与他过不去。为了消除这种猜忌心理，领导者在批评之后，要细心观察他的变化，对他表示关心和体贴，有了点滴成绩时要及时给予肯定。有了困难，领导者及时给予帮助，方可消除被批评者的猜忌心理，达到批评的目的。

（四）怕伤和气做老好人

有些领导者担心批评身边下属会伤了和气，影响日后合作共事；批评知心下属，要撕破面皮，影响亲密关系；批评不同意见的下属，要结怨记仇，妨碍团结；等等。批评下属怕得罪人，这是一种带有一定普遍性的心理，也是影响领导者批评下属的重要思想障碍。许多人变得谨小慎微，不敢批评别人，"批评上级官位不保，批评同级关系难搞，批评下级选票减少，批评自己自寻烦恼"。大量事实表明，这种担心是不必要的。因为领导者批评下属类似于医生治病救人。为了给病人治病，医生绝不会因指出病情、提出忠告而得罪患者。其道理在于凡心理正常的患者都懂得，讳疾忌医可能贻误治病时机，于己不利。所以他们对于救死扶伤、严肃认真地为自己治病的医生，总是怀着感激之情。因此，只要领导者掌握恰当的批评方法，对犯错误的下属给予关心、爱护和挽救，是不会因此得罪人的。对同志尤其对下属不闻不问，不关心不爱护，不批评不教育，当老好人，反倒会真的得罪人。

也有一些领导者认为：现在说谁谁不听，都这样；说也说不明白，弄不好反倒惹了一身臊；还是大事化小、小事化了、息事宁人为好，只要家丑不外扬就行了。这些领导者对下属之所以不敢批评，遇着问题绕着走、躲着走；即使是批评也轻描淡写，雷声大，雨点小，使下属认识不到错误和问题的严重性，得不到教育，歪风邪气得不到制止，根子在于多栽花、少栽刺、怕得罪人的老好人思想作祟。

（五）方法单一，动辄点名

有些领导者，习惯于当众批评下属，即"点名"批评，认为这样既能使被批评者加深印象，又可起到"惩一儆百"的作用。虽然当众批评有时也有必要，但实践证明，这种方法存在诸多弊病。因为当着众人的面批评下属，会使下属难堪，下不了台，难以接受，而且还会使在场的其他下属感到尴尬，感到有朝一日自己也会有同样的下场，造成一种"下一次是不是要轮到我了"的忧虑心理,甚至造成人人自危,士气下降。因此,领导者不要动不动就当众批评,更不能把当众批评当习惯,而应将当众批评与个别批评、私下批评相结合。

(六)不打招呼,突然袭击

有些领导者批评下属热衷于搞突然袭击,使被批评者毫无心理准备。领导者批评下属事先最好打个招呼,使对方先有一定的心理准备,然后再批评,使对方不至于感到突然。比如,有的下属做错了事,但本人并没有意识到。这时领导者应当先通过适当时机,吹吹风,或指定与对方关系较好的人先去提醒他,使其先自行反省,然后再正式批评他,指出其错误所在。这样使他不至于感到突然,有了心理准备,他就容易接受批评了。反之,如果对方尚未认识到自己有错,领导就突然给予批评,不仅会使下属不知所措,还会怀疑你批评人的诚意,从而关闭接受批评的心扉。

(六)居高临下,盛气凌人

有些领导者批评下属时,摆出居高临下、盛气凌人的架势,说不服就压服,动不动就说:"是我说了算,还是你说了算?"或下最后通牒:"必须……否则……走人……"这样的批评最易诱发逆反心理。被批评者会想,干吗一定要听你的?或者反过来挑衅地说:"悉听尊便,请吧,我才不怕。""此处不留人,自有留人处。"居高临下盛气凌人的批评结果是压而不服,逼而不从,反而激起反抗情绪。领导者批评下属,只有在平等的气氛中进行,才容易被下属接受。

(七)大发雷霆,恶语伤人

有的领导者批评下属时,用尖刻的语言讥讽挖苦,甚至恶语伤人。误以为只有这样做才能使犯错误的下属服气。实际效果却相反。受批评的下属即使口头不反驳,心里也一定恨你,因为你使其难堪、受辱。因为,这样的批评明显带有打击自尊心和侮辱人的倾向。因此,有时本来可以接受的批评意见,却因加了羞辱人的成分而使被批评者断然拒斥。

道理很简单,因为人人都有自尊心,即使犯了错误的人也是如此。领导者批评时要顾及下属的自尊心,切不可随便加以伤害。为此,领导者批评下属时应当心平气和、春风化雨。如果领导者横眉怒目,劈头盖脸臭骂下属一顿,以为这样才能显示其威风,但实际上这样做最容易伤害下属的自尊心,导致矛盾的激化。因此,领导者批评下属应力戒发怒。当你怒火正盛时,最好先别批评下属,待心情平静下来后再去批评。对下属的批评,领导者切忌讽刺、挖苦,恶语伤人。下级虽有过错,但在人格上与上级完全平等,领导者不能随意贬低甚至侮辱对方。

(八)纠缠历史算总账

有些领导者认为,对下属轻易不要批评,待其缺点、错误充分暴露了再算总账;批评时指出的错误越多越好,形成的压力越大,这样才能治服被批评者。受此影响,一些领导者在批评下属时,"眉毛胡子一把抓""芝麻西瓜一起拣"。这种做法使下属常常手足无措,人人变得谨小慎微,导致工作环境沉闷僵化,下属的积极性、主动性、创造性受到伤害和压抑。其实,一个人的缺点或错误可能是多方面的,但是领导者在批评下属时不可能也没有必要面面俱到,只要抓住并解决了主要问题和主要矛盾,其他矛盾和问题就迎刃而解了。

领导者批评下属,应当针对当前发生的问题,对于对去发生的问题尽量不要拉扯出来。有些领导者为了说服下属认识问题,或为了证明下属当前的行为是错误的,便把心中积存的有关他的"问题"全都数叨出来。这样做只能使对方感到你一直秘密地注意他的问题,这一次是和他算总账,是有意整他,从而产生对立情绪。领导者批评下属应及时、友善,而不是从惩治出发。

(九)鸡毛蒜皮爱挑剔

有些领导者批评下属过于挑剔,"鸡蛋里挑骨头",用显微镜去寻找下属的毛病;有的爱揭人老底,扒人疮疤,搞秋后算账。这样的批评法,只能使下属无所适从,谨小慎微,不求有功,但求无过,甚至产生离心心理。领导者批评下属,不能"鸡蛋里挑骨头",对于那些鸡毛蒜皮的小问题、小毛病,只要无关大局,应当采取宽容态度,切不可斤斤计较。

领导者批评下属不能靠量多取胜。领导工作中,适当、适度批评是必要的,但并不是批评得越多越好,也不是事事都要批评。少说能解决时,不要多说;一次批评奏效的,不可再说;一次批评无效的,领导者可以另想他法。有的批评只能点到为止。当一个人受到批评后,心里已经很不自在了,如果领导者再重复批评他,他会认为你老是跟他过不去,把他当成反面典型看待。领导者多一次批评,就会使他在心里多一分反感。

(十)当面不说背后议论

中国有句俗语:"当面批评是君子,背后议论是小人。"这句话反映了人们的一种心态,即不喜欢背后批评人。领导者当面批评下属,可以使对方听清楚你的意见和态度,也便于对方的意见得到交流,消除误会。如果领导者背后批评下属,会使对方产生错觉,认为你有话不敢当面讲,一定是肚里有鬼。再说,领导者不当面讲,经他人之口转达,很容易把话传走样,造成难以消除的误解。

领导者批评下属,不能随处发威,更不能随处传扬。有的领导者前脚离开下属,后脚就把这件事说给了别人,或者事隔不久批评另一个人时,又随便举这个例子,弄得该问题人人皆知,满城风雨,增加了当事人的思想压力和反感情绪。这不是爱护人的做法,而是一种自由主义作风。

◎ **案例 9 - 1**

　　陶行知先生在育才学校当校长时,发生过这样一件事:一天,他在校园里看到男生王友用泥块砸自己班上的男生,陶行知当即喝止了他,并让他放学后到校长室。放学后,王友早早站在校长室门口准备挨训。陶行知走过来,一见面却掏出一块糖果送给王友,并说:"这是奖给你的,因为你按时来到这里,而我却迟到了。"王友惊愕地接过糖果。随后,陶行知又掏出一块糖果放到他手里,说:"这第二块糖果也是奖给你的,因为当我不让你再打人时,你立即就住手了,这说明你很尊重我,我应该奖励你。"王友更惊愕了,他眼睛瞪得大大的,不知道校长想干什么。陶行知又掏出第三块糖果放到王友手里:"我调查过了,你用泥块砸那些男生,是因为他们不守游戏规则,欺负女生;你砸他们,证明你很正直善良,且有跟坏人做斗争的勇气,应该奖励你啊!"王友感动极了,他流着泪后悔地喊道:"陶……陶校长,你打我两下吧!我砸的不是坏人,而是自己的同学啊……"陶行知满意地笑了,他随即掏出第四块糖果递给王友,说:"为你能正确地认识错误,我再奖励给你一块糖果,只可惜我只有这一块糖果了。我的糖果完了,我们的谈话也该结束了吧!"多么高明的校长!他用以奖代罚的方法触动了孩子的心灵。"亲其师,善其道。"当一个孩子被校长宽阔的胸怀所包容时,他内心产生的是深深的感激和强烈的震撼,那将会使他终生难忘。在这种情况下,不必批评、不必指责,孩子自己就已经心悦诚服地知错了。

◎ **案例 9 - 2**

　　1942 年,我们党开展延安整风运动。整风转入审干阶段后,一度出现了扩大化的错误倾向,将来自白区的一些同志列为"特嫌"进行审查,伤害了他们。毛泽东及时发现了这种"左"的倾向,亲自召开干部大会,向被整错了的同志公开赔礼道歉。他说:"这个党校犯了许多错误,谁人负责?我负责。我是校长嘛!整个延安犯了许多错误,谁人负责?我负责,我是负责人嘛!凡是被搞错了的要一律改正,坚决平反!我们共产党人是革命者,但不是神仙。我们也吃五谷杂粮,也会犯错误,我们的高明之处就在于犯了错误就检讨,就立即改正。今天,我就是特意来向大家检讨错误的,向大家赔个不是,向大家赔个礼。"毛泽东说完,把手举在帽檐下,敬了一个礼。毛泽东这种严于律己的自我批评精神,使许多同志感动得热泪盈眶,他们用长时间的热烈掌声表达了对党的谅解和感激。通过延安整风,全党达到了空前的团结统一,有力地推动了全国的抗战。

◎ **案例 9 - 3**

　　周恩来总理是具有高超领导艺术的国家领导人,他批评人,大多数情况下是和颜悦色的。但是,当遇到严重问题时,他也会态度严肃,语言尖锐,正颜厉色,切中要害,使人铭心难忘。不论是谁犯了错误,不论他的职位有多高,只要他给党和人民的利益带来危害和影响,周恩来就能够积极主动、大胆地对其错误予以单刀直入、毫不留情的批评。譬如,在重庆谈判期间,"第三方面"自作聪明,违背同我党达成的有关协议,擅自提出不利于我党的和谈方案。周恩来得知后,激动地对民盟领袖梁漱溟说:"国民党压我们,想不到第三方面也来压我们。我们几十年关系今天算完结了。过去有人骂你是伪君子,今天我要说你是真小人!"说时声泪俱下,在场人为之震撼。

第十章　奖励的方法与艺术

奖励是一种常见的重要领导方法。从心理学角度讲,人们不仅喜欢听表扬,而且当他为组织做出贡献时,也渴望得到组织的奖励。领导者运用奖励方法,有利于激励先进、弘扬正气、表彰好人好事,调动群众积极性,增强组织凝聚力,实现领导工作目标。但奖励作为一种领导方法是很有讲究的,只有运用得当,才能达到预期效果,如果运用不当,会产生负面作用和消极影响。领导者应认真钻研运用奖励的方法与艺术,确保奖励手段服务于领导目标的实现。

第一节　奖励概述

一、奖励的含义

所谓奖励,是对表现优秀、做出贡献的团体或个人予以激励表彰的方式或方法。其根本目的是激励先进、表彰好人好事、弘扬正气、激发职工积极性,增强组织凝聚力。

奖励的种类分法不一。奖励可分为精神奖励和物质奖励两大类。精神奖励包括表扬、提拔职务、晋升职称、授予荣誉称号、表彰宣传事迹、戴大红花、上光荣榜等。如当员工做出突出贡献时,可通过电台、电视台、报刊和墙报宣传报道其事迹和照片。物质奖励包括加工资、发奖金、奖物质、单位组织旅游,有重大贡献的奖汽车、奖房子等。物质奖励和精神奖励能使被奖励者获得心理和物质满足,产生成就感,达到激励积极性的作用。物质奖励、精神奖励的形式多种多样,应因人而异,采取不同方式,切忌简单化、单一化、千篇一律。

二、奖励的内容

奖励具有重要导向和激励作用。领导者在运用奖励手段时,首先要明确奖励内容,考虑奖励什么最能发挥激励作用。奖励的内容视单位性质而定,不同性质的单位其奖励所包含的内容不同。如政府对公务员的奖励与企业对员工的奖励,其内容是有明显区别的。

公务员的相关奖励制度规定,有下列情形之一的,可给予奖励:①忠于职守,积极工作,成绩显著的;②遵守纪律,廉洁奉公,作风正派,办事公道,模范作用突出的;③在工作中有发明创造或者提出合理化建议,取得显著经济效益或者社会效益的;④为增进民族团结、维护社会稳定做出突出贡献的;⑤爱护公共财产,节约国家资财有突出成绩的;⑥防止或者消除事故有功,使国家和人民群众利益免受或者减少损失的;⑦在抢险、救灾等特定环境中奋不顾身,做出贡献的;⑧同违法违纪行为做斗争有功绩的;⑨在对外交往中为国家争得荣誉和利益的;⑩有其他突出贡献的。

企业奖励主要包括以下内容:①在恪尽职守完成生产或工作任务,提高产品或服务质量,提高生产或工作成效方面做出显著成绩的;②在改进公司基础管理或专项管理,节约公司资产和能源,提高管理成效、经济效益等方面有突出业绩;③在改进公司经营管理,开拓市场,扩大销售或项目建设等方面做出较大贡献的;④在生产、科研、工艺设计、产品设计、劳动条件改善等方面有发明、创新、技术改进等行为,并取得显著成效的;⑤提出合理化建议或实施合理化建议取得显著效果的;⑥在保护公共财产,预防或挽救事故等方面有功,使本公司和其他社会组织的利益免受重大损失的。

三、奖励的特点

奖励作为一种激励方法,具有比其他激励方法效果更明显、形式更灵活、更受大众喜欢等特点。在众多奖励形式中,奖金更具广泛性,是领导者最常采用的奖励形式。奖金作为一种工资补充形式,其作用是对与生产或工作直接相关的超额劳动给予报酬。奖金是对劳动者在创造超过正常劳动定额以外的社会所需要的劳动成果时,所给予的物质补偿,具有以下特点:

(一)针对性和灵活性

奖金有较大的弹性,它可以根据工作需要,灵活决定其标准、范围和奖励周期等,有针对性地激励某项工作的进行;可以根据工作的不同需要,建立不同的奖金制度,如超产奖、单项奖、安全奖等;也可以抑制某些方面的问题,有效地调节企业生产过程对劳动数量和质量的需求。

(二)及时性和补充性

工资制度相对固定,不能及时反映劳动者的超额贡献,这是工资制度存在的功能缺陷。奖金则不同,它可以根据工作需要并随着生产的变化及时调整奖励对象、奖金数额、获奖人数以及奖励的周期和范围等,及时准确地反映员工超额劳动的数量和质量。

(三)激励性和荣誉性

奖金是对那些为社会做了较大贡献,提供了超额劳动的职工进行的物质奖励。谁劳动好、贡献大,谁就能得到奖金;谁劳动差、效率低,谁就没有奖金。因此,奖金具有褒扬先进、鞭策后进、树立劳动光荣新风尚的作用。发放奖金不仅是对职工的物质鼓励,同时也具有精神鼓励的作用。奖金是对那些为企业做了较大贡献,付出了超额劳动的员工进行的物质奖励。

四、奖励的作用

奖励和表扬是紧密联系在一起的,也是一种常见的重要领导方法与领导艺术。美国新奥尔良大学管理学教授迈克尔·勒波夫强调指出,"受到奖励的事会做得更好",这是一个伟大的管理原则和重要方法。美国著名管理专家米契尔·拉伯福认为,"人们会去做受到奖励的事情"。无数事实表明,员工确实会去做受到奖励的事情,奖励对员工可起到极大激励作用,对于组织运作效率产生极大提升作用。当然,奖励必须能够被受到奖励的人和他人所认可,才可达到激励员工的目的和作用,否则,事与愿违,适得其反。

古人云:"重赏之下,必有勇夫。"这句话讲的就是奖励具有激励作用的道理。在组织内部,对员工的优秀表现和取得成绩及时予以奖励,既可起到鼓励被奖励者再接再厉的作用,也可起到激励其他员工向被奖励者学习的导向作用。如在军队中,荣誉虽然只是一纸奖状、一枚勋章,但就是这些奖状、勋章,可起到激发军人舍生忘死、前仆后继的作用。又如企业对员工的奖励,工资、奖金及会上会下的公开表扬,都属于奖励的范围,关键时刻老板的一个微笑、一个眼神或一个手势,都可提升员工对企业的认同感和忠诚度,激励员工为企业尽心尽力、尽职尽责。再如国家对公职人员的奖励,可起到激励公职人员敬业奉献、勤奋工作,更好地为社会、为国家、为人民效力的作用。

第二节 奖励的方法

一、奖励实干

奖励是一种导向,领导者要善于运用奖励这一重要手段,去激发和培养员工的实干精神和求真务实作风。领导者奖励要注重实干和实绩,要真正奖励那些踏踏实实干事业,并且取得了实实在在业绩的人。奖励要慎防虚假、虚伪,更不能奖励那些华而不实、哗众取宠、只做表面文章、搞形式主义的人。

一般说来,一个组织大致包括四种不同的人:一是希望别人干活的人;二是说得很多干得很少的人;三是对别人所做的事评论没完没了的人;四是埋头苦干、默默奉献的人。领导者都希望拥有最后一种人,少有或没有前面三种类型的人。但是,在现实生活中,埋头苦干、默默奉献的无名英雄的功绩常常被喋喋不休、怨天尤人、哗众取宠的人所掩盖。如果领导者不注重奖励肯实干、有实绩、默默奉献的无名英雄,而是让叽叽喳喳、华而不实、只做表面文章的人得意得奖,其结果只会是更多的人都不愿意去埋头苦干,而是转向做表面文章,投机钻营。奖励只有以实干、实绩为依据,才能服众,方可起到激励作用。

二、奖励创新

创新是一个民族的不竭动力,是一个单位尤其是企业生存发展和取得业绩的活力源泉。特别是对于企业来说,最重要的资本不是金钱,也不是厂房、设备,而是主意、是点子,是创新和革新。领导者要注重奖励创新,真正做到凡创新必奖,大创新大奖,小创新小奖。通过对创新的奖励,营造单位创新氛围,激励和激发员工创新意识,鞭挞因循守旧、墨守成规、惧怕变革、不求进取的思想行为。鼓励创新竞争,以竞争促创新。奖励创新,要求领导者要善于洞察和发现创新。既要为员工创造有助于发挥创造性的工作环境,对成功的创新给予全方位支持;又要对于创新失败的员工予以包容,允许创新者犯错误,以保护员工创新的积极性。

三、奖励忠诚

忠诚是一种优秀品质。作为公民要忠诚于自己的祖国,作为员工要忠诚于自己的组织(企业、单位)。领导者要善于通过奖励手段,激励和培养员工对事业的忠诚,对组织(企业、单位)的忠诚。尤其是企业领导者,更应注意运用奖励手段培养员工对企业的忠诚,让员工牢固树立同企业共兴衰、同命运的忠诚精神,处处维护和捍卫企业的利益。每个组织、每家企业都需要忠诚和奖励忠诚。领导者如何做到奖励忠诚呢? 一是以诚换诚。人心换人心,黄土变成金。领导者赞扬职工、奖赏职工,态度一定要真诚实在,发自内心,使职工从心里感受到领导是在真心赞扬自己、尊重自己,即使奖励不多,他也会高兴的。二是坦诚关爱。领导者对员工要坦诚,要忠诚于员工利益,真正关心和爱护员工。让员工深切感受到领导者处处为员工谋福利,事事关心和爱护员工,以建立起相互的信任,特别是员工对领导者的信任。只有领导者忠诚和关心员工,员工才会忠诚和关心企业。三是及时多样。领导者要多形式及时奖励对组织忠诚的员工。让表现优秀、做出贡献的员工取得更好职位、获得更好待遇、得到更多褒奖,用奖励告诉每一位员工,谁对组织、对企业忠诚,谁就会得到组织和企业的奖励和提携。

四、奖励团结合作

在科学技术日新月异、生产社会化日益加快的当今社会,单枪匹马、单打独斗的个人英雄主义很难成就事业和适应时代发展需要。领导者通过奖励手段培养员工的团队意识、协作精神和集体主义思想已显得越来越重要。一个组织、一家企业,在其内部坚持合理冲突的情况下,首先奖励的应是具有团队精神和全力工作的员工。

这就要求领导者做到：一要使员工之间的工作相互依赖，使员工清楚个人的工作都只是总体工作的构成要素，只有所有的人都共同努力才能完成总体工作任务，单个人是不可能完成总体工作的，只有相互合作才能达到共同目标；二要根据个人或组织对全局做出的贡献和相互帮助的情况给予奖励；三要建立和创造一个良好的合作气氛，使人们具备这样的姿态："假如事情没做好，我说这是我做的；假如事情做得比较好，我说这是我们做的；假如事情确实做好了，我说这是你们做的。"领导者对员工的奖励，切忌离开团队精神去奖励个人英雄主义和极端个人主义。

五、奖励机智冒险

市场经济充满了竞争与风险，只有具备机智冒险精神，敢于冒险的人，才有可能开拓市场，抢占先机，获得高回报。缺乏冒险精神，讲求四平八稳，前怕狼后怕虎，干工作缩手缩脚，是不可能开创新局面、获得高回报的。领导者要大胆奖励冒险精神，鼓励员工不畏风险，勇于冒险，越是风险越向前。领导者对员工因合理冒险而导致失误、失败时，要帮助其总结教训，查找原因，给予宽容和理解，不要一味指责，更不要当事后诸葛亮。领导者不仅要鼓励员工冒险，更要教育员工合理避险，学会化险为夷、规避风险，降低冒险成本，避免鲁莽蛮干、盲目冒险。

六、奖励着眼长远

领导者奖励时不能鼓励人们急功近利，只顾目前利益，而应着眼长远，谋求可持续发展。领导者在奖励时，一要在较长的时间内评价人，对一贯表现良好的人给予重奖；二要确定对组织成功至关重要的战略性目标，并奖励为实现战略目标做出贡献的员工；三要奖励着眼于长远发展的人，对于急功近利、给公司发展留下隐患的人则不能奖励。

第三节　奖励的艺术

一、奖励要及时

奖励要及时。一个人在做出成绩和贡献时，希望得到领导者的奖赏和社会的肯定，这种肯定和奖赏越直接、越及时，效果越好。员工取得成绩后领导者要及时予以奖励，最好做到员工什么时候做出成绩就什么时候给予奖励，这样奖励可起到及时鼓励和激励被奖者的作用，对其他员工也具有导向作用。如果奖励不及时，时过境迁了再去奖励，奖励的鼓励与激励作用就会大打折扣，甚至失去应有的作用。如有的企业对职工的奖励不及时，集中到年终一次性进行，做了好事的职工早已心随境迁，没了那股热劲。

二、奖励要多样

奖励的方式、形式和途径应多种多样，切忌过于单一。领导者要根据工作需要、具体情况和不同的对象，对员工予以多种方式和多种形式的奖励。奖励的形式、方法应与时俱进，多种多样，因时因地因人而异，什么样的奖励方式最能调动员工积极性、最有利于实现组织目标，就采取什么形式的奖励。奖励既要注重物质奖励，又要重视精神奖励。物质奖励要多样，如奖现金、奖物资，或奖旅游等。精神奖励也要多样化，如给予荣誉称号、发获奖证书、上光荣榜、在电视或报纸上进行宣传、以个人名字命名、提拔担任更重要的工作、给机会深造等。

三、奖励要规范

奖励方法可以多样，但奖励制度要规范。奖励要成为一种制度，长期坚持不间断。对先进个人和优秀事迹要定期和不定期进行奖励，不要忽冷忽热，时有时断，而应制度化、经常化。奖励形式、奖励方式、奖励手段和奖励途径可以灵活多样，但要规范，要相对稳定，领导者不可随心所欲，更不可一时心血来潮，头脑发热，想怎么奖就怎么奖。也不要因为领导者变更或领导者的偏好而随意改变单位的奖励制度和奖励办法。这样做的结果会影响员工对奖励的预期效果，削减奖励对员工的鼓励和激励作用。

四、奖励要公正

奖励要公正，不分亲疏远近，一视同仁。如果奖励不公正，有亲有疏，有功者不奖，无功者反而受禄，不但对做出贡献者的积极性是个打击，对其他人的积极性也是打击。奖励关系到企业人心向背，奖励得人心企业才会兴旺发达。人心一杆秤，领导者如何奖励，就看你公正不公正。奖励公正要做到论功行赏，有功必奖，无功不奖，功大大奖，功小小奖，突出贡献重奖。只有这样，才能鼓励员工努力工作，争做贡献创佳绩。如果奖励不当，小功大奖，大功小奖，无功领赏，不仅达不到奖励的目的，而且还会败坏奖励的声誉，倒不如不奖。

"论功行赏"，首先要杜绝平均主义。奖金不能干好干坏一个样、干与不干一个样、干多干少一个样，人人有奖品，个个得"红包"。既要防止照顾性的"论功"，又不要出现轮流式的"行赏"。其次，"论功行赏"时要相信群众，走群众路线，把群众的测评与领导的意见统一起来考虑。最后，领导者切忌把"行赏"当成贿赂或拉拢朋党的手段。不按原则的"论功行赏"，只会挫伤人们的积极性和创造性，不利于激励员工潜在能力的发挥。

五、奖励要准确

奖励既是一种重要的领导艺术,又是一种严肃的管理方法。一方面,领导者奖励什么人,奖励者取得了什么业绩,给予什么样的奖励都要非常具体明了。只有这样才能使大家明白领导者倡导和奖励什么,被奖励者为何得奖,人们怎样才能获奖,奖励才能起到导向和激励作用。另一方面,奖励要做到准确无误,对被奖励者的事迹、业绩要准确核实,做到群众公认,受得起实践检验,经得起历史考验。奖励要防止弄虚作假、欺骗冒称,切忌误奖、滥奖、乱奖。

六、奖励要公开

奖励必须公开透明,奖得光明正大。奖励的目的,既是为了肯定、鼓励和激励被奖者所做出的成绩,并希望发扬光大;也是鼓励和激励全体员工学习和仿效。如果奖励暗箱操作,极易产生神秘感,也很难保证奖励的公正性,还有可能导致员工相互猜疑,影响员工的工作积极性、单位团结,影响领导与群众的关系。更重要的是,获奖者拿了奖也无法理直气壮,奖励就很难起到鼓励和激励的作用。

七、奖励要注重先进性

奖励要注重先进性,只有表现突出,取得了群众公认的业绩才能予以奖励。只有这样的奖励才可以鼓励和激励人,才具有导向作用。尤其是重奖,更要注重先进性和典型性。但是,奖励先进要合理定位,先进的标准要适中,过高过低都会妨碍奖励的积极作用。奖励面不能太窄太小,如果一个单位获得奖励的人只是极少数,一方面被奖者要承载离群的巨大压力,另一方面对绝大多数员工来说,奖励可望而不可即,根本起不到鼓励和激励作用。所以奖励面不能太窄,要合理确定奖励范围,使奖励对广大员工起到导向作用。

◎ **案例 10 - 1**

美国有一个金香蕉的故事。福克斯波罗公司在早期,急需改造一项与公司前途攸关的技术。一天深夜,一位科学家拿了一台确能解决问题的原型机,闯进总裁的办公室。总裁看到这个主意非常妙,简直难以置信,就琢磨着怎样给予奖励。他弯下腰把办公桌的大多数抽屉都翻遍了,总算找到了一样东西,于是躬身对那位科学家说:"这个给你!"他手上拿的竟是一只香蕉,而这是他当时能拿得出的唯一奖酬了。自此以后,香蕉演化成小小的"金香蕉"形别针,作为该公司对科学成就的最高奖赏。尽管奖励微薄,但在那种特定的环境和条件下,由于做得及时,足以体现出礼轻情意重,具有极强的鼓舞作用。

◎ **案例 10 - 2**

日本有一名成功企业家,在年底的时候把公司最主要的骨干叫到办公室谈话。他问一个部门经理:"你今年 365 天在公司付出了多少天的时间?""报告总裁,全年度只有 10 天休假。"总裁忽然问道:"你结婚了吗?"部门经理回答:"结婚了。"总裁说:"你花这么多时间在我公司帮我奋斗,我要感谢你。"总裁奖给他 100 万日元,并说道:"这是给你的,也是给你太太的,祝你们新年快乐!"总裁又问:"你小孩几岁了?"部门经理答道:"一个 10 岁,一个 5 岁。"总裁说:"身为父亲的你,天天为公司卖命,陪孩子的时间非常少。"遂又给了 10 万日元。总裁再问:"你父母还健在吧?""我父母亲已经 70 多岁了。"总裁说:"没有你父母的养育,你不可能帮我创造出这么辉煌的成就,为了感谢你的父母亲……"最后又给了 10 万日元!部门经理感激地泪流满面,第二年,假期还没有结束就提早来上班了。

第十一章　惩罚的方法与艺术

惩罚和奖励一样，是一种常用和重要的领导方法。惩罚和奖励是对立统一的，奖功与罚过、奖勤与罚懒、奖能与罚庸应双管齐下，两手齐抓。这样才能激浊扬清、惩恶扬善，达到是非分明、功过两清、调动积极性的目的。惩罚的作用既可以使下属辨是非、懂规矩、守纪律，知道什么可以做、什么不能做；也能促使被惩罚者改过自新，知耻自勇，起到教育和警戒作用。惩罚作为一种领导方法和管理手段，是维护集体纪律的有效工具。领导者要认真学习和掌握惩罚的方法与艺术，善于运用惩罚手段纠正错误、震慑歪风邪气、克服不良现象，净化组织环境，实现领导工作目标。

第一节　惩罚概述

一、惩罚的含义

惩罚，表示惩戒、责罚、处罚，是对个人或集体的不良的品德行为或错误做出否定的评价，目的在于控制和促使其改正不良品德行为或错误。心理学认为：任何一个人知道自己犯了错的时候，内心都有一种要接受惩罚的准备，这是一种心理需求，只有为自己的愧疚承担了责任，才能得到心理的平衡。由此可见，领导者在尊重下属的前提下，合理适当地运用惩罚手段，能有效地帮助下属培养敢于负责、勇于纠错、高度自律的品质。

惩罚，一般分为批评、纪律处分、经济处罚和法律制裁四种方式。奖功必须罚过，奖勤必须罚懒，奖能必须罚庸。惩罚和奖励是构成激励机制的两个方面，两者是辩证统一、不可分开的。只奖不罚，就不能激浊扬清、惩恶扬善，也就不能达到是非分明、功过两清、调动积极性的目的。与奖励相比，惩罚是一种更难运用的领导艺术，掌握得好，会起到与表扬同等甚至更大的作用；掌握不好，也可能会伤害人的感情，影响群众或下属的积极性。因此，无论采用哪种惩罚方式，都要讲究方法和艺术。

二、惩罚的原则

(一)目的性原则

领导者使用惩罚手段时要明确,惩罚只是一种手段而绝非最终目的。惩戒的目的不在于"惩"而在于"戒","惩"只是一种方式,惩罚的目的是教育。所以,惩罚只注重一时的"惩"是不够的,而应该着眼于长远的教育意义,惩罚必须触及内心,让被惩罚者明辨是非对错,从中意识到自己的错误,从而明白以后什么该做、什么不该做。

惩罚的目的是为了惩前毖后、维护纪律,使被惩罚者改过自新,使其他人受到教育。如果这个目的不明确,领导者就可能滥用惩罚手段,甚至可能带有个人情绪、抱有偏见,产生"教训"下属的心理,这种惩罚的结果只会引起被惩罚者的反感和对立。一些教师在惩罚学生时不问清楚事情的来龙去脉就严厉批评,这样反而会激起学生的逆反心理,偏离了最初的教育目的。

(二)灵活性原则

要针对不同的时间、场合、违规程度,以及被惩罚对象的性格类型,机智灵活地选择不同的惩罚方式,而不能一成不变、千篇一律。比如,对初犯和屡犯者、对性格外向和性格内向者,惩罚的程度及方式应灵活掌握,有所区别。惩罚的目的是为了解决问题,如果达不到这个目的,惩罚就容易产生消极的作用。所以,领导者在运用惩罚手段时,一方面,要灵活把握惩罚的度和时机,注重惩罚的实际效果,防止产生副作用;另一方面,领导者不能孤立地使用惩罚手段,必须灵活地与说理、沟通、感化、激励等方法结合起来使用。

(三)因人施惩原则

惩罚作为一种教育手段,应遵循因材施教、因人而异原则。由于人都具有个别差异性,这就要求领导者在采用惩罚手段时,对待不同性格、不同年龄、不同性别的人采用不同的惩罚方法。为了确保惩罚的合理性和科学性,领导者在实施惩罚前要对被惩罚者充分了解,对于性格外向、大大咧咧的人应该当面指出错误所在;对于自尊心较强、内心较敏感者则不应该当众批评,还要注意言语尽量委婉;对于不同年龄阶段的人也要根据其年龄特征和承受能力进行适当的惩罚。

(四)正面性原则

领导者在对问题行为施以惩罚的同时,要告诉受罚者什么样的行为才是正确的,并要求他立即改正,产生正确的行为。如果惩罚只是一种形式,并没使受罚者的行为发生真正的变化,那么这样的惩罚就没有达到预期效果。惩罚要坚持正面引导原则,使被惩罚者不仅知道自己的行为错了,而且知道改正错误的正确方向。

(五)后续性原则

惩罚是对错误行为的否定,与奖励相比下属会难以接受,因此做好后续工作十分重要。主要是注意下属的情绪状态,以及惩罚后与下属进行思想情感沟通。领导者还要注意,当下属改正了错误,做出成绩时要给予奖励,不要一罚了之,对被惩罚者的进步视而不见。

三、惩罚的作用

(一)惩罚使人明辨是非

惩罚的作用,是通过对某种思想行为给予否定性的评价,引起被惩罚者羞愧、痛苦、焦虑、畏惧和悔恨,从而使其分清是非善恶、美丑正误,并通过努力去纠正不良行为习惯。心理学认为,一定程度的紧张、焦虑和畏惧是人的内驱力的重要源泉,而内驱力是人们行为的动力。英国著名教育家洛克在《漫话教育》一书中指出:善与恶,奖励与惩罚,是人的重要行为动机,是一切人类因之去工作、由之受指引的激励物和约束物,也应该用之于青少年。惩罚可以使人知道什么可以做、什么不能做,明确是非观念及权利和义务的关系。

(二)惩罚使人改过自新

当一个人因犯错误受到惩罚、付出代价时,会引起他深刻反思,吸取教训,改过自新。因为,一个人只有承认做错了事并接受惩罚,才有助于他正视错误,激励其改正错误,不再重犯类似错误。如果一个人不能或不愿正视惩罚,那么他就难以在正确的方向上前进。惩罚可以使犯了错误的人觉醒,能使人知耻,能催人奋进。

(三)惩罚有助于维护纪律

惩罚作为一种管理手段也是维护集体纪律的有效工具。惩罚维护了纪律的存在,在很大程度上保证了集体目标的实现。领导者对下属的过错如不进行必要惩罚,实质是对所犯过错的一种纵容。有人认为领导者不必惩罚,可以"晓之以理、动之以情、导之以行"。但光有这个是不够的,往往是一厢情愿,过于理想化。在实际领导工作中经常会遇到一些不服从组织纪律、不遵守规章制度的下属,你单纯靠说理教育和以情动人是无法让他真正认识到自己错误的。只有及时对错误行为进行有理有节的惩罚,才能使犯错误者吸取教训,改正错误,并教育影响他人。

第二节　惩罚的方法

一、惩罚要公正合理

所谓公正,就是惩罚要坚持和体现人人平等原则。惩罚的公正性应体现在面对犯同样错误的人不能厚此薄彼,要一视同仁,对事不对人,纪律规章面前人人平等。诸葛亮总结了著名的惩罚三原则:一曰严,二曰平,三曰劝诫明。这三点是衡量惩罚是否得当的标准。而"平"则是这三条的核心。平与不平主要是看领导者对自己的亲属、亲信、亲近的人持什么态度。"王子犯法,与庶民同罪。"古代一些精明的领导者深明此理,罚不避亲,争得了民心。现代领导者更应该有罚不避亲的觉悟和胸怀。领导者如果在实施惩罚时不分是非,因人而异,庇护自己人,就会失去群众,威信扫地。

所谓合理,就是要在惩之有据的前提下做到罚之有度。根据犯错误的情节和后果,该批评的批评,该处理的处理,对犯错程度不同的人进行不同程度的对等惩罚。一般来说,只要错误不太严重,就不宜给重处罚。特别是对下属在独立探索中出现的失误或失败,能不惩罚的就不惩罚,更多的是要给予热情鼓励和具体帮助。

二、惩罚要客观准确

惩罚是一件非常严肃的事情,领导者在对下属做出惩罚决定之前,必须以负责的态度,弄清被惩罚者的错误事实、原因、结果甚至每一个细节,然后再根据有无犯错误的动机、错误带来的后果、改正错误的态度等客观情况,决定惩罚的方式。领导者绝不能道听途说,捕风捉影;也不能偏听个别人的反映,或攻其一点,不及其余。

三、惩罚要辅之关爱

惩罚的目的是为了教育人、帮助人。领导者不能为惩罚而惩罚,而要从关心爱护的愿望出发,开诚心、布公道。坚持"惩前毖后,治病救人"的方针,达到既弄清思想又团结同志的目的。领导者实施惩罚,要力戒居高临下、盛气凌人的态势,而应与人为善,晓之以理,动之以情,并多作一些"移情式理解"、换位式思考,即将心比心、设身处地地替受惩罚者想一想。领导者要用爱心感化被惩罚者,让其从心底理解领导者"爱之深,恨之切"的心情,从内心深处愿意改正自己的错误。只有这样,惩罚对象才能感到心服口服,受惩而无怨,才能达到惩罚的目的。

四、惩罚要果断及时

惩罚要果断及时,一旦发现有违法乱纪等错误和不良行为,领导者应当机立断、毫不含糊地进行处罚。惩罚要趁热打铁,才能收到立竿见影之效,才能使违法违纪之人和未违法违纪之人立刻看到,不遵纪守法的害处和损失,起到警戒的作用。如果领导者对本该惩罚的错误和不良行为,当断不断,犹豫不决,时过境迁了,惩罚就难以奏效。及时惩罚不仅有利于被惩罚者及时改进,吸取教训,防止错误行为蔓延和扩大,而且及时惩罚、"抓个正着",有利于防止被惩罚者狡辩,抗拒惩罚。

五、惩罚要对症下药

科学的惩罚总是针对不同的错误性质、程度以及违反者的个性特征,因人因事机智灵活地选择不同的惩罚措施,达到"惩罚一次,杜绝一类错误行为;惩罚一人,教育一大片",从而达到良好的预期效果。惩罚要对症下药,就是针对错误行为进行矫正。针对违反规章制度如上班迟到、早退或旷工,给予纪律处分和扣罚相应奖金或工资;对责任心不强或违规操作等酿成生产安全事故或财产损失的,要依规依法相应予以严厉处罚。

六、惩罚宜少不多宜

惩罚具有很大杀伤力,大多数人惧怕或不愿受惩罚。因此,领导者应力求避免惩罚下属,尤其要尽量减少连续惩罚。领导者切忌在下属面前经常挥舞惩罚大棒,更不要泛用惩罚。惩罚是不得已而为之的办法,只有到万不得已,不得不采用才能采用,即使采用惩罚手段时,也要点到为止,以下属能对问题行为进行反思为准。惩罚的人或事宜少不宜多,能少罚则少罚。如果惩罚司空见惯,领导者动不动就挥舞惩罚大棒,员工就会产生不以为然的心理。如果一个人经常受惩罚,一身背几个处分,他就有可能索性豁出去了,破罐子破摔。在一个单位,当某种不良倾向已经成为一种普遍现象时,惩罚尤其应当慎重,可先处理"重点人",处分的人不能太多,否则大家的压力感就小了,有时还会使受处罚的人纠集在一起,不利于对他们的批评教育。因此,可惩罚可不惩罚的,最好不给惩罚;可轻可重的,一般应从轻处罚。

七、首次惩罚要慎重

所谓首次惩罚,讲的是一个人在一个单位所受到的第一次批评、处分等。首次惩罚作为第一印象对人们今后的情绪、工作都会产生较大影响,甚至毕生影响。一般来说,首次惩罚应个别进行,不宜公开点名;只要错误不太严重,处分宜轻不宜重;语言要温和,不要尖锐。首次惩罚后,思想工作要及时跟进,无情惩罚,有情操作,领导者要及时了解被惩罚者的思想情绪与态度,鼓励被罚者放下包袱,改正错误,争取进步。

第三节　惩罚的艺术

一、正确处理教与罚关系,教重于罚

惩罚是把双刃剑,是一种危险的、高难度的教育技巧,弄不好会伤害人。越是惩罚,越要尊重人。惩罚必须在尊重人的基础上采用恰当的方法唤起其内心的荣誉、羞耻、同情、悔恨等感受,让其心悦诚服。真正的惩罚艺术要用心去体验,是和风细雨、滋润心田,对人是一种唤醒、一种鞭策、一种激励,也是一种压力。

惩罚不是目的,惩罚是更好地教育和激励下属的手段。领导者要坚持思想教育在先,惩罚在后;思想教育为主,惩罚为辅;以防为主,防惩结合,教惩结合,不能为惩罚而惩罚。要从教育人、挽救人、调动人的积极性的目的出发,把教育与惩处紧密结

合起来。实施惩罚时,要"重重举起,轻轻放下",平时教育从严,处罚从宽,思想批评从严,组织处理从宽,重教轻罚。领导者运用惩罚前,如果不预告警示,势必使部下产生无过受罚之感,弄得人心惶惶,进而离心离德,背道而驰。所以,领导者要先教后罚,多教少罚,这样不仅能使犯错误的人减少,而且还能使人们心服口服。

二、正确处理法与罚关系,罚前有法

奖赏是以功绩为依据的,惩罚是以过失为依据的。法令是人们的行为界定的规则,是维护人们正常生活、工作等秩序的手段,也是判定人们过失大小的依据。领导者要先有法而后才有惩罚,惩罚要有法可依。没有法令惩罚就没有标准,也就没有真正的惩罚。所以,领导者在实施惩罚前,必须首先制定有关法律法规,让下属有明确的行动准则和禁界,以自觉维护正常的工作秩序,然后方能对违犯者依法惩处。否则,就不足以儆众、服众,难以达到惩罚的目的。

三、正确处理罚与情关系,情罚交融

对下属的错误与不良行为,惩罚是必要的,要坚持原则不手软。但应做到无情惩罚,有情操作。常言道:"无情未必真豪杰。"领导者对有过失被惩罚的下属,不能一罚了之,更不能疏远歧视,而要更加尊重亲近,热情关心他们的实际生活,为其排忧解难,让其充分体会到领导的温暖。但这不能以丧失原则为代价,既要讲人情味,又不能失去原则性。否则,对违法乱纪的人,不绳之以罚,反而以"情"为筹码捂盖子,照顾关系和面子,该批评的不批评,应处分的不处分,大事化小,小事化了,最后不了了之,不仅不能使下属吸取教训、引以为戒,反而会助长歪风邪气,丧失制度、法令的严肃性和威慑力,降低领导者的权威性和号召力。因此,领导者切不可把人情味庸俗化。人情味要讲,原则性更要讲。只有坚持原则性,人情味才能更有效,更具有教育性和感召力。

四、正确处理宽与严关系,宽严适度

领导者惩罚犯错误的下属要严格掌握惩罚的度,宽严相济。对待犯错误的下属,要像医生对待病人一样根据病情,找出原因,说明其危害程度和严重性,对症下药。领导者对犯错误的下属,一定要进行全面、历史、具体的分析考察。分析其错误的性质和情节,区别是偶然还是一贯,考察其一贯表现及认错态度,再根据错误的大小、性质及危害程度,区别对待。需经济惩罚的则经济惩罚,该行政处分的要行政处分。对各种主观努力、真心实意想把工作做好,但由于种种原因致使工作发生失误的,要从宽对待。宽容既是一种温柔的力量,可以温暖被惩罚者的心灵,宽容也是一缕阳光,可以照亮被惩罚者的心田。领导者只有懂得宽容下属犯的错误,才不会在用语上冷言讥讽、态度上怒形于色、方式上大动干戈、措施上风刀霜剑。领导者在进

行惩罚时,一味地过宽或过严、过轻或过重,都会削弱惩罚的效果。过宽,不足以制止不良行为;过严,会造成逆反心理,不仅起不到惩罚的作用,反而会适得其反。领导者对人对事,该宽该严,都不能从自己的主观好恶出发,更不能感情用事,应做到"当赏者,虽仇怨必录;当罚者,虽父子不舍"。领导者只有铁面无私、宽严公道、坚持原则、从实际出发,才能使惩罚使用得当,起到激励下属的积极性作用。

五、正确处理罚与理关系,罚后明理

惩罚兑现之后,不论是行政纪律处分,还是经济处罚手段,都代替不了必要的思想政治工作。有的领导者对下属的不良行为,动不动就以处分、罚款、扣奖金了事,以罚代教,结果造成不良影响,甚至导致领导者同群众的对立情绪。必要的处罚做出以后,事情并没有完结,领导者要把思想工作跟上去,具体指出他错在哪里,帮助其查找犯错误的思想根源,让其真正认识自己的错误,使其增强改正错误的决心和信心,并为其改正错误创造条件。

◎ **案例 11 - 1**

一个编辑,在县报干了 10 年未获提升,5 年前报社精减人员,他以失败者的身份应聘到省城的一家媒体工作,只用了 3 年,便成了编辑部主任。在县报,编辑如果出了差错,错一个字扣 3 元,事实性差错扣 5 元,即使把领导职务排错,最多只扣 50 元。但在省报错一个字扣 50 元,事实性差错扣 300 元,如果出现领导职务排错,那么就不是用钱可以惩罚的了。在省报担任编辑的两年,他被扣了 2000 多元,都是些小差错。两年前,他在排一则十分重要的新闻中少了一个领导人的名字。老总对他一阵臭骂,政府宣传部门出示了警告通知。在巨大的压力下,他没有倒下。在此后的新闻编辑过程中,他再也没有出现差错了,并被提拔。为什么出了大错反而提拔?编委会认为他受到了报社创刊以来最严重的警告,而一个人能够承受这样大的压力,非常可贵。假如没有这一次惩罚,他可能仍然继续着那些不大不小的错误。许多时候,一个人如果没有受到过惩罚,那么他的性格就会缺少一种叫作坚强的基因。

◎ **案例 11 - 2**

有个叫史密斯的先生有五个孩子,孩子们整天叽叽喳喳,好像一群小鸟,有时候招人喜欢,有时候却叫人烦透了。因为五个孩子都很调皮,遇到事情非要问到底不可。有一天史密斯先生刚回家,他的太太就迎上来说:"快去看看你的孩子们吧,他们快把屋子给拆了。"史密斯先生一看,屋子里乱七八糟的,玩具和废物到处都是。他分别问了五个孩子,前四个因为好奇,损坏了东西,他不仅没惩罚,而且给予了鼓励和教育引导。小儿子威廉笑着拉住史密斯的手说:"爸爸,您该奖励我,我今天什么错都没有犯!""喔,那你什么都没有做?这不好,孩子。"然后史密斯先生很严肃地

说:"我来告诉你犯了什么错误——你浪费了一天的时间,这就是你最大的错误! 在劳动和探索中犯错,错误是可以原谅的,如果害怕犯错误而什么也不干,这样的错误是不能原谅的。那么我就罚你认真思考你的错误,另外再把屋子收拾好,去吧。"这个故事表明,领导者不应惩罚因改革创新而失败与犯错的下属。我们在生活中或工作是不是经常遇到这样的事情,你又是如何做的呢? 我们的身边是不是也有这样的家长?

第十二章　语言表达的方法与艺术

　　良好的语言表达能力与口才是成功领导者不可缺少的重要资本。领导者口才、辩才俱佳，出口成章，有利于展示领导者的文化品位、人格魅力和性格风采，提高领导者的感召力与亲和力。领导者良好的语言表达能力与口才，并非与生俱来的，也不是从天上掉下来的，而是由其品德、学识、才能等多种因素与社会实践所形成的。领导者只有努力学习，注重实践，加强修养，才能掌握语言表达的方法与艺术，提高语言表达能力。

第一节　语言表达能力概述

一、语言表达能力在领导工作中的重要作用

（一）语言表达能力是履行领导职能的基本条件

　　纵观古今，横看中外，良好的口才与语言表达能力都是成功领导者不可缺少的重要资本。古今中外的政治家、军事家、外交家、社会活动家，大多思维敏捷、口齿伶俐、善于语言表达。斯大林曾经这样描述列宁的演说："使我佩服的是列宁演说中那种不可战胜的逻辑力量，这种逻辑力量虽然有些枯燥，但是紧紧地抓住听众，一步一步地感动听众，然后把听众俘虏得一个不剩。列宁演说中的逻辑好像是万能的触角，从各方面把你钳住，使你无法脱身，你不是投降，就是完全失败。"要达到伟人的这种语言魅力，诚然不是一日之功。但只要善于学习，善于积累，善于总结，持之以恒，必对自己口才提高是有很大帮助的。

　　领导者在组织内处于统领和指挥地位，对下属具有引导、指导、领导和导向作用。领导工作主要是同人打交道、做人的工作，而语言是人与人之间交流思想最重要的工具。领导者要实现其工作目标，首要的是要号召群众、吸引群众、激励群众、感染群众、凝聚群众。要做到这一点，要求领导者有较好的语言表达能力和沟通能力，其语言要能吸引人、说服人、教育人、感召人、激励人、影响人，这是做好领导工作必备的基本功。

　　首先，就其工作性质来讲，领导者是指挥员不是战斗员，不可能也不能事必躬

亲。领导者肩负着执行党和国家的路线、方针、政策,制定本地区、本部门的发展战略,率领部属和群众,实现领导目标的重任。作为领导者,要善于把领导工作的意图、意志、指标体系、工作措施和手段,通过语言传导给下属、群众或公众。领导者要想把人带好,把事情调理好,把物管理好,必须导之于言而施之于行。总之,整个领导活动和领导工作过程,都离不开领导者的讲话,都需要领导者具备良好的口才和语言表达能力。如果领导者不善于言辞,缺乏语言表达能力与艺术,也就不可能实现其有效领导,更不可能成为成功的领导者。

其次,就其工作对象来说,领导者以做人的工作为主要内容。领导者需要激发群众的工作热情、调动群众的积极性,使群众围绕自己的意图去实现组织目标,而这些都离不开领导者有理、有力、有利、有序的动员号召。这自然需要领导者具有较强的语言交流和感情沟通能力,才能动员群众、组织群众、鼓舞群众,带领群众去实现领导工作目标。

再次,就其工作成效来讲,领导者起着影响一片、感召一群、决定一方的重要作用。领导者要发挥好这个作用,不仅要能干会干,但更多的是要善于说服和善于指挥、率领、引导大家一起干。领导者若只善于干,而不善于说服、动员、教育与引导下属,那只是"将"而不是"帅",只是"僚"而不是"官",是很难实现领导工作目标的。一个出色的领导者、管理者,如果能够在特定的环境和必要的场合,做到口才、辩才俱佳,才能更好地展示和表现出领导者特有的领导风度、优雅、大家风范、文化品位、人格魅力和性格风采,提高领导者、管理者的凝聚力、感召力与亲和力。能说会道、能言善辩、口才卓越、语言表达能力强,越来越成为成功领导者的独特优势。

理论和实践表明,领导者良好的口才与语言表达能力,是领导工作取得成效与成功的重要保证。领导者口才良好、语言表达能力强,既可以赢得下属的拥戴,又能让竞争对手佩服,还能使敌人陷入被动,也有利于使艰难的谈判打破僵局,使困境得以缓和,化干戈为玉帛,变被动为主动。正如美国人类行为科学研究者汤姆士所说:说话的能力是成名的捷径。它能使人显赫,鹤立鸡群。能言善辩的人,往往使人尊敬,受人爱戴,得人拥护。它使一个人的才学充分拓展,熠熠生辉,事半功倍,业绩卓著。他甚至断言:发生在成功人物身上的奇迹,一半是由口才创造的。

(二)语言表达能力是领导者必备的基本素质

良好的口才与语言表达能力是领导者必备的重要素质。现在一讲到领导者素质,大家都会想到"四化"(革命化、年轻化、知识化、专业化)方针和德才兼备原则。但人们对"四化"方针和德才兼备原则内涵的理解并不完全到位。"四化"方针和德才兼备原则的内涵是什么?又如何实现和体现?这都离不开领导者良好的口才与语言表达能力,都需要良好的口才与语言表达能力去展示和实现。我们常说有德无才干不了大事、有才无德会干坏事,但这还不够,还需要补充一句,没有好的口才与语言表达能力也干不了、干不成事。可以设想,一个品德高尚、才华出众的人,如果语言表达能力欠缺，说话结巴、口齿不清，有道理讲不明，能当好领导、能取得领导工作的成功与成效吗？领导工作的特殊性，决定了口才与语言表达能力的重要性。它不仅是领导者能力、人格、素质的外化，而且是达到工作目标的重要手段，同时还是领导者影响力大小的一个重要方面。

领导风度作为一种气质、性格的外在表现，由领导者的神态、举止、言谈所构成。良好的领导风度，需要通过与之相适应的神态、举止和言谈来体现。诸如神态上的自信、庄重、冷静；举止上的文雅、稳重、洒脱；尤其是言谈上的智慧、机敏、诚恳等。智慧的言辞又最利于表现领导者老练的风度。老练是领导者沉着冷静、才思敏捷和富于经验的代名词，体现这种沉着冷静、才思敏捷和富于经验的最主要的形式便是富于智慧的言谈和语言。有的领导者在表达一种思想或揭露问题时，言简意赅、语言犀利、切中要害，以致令对手语塞、甘拜下风；有的领导者善于机敏巧妙地回答任何难题，既应对自如，又无懈可击。口才教育专家指出：一个人的成功，15％取决于知识和技术，85％取决于沟通——发表自己意见的能力和激发他人热忱的能力。

（三）语言表达艺术有利于融洽干群关系

语言是领导者同群众交际交往最重要的工具。"听君一席话，胜读十年书"，"良言一句三冬暖，恶语伤人六月寒"，都说明了语言表达艺术的重要。同一个问题，在不同的场合、不同的对象，用不同的语言方式、语言内容和语言技巧，便会产生截然不同的效果。"能言利齿安天下，说退群雄百万兵。"语言功用由此可见。它不只是一种表达技巧，而且是一种思维的艺术，是智慧与情趣的闪光。同是一张稿纸，有的人写出的文章言辞枯涩、索然寡味，有的人运用语言的技巧却十分精妙独到，笔底生辉。例如，描风景，如诗如画；写人物，形神毕肖；述情节，波澜起伏；抒情感，酣畅淋漓；表思想，隽永深邃；状生活，妙趣横生。语言的美学价值在于形象与生动。它能把静的变动，死的变活，抽象变具体，无形变有形。

在社会阶层分化、价值观多元化、利益矛盾多样化的今天，领导者良好的口才与语言表达能力，有利于沟通思想、传递信息、表明意图、实现目标，对于做领导工作越来越具有举足轻重的作用。领导者良好的口才与语言表达艺术，可以使干群之间的误会得以澄清，隔阂得以消除，矛盾得到化解，情感更为融洽，有助于营造和谐的干群关系。如果领导者在做工作时，话不投机，语不到位，方法不当，就容易激化矛盾，把事情搞糟，这样的例子可谓屡见不鲜；如果领导者不善于了解群众心理，不善于运用语言技巧，不讲方式方法，不看对象、场合，滥发议论，使群众把领导者的话不当一回事的事例也并不少见；如果领导者的好心不为下属理解，善意得不到下属的认同，"以其昏昏，使人昭昭"，不善于做深入细致、入情入理的思想工作，其结果是事倍功半的例子更是屡见不鲜。因此，领导者应高度重视语言表达艺术，不断提高自身语言表达能力和艺术，以吸引下属，营造和谐的干群关系。

二、提高语言表达能力的途径

(一)加强思想道德修养

言为心声,语言受思想支配,体现道德水准。领导者的世界观、人生观、价值观、权力观、生死观、道德观、苦乐观、审美观,必然支配其话语品位。如果人们称颂某领导者具有"良好的口才",这除了对领导者语言技巧上的赞美之外,也包含了对领导者说话所表达出来的正确的观念、信念和人格品位的赞赏。因为,正确的观念、信念、人格品位,是良好口才不可缺少的深层次的思想道德基础。语言的艺术性是受正确的观念、信念、人格品位支配的,其中,信念又显得特别重要。当领导者将自己确信的观点、原则和理论当作行为动力的时候,信念往往首先从语言上呈现出来。例如,令全国人民感动、为全国人民称颂的朱镕基 1998 年刚刚当选中华人民共和国总理后,面对中外记者所讲的"不管前面是地雷阵还是万丈深渊,我都将勇往直前,义无反顾,鞠躬尽瘁,死而后已",就是朱镕基总理坚定信念最好的诠释和展现。

对于领导者来说,其道德素养与其语言表达艺术和修养是密不可分的,语言表达在一定程度上代表和反映着领导者的道德水准。道德水准高尚的人,语言表达自然也会高尚,古今中外莫过如此。例如,周恩来总理的语言表达艺术是有口皆碑的,他的成功,一个很重要的因素就是他有着崇高的道德品质。美国前总统尼克松曾在他写的《领袖们》一书中对此做过评价:"周恩来的敏捷机智大大超过我们知道的其他任何一位世界领袖。这是中国独有的、特殊的品德,是多少世纪以来的历史发展和中国文明的结晶。他待人很谦虚,沉着坚定。他优雅的举止,直率而从容的姿态,都显示出巨大的魅力和泰然自若的风度。他从来不提高讲话的声调,不拍桌子,也不以中止谈判相威胁来迫使对方让步。他的手里有'牌'的时候,说话的声音反而更加柔和了,在谈话中,他四个特点给我留下了不可磨灭的印象:精力充沛,准备充分,谈判中显示出高超的技巧,在压力下表现得泰然自若。"尼克松对周恩来总理的这一高度评价说明:一个人的品德修养同他的语言表达有着非常密切的关系。

(二)加强科学文化学习

领导者良好的口才与语言表达能力,既不是与生俱来的,也不是从天上掉下来的,而是由其自身的品德、知识、才能等多种因素与社会实践相结合所形成的。领导者语言表达能力提高的过程,实质上是一个不断学习知识与积累知识的过程。领导者提高语言表达能力和讲话艺术,除了必须具有精湛的业务知识与技能外,还必须广泛涉猎自然科学、社会科学和人文科学知识。尤其要重视对文学和语言修辞的学习,掌握语言表达规律与技能,增强语言表达的逻辑性与趣味性,提高话语感染力和吸引力。

俗话说:"巧妇难为无米之炊。"语言表达中的"米",就是各种各样的"知识"。不管是社会科学知识与人文科学知识,还是自然科学知识,大到世界风云、尖端科技,小到趣闻轶事、民间笑话,都应注意猎取、随时积累。广博的知识是语言表达的物质基础,是语言表达"艺术大厦"的根基。如果知识贫乏、水平低下,语言表达起来就难免陷入"江郎才尽""黔驴技穷"的窘境。提高语言表达能力与艺术,千万不能忽视广泛吸收和积累知识这一"基础"工程。基础打好了,语言表达能力的提高才会水到渠成、顺理成章。

（三）加强工作实践锻炼

实践出真知,实践长才干。实践是领导干部提高语言表达能力与技巧的必由之路。一般来说,实践越多、阅历越丰富,语言表达能力也就越强。熟能生巧,讲的就是这个道理。通常,语言表达能力强的领导者大多有着丰富的社会阅历与实践经验。对于领导者来说,社会实践多了,阅历丰富,见多识广,就能从群众丰富的社会实践中吸取更多的语言营养,提高自身的语言表达能力和表达技巧。群众中蕴涵着生动语言艺术,群众在丰富的社会实践中创造着伟大的语言艺术。实践既是领导者提高语言表达能力与艺术的桥梁和纽带,又是领导者提高语言表达能力与艺术的必由之路。"巧妇难为无米之炊"令人遗憾,但"笨妇难为有米之炊"则更令人焦虑。作为领导者尽管你满腹经纶,但如果表达不出,或表达不好,"水壶里煮饺子,有货倒不出来",别说听众为你着急,就是你自己也常常会有种"嗓子眼冒烟"的感觉。要想改变这种状态,就必须注重实践锻炼,在实践中不断积累经验、增长语言表达能力与技巧。

领导者语言表达要有感染力和吸引力,不仅要敢讲真话,更要善于讲"新话"。心理学研究表明:人的大脑对各种信息的接收是有选择的。往往那些新、奇、特的与自己相关的事最能入耳、入脑。社会在进步,时代在发展,事物在变化;在人民群众现代化建设的伟大实践中,新的知识、新的信息、新的事物、新的情况、新的经验、新的成就,以及新的教训不断涌现,领导者只有深入到人民群众现代化建设的伟大实践中去,积极观察,认真学习,用心思考,立足时事热点,抓住社会焦点,才能讲出新的观点,展示出高超的语言表达艺术,才能紧紧抓住听众心理,牢牢吸引听众。

（四）加强自我心理调适

领导者要提高讲话水平和语言表达能力,除了有良好的思想修养、优化的知识结构、扎实的理论功底和高超的方法艺术外,还要注重自我心里调适,保持良好的心态。

首先,要克服自卑心理。自卑心理每个人都或多或少地存在,领导者也不例外。有的领导者讲话时,或多或少有些紧张或胆怯,存在担心讲不好,压不住阵的自卑心理,特别是向高层领导汇报、在大场面讲话更加突出。如果这种自卑心理得不到及时调适与克服,势必影响和妨碍领导者讲话水平的正常发挥。因此,作为一个领导者,自卑心理的调节和克服比一般群众显得更为重要。调节和克服自卑心理,就是要注重培养自我意识,增强自信心,不断在心里提醒自己不要自卑,不断进行自我暗示和自我激励,相信自己行,相信自己的讲话能吸引听众、征服人心。

其次,要克服过于张扬的表现欲。作为一个社会中人,人人都喜欢表现自己,领导者由于自身的特殊身份,更是如此。当然,作为一个领导者,需要有一定的自我表现意识和自我表现欲望,但是如果领导者表现欲过于强烈,就有可能自我表扬、自我吹嘘、得意忘形、忘乎所以,这是十分有害的心理障碍。领导者如何调节过强的表现欲,最重要的是要谦虚谨慎、客观评价自己,切不可自视甚高、千方百计表现自己,要明确说话目的,不是吹嘘自己,而是为了办好事情、做好工作。领导者要克服高调做人的过于张扬的心理。

最后,作为领导者,拥有机智文雅的谈吐是幸运的,但如果不会适时沉默,则是不可取的。一般地讲,会说话的人不一定是说话最多的人,话贵在精,多说无益,言多必有失,言多使人累,说话又少又好,是大有学问的。领导者为了使自己的说话为听众所重视,唯一的秘诀是要少说话。俗语说得好:"蛤蟆从晚叫到天亮,不会引人注意;公鸡只啼一声,人们就起身干活。"狄摩西尼曾说:"一条船可以由它发出的声音知道它是否破裂,一个人也可以由他的言论知道他是聪明还是愚昧。"在生活中,人们往往用内心的思想来评断自己,但是,下属却会以从领导者口里说出来的话来评断领导者。世界上第一架飞机的制造者莱特兄弟试飞成功后,前往欧洲旅行。在法国的一次欢迎酒会上,各界人士聚集一堂,再三邀请莱特演讲。他盛情难却,只好说:"据我所知,鸟类中会说话的只有鹦鹉,而鹦鹉是飞不高的。"这只有一句话的演讲,却博得了经久不息的掌声。领导者要克服喋喋不休、好为人师的心理。

（五）加强语言表达技巧

提高语言表达技巧是一门综合艺术。它不仅涉及讲话者的身份、地位、时间、地点、对象、内容、方式、方法等诸多方面,而且在语言表达的具体过程中,讲话者的形象、态势、风度、格调、语法、修辞等,对增强领导者的语言表达效果也很重要。因此,领导者应注重提高语言表达的方法与技巧,尤其要善于运用语言表达的辅助效果。

首先,要恰到好处地运用修辞手法。语法是研究句子的结构,而修辞则是增强表达的效果。领导者在讲话中,要做到深入浅出、寓教于乐,把抽象的理论用通俗生动的语言表达出来。一要有严密的逻辑性,不自相矛盾或概念不清;二要符合语法结构,防止别人产生误解和歧义;三要恰到好处地运用一些必要的修辞手法,如比喻、夸张、排比、对比、双关、设问、反问、对偶等来增强语言效果。有时可引用一些名言、名句、文言典故以及谚语、歇后语等民间语言,增强讲话的艺术美感。

其次,要注重气质和风度。良好的气质,是一个人文化素质、文明程度、思想品德、道德情操的外化。风度是内在气质的自然流露,它包含了一个人体形外貌上的总印象。良好的气质和风度,主要表现在饱满的精神状态、受欢迎的性格特征、流利文雅的谈吐、整洁洒脱的仪表,再配之以恰到好处的表情动作。要知道,领导者庄重朴实、富有震撼人心的魅力的讲话与不拘小节、无精打采、有气无力的讲话,其效果是截然不同的。

最后,要注意层次与格调。领导者讲话一定要层次分明,格调得体。要层次清楚,首先要思路清晰,熟悉讲稿,把握重点和要领。要注意对语音的把握,掌握必要的发音方法,吐字清晰,干脆利落,声调准确,自然流畅,不念错别字,不说外行话。在重音的运用上,把强调、突出、强化的字意表达清楚。在语言节奏上,要注意起伏跌宕,快慢有度,抑扬顿挫,变化多样,该快则快,该慢则慢,该停顿则停顿,断句要准确,少用长句,也不可像结巴一样随意断句。

第二节 语言表达的方法

一、言之有物

领导者的语言表达一定要做到言之有物,话语中肯。众所周知,人们最怕领导者讲话言之无物,不知所云。在一些会议或报告上,尽管台上领导者讲得津津有味、唾沫横飞,但台下听众却已困顿乏味、昏昏欲睡。原因不外乎领导者假话套话空话连篇,高谈阔论、虚无缥缈。因此,领导者不管是会议讲话、做报告,还是和下属谈话,无论长话或短话,都要注意语言的净化与纯化,避免言之无物、空洞乏味。要善于把握时机和听众的心理,不说与主题无关、重复啰唆的废话,不说言之无物、无的放矢的空话,不说违背事实、言不由衷的假话,不说"穿靴戴帽"的套话。当然,言之有物应与话语中肯相辅相成,才能达到吸引听众的效果。"至诚足以感人"说的就是这个道理。

二、言简意赅

领导者的语言表达要言简意赅,干脆利落,不拖泥带水;废弃空话套话,真正用简短精练的语言,给人以启迪,给人以鼓舞。领导者的语言要有时代气息,有时代感,不断吸取发展着的、创造性的思想营养和语言营养成分,以使自己的语言充满生机和活力,符合时代发展的整体要求。

有些领导者讲话或做报告,习惯于喋喋不休、滔滔不绝地高谈阔论,却又词不达意、语无伦次,让人听而生厌;有些领导者则喜欢夸大其词,侃侃而谈,不留余地。领导做报告如同"吹笛要按到眼儿上,敲鼓要敲到点儿上"的道理一样,说话要说在点子上。话不在多,点到就行。尤其是在生活节奏不断加快的现代社会中,又有多少人愿意花费大量的时间去听领导者的长篇大论呢?因此,领导者讲话一定要做到言简意赅,简洁精练,开门见山,一针见血,千万不要不知所云,东拉西扯。德国里登乃尔在《自由演讲的技巧》中指出:"听众在45分钟的演讲中,在前15分钟内获得较多的信息,而之后的30分钟则收益甚浅。"苏联文学家高尔基说,如果一个人说起话来长篇大论,这就说明他也不甚明了自己说些什么。一个喋喋不休爱说话的人,像一艘漏水的船,每一个搭客都会逃离它。同时,多说招怨,瞎说惹祸。所谓言多必有失、多言多败就是这个道理。总之,多言无益,点到为止最佳。

领导者讲话要想正确表达出自己的真实思想和感情,应注重讲话的朴素和简洁。林肯讲话用的字句是出了名的简洁和优美。在林肯当总统前,一次有人问他有多少财产。当时在场的人期待的答案多数是多少万美元、多少亩田地。然而林肯却扳着手指回答道:"我有一位妻子、一个儿子,都是无价之宝。此外,也租了一个办公室,室内有一张桌子、三把椅子,墙角还有一个大书架,架上的书值得每人一读。我本人又高又瘦,脸蛋很长,不会发福。我实在没有什么可依靠的,唯一可靠的财产就是——你们!"不仅自己这样,林肯也讨厌他人说话故作高深、晦涩难懂,这点特别值得人们借鉴和学习。

三、恰到好处

领导者讲话一定要注意收听对象和场合,做到适时、适情、适势、适机,一切以适度、恰当为原则。一般说来,不同的听众对象对同一句话会产生不同的反应,甚至会导致截然相反的效果。因此,领导者在讲话时,首先考虑听众的成分,并根据讲话对象的文化层次、知识水准、年龄性别、人数多少等因素,来考虑自己的讲话角度,把握讲话的理论深度和听众的接受程度,以抓住多数人的视听心理来组织安排,提高讲话对象的针对性。因为,不同的人接受他人意见的方式和敏感度是不同的。只有知己知彼,才能对症下药,收到最好的说话效果。一般来说,文化修养层次较高的人,不屑听肤浅、俗气的话,领导者应多用抽象的推理;文化修养层次较低的人,则对高深的理论不以为然,领导者应多用典型性的事例;而对于思想顽固的人,讲话者就要了解他的兴趣爱好,耐心交流。

讲话不看对象,好比是瞎子点灯,不注重场合同样是心猿意马,甚至还会闹出笑话。正是因为领导者在讲话、报告、请示、汇报、演说、谈心、讨论、谈判、表态、贺喜、治丧等众多场合有着千差万别的区分,所以在语言表达的手法、技巧、用词、语气、表情、风度等方面,要协调得体,择机而行。俗话说"进门看脸色,出门观天色","看菩萨,涂颜料","到什么山上唱什么歌",讲的就是这个道理。

四、风格独特

领导者讲话必须有自己的风格。一个人说话有自己的风格,讲话才容易吸引别人、打动别人,并产生独特的魅力。虽然某些场合有的人可利用自己的长相,或身体某种特殊之处,来引起别人注意,但这只能是暂时的,并不能真正吸引人们。现实生活中,我们不难发现,一个人的谈话风格,与别人交谈的方式,都能为他的名声和成功带来重要帮助。试想一下:如果一个领导者对下级讲话趾高气扬,甚至有鄙视的口吻,下级肯定会怨恨他;如果领导者对上级讲话过于谦恭,上级就可能认为他缺乏能力或者没有骨气,不敢委以重任。这其中,讲话的风格不仅仅能反映出一个人使用词汇的能力,更能反映出一个人的态度和修养。

领导者要想树立自己的讲话风格,说话就不要试图去模仿别人,更不应变化无常。这并不是说完全不能学习别人的讲话长处,关键是不要故意去模仿别人的风格或者说话的口吻,把自己当成别人,以免给人一种装腔作势的不良感觉。领导者要想树立自己的讲话风格,就必须保持真实,自己的个性是什么样就是什么样,真诚地对待每一个人,就会受到别人的认可和喜欢,从而慢慢形成自己说话的风格。

领导者的语言具有信赖度大、号召性强的特点,因而具有突出的鼓动性和感召力。成功的领导者总是善于利用具有感召力的语言艺术去工作,或用富于哲理的语言,扣人心弦,励人斗志,激起下属的热情,增强下属的信心。感召性与生动性是分不开的。领导者无论在什么场合下,都需要使用易被对方接受、鲜明生动的语言。领导者运用语言的生动性,一个最基本的要求就是要使用自己的语言。有些领导者往往愿意使用一些现代流行的套话,进行生拼硬凑,乍听起来挺"新鲜",实际上仔细回味起来,有的似是而非,很不准确。这些语言不仅不能给自己的语言增色,反而会使人生厌。

五、干练准确

首先,领导者讲话要把握好节奏,做到有快有慢、抑扬顿挫。领导者讲话不同于一般的普通人,只有体现出领导者的说话特性,才能充分发挥领导者口才的巨大作用。一般来说,口语节奏有如下语言效果:一是高亢铿锵的语调催人奋发,快急的语速使人激动、紧张,低沉的语音叫人深思和黯然神伤;二是慢的语速、轻的语音、抑的语调、长的句式、大的停顿、柔和的语词风格又可显示出安然、从容、平静、淡雅、严肃、沉重的情感色彩,从而使对象不由自主地受到相应的情绪感染和影响,并产生相应的闲散、悠缓、恬适、庄重、深沉和悲痛的心理。在现实工作场景中,领导者要使听众自始至终都能精神饱满和有效地接受信息,使讲话、座谈、教学和演说获得理想的效果,就必须做到以下两点:一是在声音形式上,语音应有高有低,语调应有抑有扬,语速应有快有慢,吐字停顿应有长有短;二是在内容、风格和表达手法上,信息应有强有弱,主旨应有贴有离,文采应有浓有淡,风貌应有俗有雅,情与理应有穿插交错,论述与例证应有多种多样的逻辑格式展开等。

其次,领导者在社会活动中的特定地位,要求其语言表达必须慎重,讲究准确性和知识性,不能随心所欲、信口开河、随意草率。领导者对人的评价,对事物的判断,必须实事求是;下达指示、进行决策时一定要准确无误,一是一,二是二,坚定果断,切忌含糊不清。领导者在语言表达中应注意知识性、科学性、哲理性和逻辑性,既有历史的纵深感,又有现实的开阔感,能提供尽可能多的有用信息,以启人深思、促人奋发。只有这样,领导者的讲话才能令人信服,赢得他人钦佩。

第三节 语言表达的艺术

一、精心设计讲话开头语，引发听众好奇心

精心设计好开头语，引发听众的好奇心，是领导者讲话成功的开端。一般说来，在领导者讲话的最开始，听众的心理和注意力都比较集中，期望值高涨，这是引发听众好奇心的黄金时间段。因此，精心设计好开头语，对于吸引听众、引发听众的好奇心极为重要。开头语怎样设计？一是开头语不要过分自谦、自责，最好是单刀直入，开门见山，把主要内容、主要观点、基本要求和大致事由，用简练的语言告诉大家，不讲多余话。二要根据讲话的内容、环境、场合，善于应用新颖的手法，破除千人一腔的模式，以新颖的开头，引起群众的好奇心理，引人入胜，达到一开腔就扣人心弦的效果。

二、合理把握讲话时间，主次分明扣主题

众所周知，讲话精练受人欢迎，讲话啰唆使人厌恶。领导者在讲话时，一定要根据内容、主题、环境、对象、场合、时间等因素，注意把握好讲话的时间与篇幅。该长则长，该略则略，该省则省，宜简则简，宜细则细。领导者讲话重复啰唆，长篇大论，洋洋万言，结果只会使听众要么昏昏欲睡，要么窃窃私语，要么交头接耳，根本不会有什么好效果。因此，领导者不仅要倡导讲真话、说实话，而且要倡导讲新话、说短话。领导者在讲话时间的掌握上一定要合理，讲话篇幅的安排上一定要适当，真正做到能简则简，该短则短，言简意赅，干脆利落，开门见山，直奔主题。

领导者讲话不能跑题，不能离开中心，这是领导讲话最基本的要诀。领导者讲话要善于围绕主题突出中心思想，尤其是长篇报告和限时讲话，千万不能东扯西拉，信口开河，不着边际。而要做到中心突出，紧扣主题，主次分明，详略得当，条理清楚，先讲什么、后讲什么、重点是什么，心中有数，游刃有余。

三、正确定位讲话身份，量身定做有分寸

领导者在讲话之前，一定要找准切入点，正确定位讲话的身份，讲究讲话的策略，注意讲话的分寸。大家都知道，领导者针对不同的场合、不同的环境、不同的岗位、不同的对象，所扮演的社会角色是不同的，这就要求领导者讲话一定要讲究分寸。譬如，领导者在办公室里跟下属讲话，一般来讲要保持亲切自然的态度，不能让下属过于紧张，以便更好地让对方领会自己的意思。在公开场合讲话，譬如在面对许多员工进行演讲、做报告时，就要威严有力，有震慑力。因此，领导者一定要正确把握各类情况下，把握好自己的身份、地位、讲话的角度和分寸，以及用时多少等的

定位。例如,从级别上看,自己的身份是上级、同级还是下级;从主次上看,自己的身份是主角还是配角,是主讲还是辅讲;从时间顺序上看,自己的身份是先讲还是后讲,是多讲还是少讲;从内容上看,自己的身份是对上请求还是对下要求,是表态还是发言,是讨论问题还是交心谈心,是对等谈判还是就职演说,是保密范围还是家喻户晓;从场合、气氛上看,是庄重严肃还是活泼喜庆。诸如这些,都要求领导者正确定位讲话身份,使自己的讲话做到量身定做有分寸,谨防讲话不妥、不当、不对、不够等有失分寸、有违身份的情况发生。

四、巧布讲话收尾局,耐人寻味留余韵

领导者讲话要想自始至终达到良好效果,巧布收尾局、精心设计结束语就显得极为重要。当然,文无定法,讲话结尾无定式,只要领导者讲话能达到言犹尽而意无穷的境界,就是好的结尾。要使结束语给人以深刻而精彩的印象,最好是在讲话内容达到高潮时,再以简洁、有力、感人、寻味的语句结束讲话,留余韵,而不留悬念,留启示,而不留疑惑。切忌虎头蛇尾,前紧后松,唠叨不止,有始无终。

五、语言表达讲策略,恰到好处收奇效

领导者讲话要做到使人有所学、有所获、有所求、有所悟,能给人思想认识上以启迪、精神境界上以升华,就要特别注意讲话的艺术与策略。领导者在不同时间、不同场合,面对不同对象,讲话时要运用不同的策略。有时要直言,有时要含蓄,有时要明确,有时模糊,有时要简洁,有时要"啰唆",等等。譬如,有些人性格外向,简单的交谈就能看出其心思,这类人心直口快、心计不多,与人相处能以诚相待,领导者同这类人讲话、谈心,就应直截了当、直言不讳,而不能遮遮掩掩,绕圈子。面对性格内向、自尊心、虚荣心极强的人,领导者讲话要委婉、含蓄,且留有余地,注意说话艺术。

一般说来,讲话直言不讳,刺激性较大,有可能伤及对方的自尊,甚至得罪人。而讲话含蓄隐含着尊重别人、尊重自己的意思。委婉的话更显得有礼貌、比较得体,让人听了轻松自在、愉快舒畅。因此,很多人不喜欢直言不讳的说话方式,多爱听委婉含蓄的话。需要强调指出的是,直言与含蓄这两种讲话策略,各有所长,各有所短,没有绝对的好,也没有绝对不好,关键在于领导者要灵活运用,不要生搬硬套。

六、语言表达要辩证,游刃有余争主动

领导者讲话要注重辩证法,不能非此即彼、过于绝对、犯片面性错误,讲话要留有余地,把握主动权,防止陷入被动。譬如,语言表达是明确还是模糊,不能绝对化和一成不变。在领导工作的语言表达中,究竟何时用模糊语,何时用明确语,则取决于讲话的目的、讲话时所处的情境和听众对象等。一般说来,领导者在阐述方针、政策、决策,布置工作任务和进行表扬时,用语一定要明确、准确,这样既可避免听众对

领导者讲话所阐述的内容在理解上发生歧义和疑义，又可以提高表扬的效力，从而激励被表扬者和大家的热情。而在批评人、给他人提意见，或遇到一些不便与他人交底的特别情况时，领导者讲话最好略带含糊，使用模糊语言，而不宜直来直去，更不要把话说白说绝说死。当然，明确与模糊这两种讲话策略都是相对的，不能千篇一律、一成不变。

又如，领导者讲话是简洁还是"啰唆"，也不能绝对化。莎士比亚说："简洁是智慧的灵魂，冗长是肤浅的藻饰。"一般说来，领导者讲话要简明扼要、一语中的，尽量不要颠来倒去，重复反复。不过，领导者必须懂得简洁不等于简单。在有些情况下，必要的重复、反复、"啰唆"也是需要的，有利于增加听者印象，提高视听的效果。

再如，领导者讲话要注意自谦，但谦虚的话应适时得当，过度谦虚就会滑向虚伪。古人云："谦，美德也，过谦则诈。"领导者讲话时一定要谦虚谨慎，因为谦虚会让别人容易接近。如果领导者讲话太张扬和咄咄逼人，下属就会敬而远之。当然，过分地谦虚，不讲场合地谦虚，则谦虚不仅会失去价值，下属也无法相信你，也会同你保持心理距离。

七、注重礼仪，增强语言亲和力

领导者讲话一定要遵循礼仪礼节，只有做到礼貌待人、彬彬有礼，讲话才有亲和力。

首先，称呼要得体。称呼是指人们在正常交往应酬中，彼此所采用的称谓语，是言语交际的先导。得体的称呼，不仅能体现对对方的尊敬和自身的文化素养，而且能拉近领导者与谈话者的距离。如果称呼不得体，会使双方陷入尴尬境地，消减领导者讲话的亲和力。领导者要特别讲究人际称呼的技巧。称呼一定要亲切、准确、合乎常规。一要做到有礼有节有序。一般来讲，与多人打招呼时，应以先长后幼、先上后下、先女后男、先生疏后熟识为宜。二要符合对方的年龄、性别、身份和职业等具体情况。例如，对年长者称呼要热情、谦恭、尊重；对同辈则要态度诚恳，表情自然，亲切友好；对年轻人要注意慈爱谦和，表达出喜爱和关心；对有较高职务或职称者，则要称呼其职务或职称。总之，打招呼既要表达出你对对方的真诚和尊重，又要不卑不亢。三要记住对方的姓名。日常生活中，每个人都很重视和珍爱自己的名字，也希望别人能记住和尊重它。特别是领导者打招呼或讲话时如果能记住或叫出下属的名字，会使下属倍感亲切和增强领导者讲话的亲和力。

其次，寒暄要得当。寒暄是人与人建立语言交流的方法之一，是交谈的润滑剂。适当的寒暄能活跃气氛，拉近领导者同谈话对象的关系与距离。寒暄有多种类型：一是关怀式寒暄。这是常见的寒暄方式。领导者对下属一声亲切的问候，对于消减下属的紧张情绪和生疏感能起到重要作用。二是激励式寒暄。激励式寒暄就是领导者在寒暄中给下属以激励和鼓励。三是幽默式寒暄。幽默诙谐的寒暄，对于融洽领导者与谈话对象之间的气氛很有成效。四是夸赞式寒暄。领导者对下属的夸赞式寒暄,能使下属心情愉悦。当然,寒暄要注意对象,因人而异,不可一个调;寒暄要注意环境,环境不同,寒暄的方式也不一样;寒暄要适度,特别是夸赞式寒暄要适可而止,不然会给人以虚伪客套的感觉。

◎ 案例 12 - 1

在中美准备建交之际,美国前国务卿基辛格曾对周恩来总理说:"我发现你们中国人走路都喜欢弓着背,而我们美国人走路大多是挺着胸! 这是为什么?"只见周总理回答道:"这个好理解,我们中国人走上坡路,当然是弓着背的;你们美国人在走下坡路,当然是挺着胸的。"说完,哈哈大笑。总理的这个回答,既有反唇相讥的意味,又带着半开玩笑的情趣;既不影响谈话的友好气氛,又符合当时说话的场景和说话者的身份。

◎ 案例 12 - 2

明朝那位主修《永乐大典》的翰林大学士解缙,有一天他和明太祖朱元璋一起钓鱼。不一会儿,解缙就钓鱼数条,朱元璋却一无所获,场面十分尴尬。解缙察言观色,随口吟诗一首:"数尺丝纶垂水中,银钩一抛荡无踪。凡鱼不敢朝天子,万岁君王只钓龙。"朱元璋听了,龙颜大悦。这是语言透析出的机敏睿智与应变技巧。

◎ 案例 12 - 3

《晏子使楚》的故事:晏子名婴,春秋时齐国大夫,此人身体矮小,其貌不扬。一次,齐王派他出使楚国,楚王骄横傲慢,不可一世,问:"你们齐国没有人了吗?"晏婴回答说:"挥袂蔽日,呵气成云,怎能说没人呢?"楚王问:"那为什么派你出使楚国呢?"晏婴回答说:"齐国的规矩是贤者使贤王,不肖者使不肖王。我最不肖,所以使楚。"晏婴运用语言的艺术,维护了国格与人格的尊严。

◎ 案例 12 - 4

第二次世界大战期间,英国首相丘吉尔访美,向罗斯福总统请求一批军火援助,罗斯福举棋不定。丘吉尔闷闷不乐地回到宾馆,他刚跳进浴盆里,罗斯福突然不宣而入。丘吉尔赤身裸体,嘴里还叼着他那个须臾难舍的大烟斗。这场面是多么难堪呀! 丘吉尔急中生智,耸一耸肩说:"我这个大英帝国的首相对你可是没有丝毫的隐瞒呀。"对方听了捧腹大笑。丘吉尔妙语惊人,不仅掩饰了自己一丝不挂的窘态,而且含蓄地表示他在政治立场上开诚布公、毫无隐私、赤胆相见。这不仅恰到好处地打破了僵局,融洽了气氛,而且博得罗斯福的极大同情和好感,使会谈形势发生了戏剧性变化。罗斯福欣然同意了他的请求。这是语言透析出的政治风度与外交技巧。

第十三章　幽默的方法与艺术

　　幽默是睿智和机敏的表现。幽默代表了积极向上、超脱练达的人生观,体现了海纳百川的胸怀;幽默既是一种高瞻远瞩、俯瞰众生的气度,又是一种众人皆醉我独醒的智慧,它体现了一个人高深的修养、情操与知识底蕴的综合品质。领导者得体的幽默既可融洽同下属的关系,激发下属的工作热情与积极性,营造良好的工作气氛,也可以使工作中的矛盾得以化解与消弭。对于领导者来说,幽默会给人以从容不迫的气度,更是自己成熟、机智的象征。善于幽默的领导者,大多能把幽默的力量运用得十分自如、真实而自然。当他们开玩笑时,别人不会感到耸人听闻或是认为他们哗众取宠,而只是感受到欢乐。一个幽默的领导者,更容易被周围的人欣赏、喜欢与爱戴。幽默感来自领导者的文化学习、知识积累和实践锻炼。领导者要善于培育自己的幽默感,掌握制造幽默的方法与技巧。

第一节　幽默概述

一、幽默的含义

　　什么是幽默?对此,学术界并没有明确一致的解释。《辞海》关于幽默词条的解释是:通过影射、讽喻、双关等修辞手法,在善意的微笑中,揭露生活中的讹谬和不通情理之处。幽默是用艺术方法造成以笑为艺术手段的艺术化的语言,源于生活,来自实践。幽默常会给人带来欢乐,其特点主要表现为机智、自嘲、调侃、风趣等。幽默有助于消除敌意,缓解摩擦,防止矛盾升级。幽默语言是一种制笑机制,它能创造出轻松、休闲的状态,进而带来轻松快乐的精神享受;幽默是通往人们心灵的一条捷径,它所独具的趣味的形式、愉悦的沟通特点,有效地激活了联想的能力,使人们的记忆更清晰、更持久;幽默所带给人们的笑是微笑,是以曲径通幽的方式,使人产生含蓄、会心的笑,它表达的意义更深刻,往往带有一定的哲理性。

　　列宁说:“幽默是一种优美的,健康的品质。”林语堂说:“最上乘的幽默,自然是表示‘心灵的光辉与智慧的丰富’,各种风调之中,幽默最富于感情。”幽默是一种能激发起人类心理某种情感的智慧。幽默也是一门哲学。幽默是一个人成熟的表现。

人们不妨在紧张的劳作之余,让幽默充当精神上的"按摩师"。挪威研究显示,拥有幽默感的成年人比缺少生活乐趣者更长寿,极具幽默感的癌症患者比起缺乏幽默感患者,死亡率低70%。幽默感使生活更富于乐趣,让生命长久!

二、幽默的作用

(一)幽默是领导者融洽群众关系的润滑剂

具有幽默感的人在日常生活中人缘都比较好,可在短期内缩短人际交往的距离,赢得对方的好感和信赖。领导者得体的幽默,如开句玩笑、说句笑话、讲个富有哲理的故事、讲一句双关语、打个形象的比喻等,它会使下属或群众感到领导者平易近人,没有架子,拉近同领导者的心理距离,使领导者讲话倍增信任度和亲和力,使领导者与下属或群众的沟通变得更自然、更顺利。幽默还是化解尴尬、冲突的良剂。对于一个集体而言,领导者恰到好处的幽默,不仅能稳定集体的情绪,还能避免一些冲突或不快场面的出现。

(二)幽默是轻松达到教育目的的重要手段

领导者板着面孔训斥式地批评下属,往往让下属难以接受,甚至收到适得其反的效果。而批评中带点幽默效果就不一样了。因为,幽默式的批评能缓解批评的紧张情绪,启发被批评者的思考,增进相互间的感情交流,使批评不但达到教育对方的目的,同时也能创造一个轻松愉快的气氛。如有一位将军问一位战士:"马克思是哪国人?"这位战士想了一会说:"法国人。"只见将军回答道:"哦,马克思搬家了。"常识性问题都答不出,将军当然不快,但却采用了这一幽默语言,不仅避免了不快情绪引起的对立,也达到了对那位战士批评教育的目的。这表明幽默是领导者口才与语言表达的灵魂,具有神奇的力量和重要作用。

(三)幽默是激化人的能动性的催化剂

幽默是一种无形的力量,得体适度的幽默能起到融洽同事关系、激发下属工作热情、营造良好工作氛围、化解与消弭矛盾等重要作用。有幽默感的人更乐观、更豁达,能在工作中保持良好的心态,能利用幽默消除工作上带来的紧张和焦虑。而缺乏幽默感的人,只能默默承受痛苦,甚至难以解脱,这无疑增加了自己的心理负担。幽默感较高的人,往往智商也较高,而缺少幽默感的人智商平平,缺乏应变能力。富有幽默感的领导者,内心强大,上进心强,工作中能较好地发挥主观能动性。领导者若擅长运用幽默方法做下属工作,则有利于化解下属消极情绪,增加下属愉悦感,调动下属积极性。据统计,那些在工作中取得成就的人,并非都是最勤奋的人,而是善于理解他人、有幽默感的人。美国科罗拉多州的一家公司通过调查证实,参加过幽默训练的中层主管,在9个月内生产量提高了15%,而病假次数则减少了一半。

(四)幽默是营造和谐人际关系氛围的黏合剂

幽默的力量是巨大的。幽默能够使你更智慧、乐观地面对生活;幽默能让你的生活多姿多彩,充满自信。你的幽默感还能"传染"给周围的人,使他们的生活充满欢声笑语。幽默无处不在,它像鲜花一样开在生活的每一个角落,为人们的生活增添美丽和芬芳。一句幽默的话就可以让陷入僵局的谈判起死回生;一句幽默的话也可以让剑拔弩张的气氛变得轻松缓和;一句幽默的话可以让你成为众人关注的焦点;一句幽默的话也可以让初次见面的异性对你一见钟情;一句幽默的话还能让你博得他人的同情和爱心。英国人用幽默增加风度和开展外交,美国西点军校可以凭幽默录取新生,美国总统靠幽默赢得选票。钱钟书先生认为"幽默减少人生的严重性,决不把自己看得严重"。中国是一个古老的幽默的国度,从《史记·滑稽列传》到《古今谭概》《笑林广记》,无一不体现中华民族特有的幽默。在领导工作中,幽默可起到密切上下级关系、教育和引导群众的作用。

三、幽默的基本要求

(一)内容要高雅

幽默的内容,首先取决于幽默者的思想情趣与文化修养。内容健康、格调高雅的笑料,不仅会给听者启迪和精神享受,也是对自己良好形象的有力塑造。领导工作中要力戒黄段子和开低级趣味玩笑那种低俗幽默,否则会影响领导者形象。钢琴家波奇在一次演奏时,发现全场有一半座位空着,他对听众说:"朋友们,我发现这个城市的人们都很有钱,我看到你每个人都买了两三个座位的票。"于是这半屋子听众便会心地放声大笑。某教授上课时说:"你们已了解'谎言'的概念,关于这个问题,我已在自己的著作《论谎言》一书中写到。你们谁读过这本书,请举起手来。"所有的同学不约而同地举起了手。"很好!"教授继续说,"这回可有了新的讲课例子了。我写的书尚未出版呢!"

(二)态度要友善

幽默时态度要友善。与人为善是开玩笑幽默的一个原则,开玩笑幽默的过程是感情互相交流传递的过程,如果借着开玩笑幽默对别人冷嘲热讽,发泄内心厌恶、不满的感情,不仅不会赢得他人的欣赏,更会招致别人的厌恶。即使暂时能在口舌上占到上风,但你的交际环境却会因此而大受伤害。领导者对下属开玩笑幽默态度要友善,不能使坏、更不能怀恶意,故意损人、贬人、伤人,这样的领导只会让下属讨厌和恶心。

(三)行为要适度

幽默除了借助语言外,也可以通过行为动作来达到目的。不过,幽默时的行为动作一定要适度得体,不能轻浮,不要动手动脚。如同长辈、晚辈开玩笑时忌轻佻放肆,特别忌谈男女情事;同非血缘关系的异性单独相处时忌轻浮,要注意保持适当的距离;尤其同残疾人开玩笑时,要注意避开对方的短处等。否则,即使你最会幽默,也会招致别人的反感和厌恶。现实生活中类似的这种所谓幽默玩笑者并不鲜见。

（四）场合要讲究

不分场合的幽默，结果只能适得其反。美国总统里根在国会开会前，为了试试麦克风是否好用，张口便说："先生们请注意，五分钟之后，我对苏联进行轰炸。"众人皆惊。尽管后来大家都知道里根是想幽默一下，但由于是在错误的场合、时间里，开了一个极为荒唐的玩笑，还是招来了苏联政府的强烈抗议。作为领导者开玩笑幽默一定要注意场合，对于什么场合适合、什么场合不适合领导者要准确把握。最高雅的幽默在不适合的场合也会适得其反。

（五）对象要适合

领导者开玩笑幽默一定要注意对象，对对方有所了解，切忌不分对象、不了解对方就冒失开玩笑整幽默。这样做的结果可能导致双方尴尬，甚至陷入僵局。领导者应清楚，同样的玩笑幽默，对甲适合，对乙就不一定适合。这是因为，人的身份、性格、心情存在差异，因而对玩笑的承受能力也不尽相同。如果对方性格外向，能宽容忍耐，玩笑稍微过大也能谅解。但如果对方性格内向，喜欢琢磨言外之意，幽默时的玩笑就应当慎重。再有就是，生性开朗的人如果恰好碰上不愉快或伤心的事，就不能再随便地开玩笑。同样的道理，如果性格内向的人正好喜事临门，在听到玩笑时，也会有意料之外的反应。

第二节　幽默的方法

一、自嘲式幽默

自嘲式幽默，是指讲话人用自我嘲笑的幽默语言，制造幽默诙谐的气氛。美国《赫芬顿邮报》刊文指出，自嘲不仅是一种人际交往的高明手段，还是身心健康的一剂良方。生活中，有这样一群喜欢自嘲的人：个子矮，说自己是"浓缩的精华"；头发少，笑称自己是"聪明的脑袋不长毛"；长相平平，常说"我很丑，但我很温柔"。如一位年过半百、秃顶、轻度发福，但身体、心态极好的领导者，在对下属讲话时无不幽默地说："我是60岁的长相，50岁的年龄，40岁的身体，30岁的心态。"又譬如现在大学生中广泛流传这样一则自嘲式幽默："大一时不知道自己不知道，大二时知道自己不知道，大三时不知道自己知道，大四时知道自己知道。"

二、夸张式幽默

什么是夸张？夸张就是为了表达强烈的思想感情，突出某种事物的本质特征，运用丰富的想象力，在客观现实的基础上有目的地放大或缩小事物的形象特征，以增强表达效果的修辞手法，造成一种喜剧效果，是产生幽默的有效方法之一。卓别林、赵本山、周星驰等的行头及经典动作，是典型的夸张式幽默，让人遐想发笑。譬如,有人夸张地说:"小时候我以为自己长大后可以拯救整个世界,等长大后才发现整个世界都拯救不了我。"又如某师范大学对全校一年级新生做了一次语文入学测试,原打算对成绩在80分以上者可免修大学语文课,结果1000多名新生中能达到这一要求者仅有六七人,学校只好决定全修大学语文。有人便以此为题材,拟了一副对联描述大学生写文章:上联是"无错不成文,病句错句破残句,句句不堪入目",下联是"有误方为篇,别字错字自造字,字字触目惊心",横批是"斯文扫地"。还有的人说,时下大学生"人像研究生,文像中学生,字像小学生"。领导者如能巧用夸张式幽默批评某些不良现象,可让人在笑声中受到教育和震撼。

三、曲解式幽默

所谓曲解,就是以一种轻松、调侃的态度,有意违反常规、常理、常识,利用语法手段,对对象进行"歪曲""荒诞"的解释,从而造成因果关系的错位或逻辑矛盾,得到出人意料的结果,进而产生幽默感。有"巴蜀鬼才"之称的当代著名剧作家魏明伦,有一次回答别人提出的关于"成功秘诀"的问题时,说:"你问我成功的秘诀? 有诀无秘,早已公开——喜新厌旧、得寸进尺、见利忘义、无法无天。"此言一出,满座皆惊,这说的是什么话啊? 魏明伦接着解释:所谓"喜新厌旧",指的是追求创新,不守旧;所谓"得寸进尺",指的是不满足于已取得的成就,永远向更高的目标去努力;所谓"见利忘义",指的是只要有利于新时代,有利于艺术追求的就坚决去做,不受那些陈腐僵化的教条的束缚;所谓"无法无天",指的是艺术创作不受陈旧法规的条条框框的束缚,要大胆突破,勇于创新。此言回答得轻松自如,不仅颇有幽默感而且令人回味无穷。

四、形象式幽默

语言要富有幽默感,就必须言之有物,使其形象生动。真实、形象、生动的语言,能促使人产生联想,让人感觉余味无穷。如一条有趣的体育评论:"看奥运会跳水,中国运动员跳水就如一滴牛奶滴入水中,而外国运动员跳水就像一头奶牛跌入水中。"如关于人要宽容大度:"人生,有多少计较,就有多少痛苦;有多少宽容,就有多少欢乐。至达则至容:容人、容物、容事、容天、容地,一个人到无所不容时,则为万物所容。宽恕是人类最能解脱外在障碍的方法。"若领导者也能如此做思想工作,定能疏导情绪、化解矛盾。

五、模仿式幽默

模仿式幽默,就是借助于某种违背正常逻辑的想象和联想,把原来的语言要素用于新的语言环境中,制造幽默感。模仿幽默不需要太多的机智,只需套用别人说话的口吻或是方式,模仿别人的动作或行为模式,便可达到幽默的效果。乍看起来它有些滑稽,往往可以引人发笑,并使人在发笑之余依然觉得回味无穷。应该注意的是:故意模仿不等于照搬照抄,不等于刻板套用,不等于以牙还牙,也并不是越像越好,上乘的故意模仿应该是形相近而意不同,同中有异,异中有同,这样才能表现调侃性的笑料,收到共享幽默之趣之效。领导者在采用模仿式幽默时亦应如此。

譬如,好莱坞为电影表演艺术家查理·卓别林举行生日宴会。宴会结束前,卓别林用抒情高音演唱了一首意大利歌剧插曲。在座的一位朋友惊叹不已:"查理,我们相处多年,也不知道你唱得这么好啊!"卓别林回答:"我根本不会唱歌。这只不过是在模仿剧中人恩瑞柯·卡如索罢了!"幽默大家卓别林在浑然不知的状态中已经成了一名很优秀的歌手,如果他刻意去追求呢?我想可能是另外一种景象。

六、双关语式幽默

一语双关是幽默中的较高境界。所谓双关,就是所说的话包含了两层含义:一是话的本身含义,另一个就是话的引申含义。也就是说,言在此意在彼,听者不只是从字面上去理解,还能领会话的言外之意。领导者应学会在交流中恰到好处地运用双关式幽默。

抗日战争期间,国民政府自南京迁都重庆。一年四季,日寇飞机狂轰滥炸频繁,使山城百姓和流寓此地人士,无不苦头吃尽。但闻警报一响,大官小民都得丢下手头事体,涌入防空洞避难。陈寅恪教授目睹此状,感慨不已,遂为防空洞题写一联,联文仅八字,却一时广为流传,"见机而作;入土为安"。这真是一则让人哭笑不得的黑色幽默。"见机而作"和"入土为安",乃中国人熟悉的成语和俗语,其语义与飞机、防空洞本无牵涉,陈先生却巧用双关法撰联,以此"机"(时机)音彼"机"(飞机),用"入土为安"言"进洞避难",不仅妙趣横生,而且兼蕴悲天悯人之叹,其意味近于"含泪的笑"。陈先生的才思敏捷,亦由此可见一斑。

第三节　幽默的艺术

一、讲歇后语制造幽默

歇后语是一种短小、风趣、形象的语言,由前后两部分组成:前一部分起"引子"作用,像谜面;后一部分起"后衬"作用,像谜底,十分自然贴切。在一定的语言环境中,通常说出前半截,"歇"去后半截。歇后语诙谐、幽默并使人加深理解和记忆。歇后语能更加形象生动地表达所要说的意思,让读者或观众领会和猜想出它的本意。歇后语也是很多领导者经常使用的一种表达技巧。通过巧妙的话语转折,从而达到幽默的效果。譬如,年轻女士到了寒冬腊月,为了漂亮,即使是冻得难受,穿着打扮也很单薄,这就叫"三九天穿裙子",留个"玄机"——美丽又冻(动)人,要风度不要温度。又譬如,当领导者发现下属汇报工作时思路缺套路、没创新时,他不是直截了当批评,而是幽默地说,你这叫"古董店开张",留个"玄机"——毫无新意。

二、用对比夸张制造幽默

什么叫夸张? 为了达到某种表达效果,对事物的形象、特征、作用、程度等方面,着意扩大或者缩小的手法叫作夸张。夸张修辞的实质就是"言过其实"。它可以突出表现人的情感和态度,引起人们的强烈共鸣;可以突出事物的本质和特征,引起人们丰富的想象;可以烘托气氛,增强感染力,这些都是制造幽默的要件。夸张分为两类:一是扩大夸张,即故意扩大客观事物,如"飞流直下三千尺,疑是银河落九天",又如讽刺自行车质量不好时说,"除了铃子不响,到处都响";二是缩小夸张:故意缩小客观事物,如"你的心比针尖还小"。不管是哪一种,都统称为"夸张"。另外,通过对比以揭示事物的不一致性,使用对比句也是幽默逗笑的极好方法。譬如说,两个胖子说相声,一个说"我们两人往这里一站,可打个省会城市名称",另一个回答说"合肥",观众捧腹大笑。

三、用倒置倒引制造幽默

通过对语言材料的变通使用,把正常情况下的人物关系,本末、先后、尊卑关系等在一定条件下互换位置,从而产生强烈的幽默效果。譬如剖析公款吃喝"白吃"现象屡禁不止原因时,流行语说"不吃白不吃、白吃谁不吃、谁不吃白吃"。使用倒引法可以巧妙制造幽默,即引用对方言论时,能以其人之语还治其人之身。譬如,有一位企业老总见女员工嘻嘻哈哈打闹不休,便说道:"两个女人等于一千只鸭子。"不久,当这位老总的夫人来公司找他时,一个女"白领"就赶忙向老总报告说:"总经理,外面有五百只鸭子找您。"又譬如,一位公关先生给员工讲礼仪,说:"如果某男士看到某女士裙子臀部部位粘了一根草屑,千万不要直说你臀部上粘了草屑。这不雅,也会使女士尴尬,而应巧妙提醒说,你肩膀下面好像粘了什么东西。"第二天,这位公关先生再给员工讲礼仪时,裤子上的拉链没拉上,一位女士提醒说:"先生,请看看领带下面。"先生心领神会,众人大笑。

四、用形象比喻制造幽默

毛泽东不但是伟大的政治家、思想家、军事家、战略家,更是绝顶的语言大师。他关于"一切反动派都是纸老虎"的比喻,就是家喻户晓、妇孺皆知的警语佳句,幽默含蓄,意趣横生,魅力无穷,在中国乃至世界都有深远影响。又譬如,对比社会主义与资本主义两种制度下的企业竞争,可把前者比喻为跳高比赛,后者比喻为拳击比赛。前者竞争实质是比质量、比服务、比价格,竞争的结果是质量更优、服务更好、价格更合理,而不是两败俱伤；后者竞争的结果是你输我赢、你败我胜、你死我活。这种比喻既生动形象、诙谐幽默，又深刻准确、通俗易懂。领导者要善于通过形象比喻制造幽默。

五、巧用天真制造幽默

天真式幽默，就是从大人嘴里说出小孩子的话。因为如此，才成为幽默，才会产生神奇功效。如果你是一个正值青春的女孩，天真式幽默会让人觉得你无比可爱；如果你是一个成功男士，天真式幽默会让人觉得你异常可敬；如果你是一个练达老者，天真式幽默会让人觉得你活力四射。天真式幽默，好像是一弯没有受到污染的清水，让人觉得心旷神怡；好像是炎炎烈日下的一片树荫，让人觉得非常珍贵；好像是漫漫沙漠中的绿洲，让人顿觉眼前一亮。譬如，一位年近花甲的领导给年轻人做报告，一开头就自我幽默地说，"年轻朋友们，别看我两鬓斑白，其实我只有 30'公岁'"，年轻人大笑。一位八十高龄的老艺术家对年轻主持人说，"我也是'80后'"，台上台下一片欢笑。又如，在一次中外记者招待会上，一位西方国家的新闻记者问陈毅："请问，中国最近是用什么武器打下美制 U-2 型高空侦察机的？是导弹吗？"对于这个涉及国防机密的问题，陈毅并没有以"无可奉告"顶回去，而是像小孩一样风趣自然地用双手在空中做了一个动作，然后带着几分俏皮地说："记者先生，我们是用竹竿把它捅下来的呀！"一句话引起一阵哄堂大笑。陈毅这句精彩的答语，就是天真式幽默。它收到了两个非常明显的效果：一是很有礼貌地回绝了涉及国防机密的提问，并且仍能获得对方好感；二是暗示出中国有信心、有能力对付外来侵略。弦外之音，余音袅袅。领导者如能偶用天真式幽默与下属交流，定能产生神奇功效。

◎ 案例 13-1

1953 年年底，毛泽东去杭州，负责保卫和饮食起居的浙江省公安厅厅长王芳陪同毛泽东吃饭。席间，公安部部长罗瑞卿对王芳说："王芳，我建议你把'芳'字上的草字头去掉。这个名字容易搞混，许多不知情的人还以为你是女同志呢。""这可不行，"毛泽东放下手中的筷子说，"王芳，你是山东人，你们山东的绿化怎么样？""刚刚起步。""山东还有许多荒山秃岭没有绿化起来，你的头上刚长了一点草，就想把它除掉，这怎么能行！什么时候山东消灭了荒山秃岭，绿化过了关，你再把'芳'字草头去掉。"

◎ 案例 13-2

1951 年，时任中国人民志愿军司令员的彭德怀，从抗美援朝战场回京向毛主席述职。谈话间，毛泽东开玩笑说："德怀呀，你我都是同石头有缘分的。你的字号叫石穿，我的乳名叫石三伢子，我们两个同是石头。"彭德怀谦虚道："我岂敢与主席相比。主席是块稀世宝石，我彭某只不过是一块冥顽不灵的顽石。两者之间，有天壤之别！"毛泽东摆摆手说："不，同样都是石头嘛。我们两块石头，一块扔给了杜鲁门

（时任美国总统），一块扔给了麦克阿瑟（时任侵朝美军总司令）！"两人相顾，发出会心的笑声。

◎ 案例 13 - 3

周恩来是公认的语言大师，凡是和周恩来交谈过的人，无不为他的幽默风趣的语言魅力所折服。有一次周总理应邀访问苏联。在同赫鲁晓夫会晤时，周恩来批评他在全面推行修正主义政策。狡猾的赫鲁晓夫却不正面回答，而是就当时敏感的阶级出身问题对周总理进行刺激，他说："你批评得很好，但是你应该同意，出身于工人阶级的是我，而你却是出身于资产阶级。"言外之意是指总理站在资产阶级立场说话。周恩来停一会儿，平静地回答："是的，赫鲁晓夫同志，但至少我们两个人有一个共同点，那就是我们都背叛了我们各自的阶级。"

◎ 案例 13 - 4

周总理设宴招待外宾。上来一道汤菜，冬笋片是按照民族图案刻的，在汤里一翻身恰巧变成了法西斯的标志。外客见此，不禁大惊失色。周总理对此也感到突然，但他随即泰然自若地解释道："这不是法西斯的标志！这是我们中国传统的一种图案，念'万'，象征'福寿绵长'的意思，是对客人的良好祝愿！"接着他又风趣地说："就算是法西斯标志也没有关系嘛！我们大家一起来消灭法西斯，把它吃掉！"话音未落，宾主哈哈大笑，气氛更加热烈，这道汤也被客人们喝得精光。在外交场合出现法西斯的标志很容易引起外交纠纷，尤其是曾经遭受法西斯铁蹄蹂躏的国家，他们看见这种标志是很反感的。周总理的解释及时解除了他们的误会，但令人叫绝的是周总理借题发挥，号召大家一起来消灭法西斯，把那个菜吃掉。这么一个意外的被动场面，经周总理反意正解，反倒起了活跃宴会气氛的作用。

第十四章　处置突发事件的方法与艺术

　　伴随社会转型而来的社会阶层分化,使利益格局多元、价值取向多样、社会矛盾多发。社会矛盾激发容易诱发群体性突发事件。在民主性、开放性和信息化、网络化加快发展的现代社会,群体性突发事件易得到快速传播和发酵。这不仅给群众带来生命财产的损失、危害和心理打击,而且影响和危害正常的经济社会秩序,妨碍社会和谐稳定。这要求领导者要站在全局高度,从偶然性中发现必然性,把握突发事件发生的规律性,掌握处置突发事件的方法与艺术,提高处置突发事件的能力,尽可能避免和减轻突发事件造成的危害和损失。

第一节　突发事件概述

一、突发事件的含义

　　根据中国 2007 年 11 月 1 日起施行的《中华人民共和国突发事件应对法》的规定,突发事件,是指突然发生,造成或者可能造成严重社会危害,需要采取应急处置措施予以应对的自然灾害、事故灾难、公共卫生事件和社会安全事件。从广义上说,突发事件是指突然发生的事情:一是事件发生、发展的速度很快,出乎意料;二是事件难以应对,必须采取非常规方法来处理。从狭义上说,突发事件是意外的、突然发生的重大或敏感事件,或曰天灾人祸。天灾即自然灾害,人祸如恐怖事件、社会冲突、丑闻谣言等。

　　突发事件预警级别:依据突发事件可能造成的危害程度、波及范围、影响力大小、人员及财产损失等情况,由高到低划分为特别重大(Ⅰ级)、重大(Ⅱ级)、较大(Ⅲ级)、一般(Ⅳ级)四个级别,并依次采用红色、橙色、黄色、蓝色来加以表示。

二、突发事件的类型

(一)自然灾害

　　自然灾害,是指由于自然异常变化造成的人员伤亡、财产损失、社会失稳、资源破坏等现象或一系列事件。例如,地震、山体滑坡、泥石流、森林火灾、洪水、台风、山洪暴发、冰雹灾、海啸、核泄漏等。自然灾害的形成须具备两个条件：一要有自然异变作为诱因；二要有受到损害的人、财产、资源作为承受灾害的客体。

（二）事故灾难

事故灾难，是指具有灾难性后果的事故，是在人们生产、生活过程中发生的，直接由人的生产、生活活动引发的，违反人们意志的、迫使活动暂时或永久停止，并且造成大量的人员伤亡、经济损失或环境污染的意外事件。比如重大生产事故、交通事故、环境污染等。

（三）公共卫生事件

公共卫生事件，是指突然发生，造成或者可能造成社会公众健康严重损害的重大传染病疫情、群体性不明原因疾病、重大食物和职业中毒以及其他严重影响公众健康的事件。它主要包括传染病疫情、群体性不明原因疾病、食品安全和职业危害、动物疫情，以及其他严重影响公众健康和生命安全的事件。

（四）社会安全事件

社会安全事件，一般包括重大刑事案件、重特大火灾事件、恐怖袭击事件、涉外突发事件、金融安全事件、规模较大的群体性事件、民族宗教突发群体事件、学校安全事件以及其他社会影响严重的突发性社会安全事件。

三、突发事件的诱因

（一）政治因素

当今世界，社会主义与资本主义两种制度、两种意识形态斗争日趋激烈。国际垄断资产阶级凭借经济、军事、科技、网络和金融优势，对其他国家尤其社会主义国家和弱小国家，进行颠覆、渗透、围堵、打压已成常态。以美国为首的国际垄断资产阶级，通过对别国进行思想文化渗透、建立反政府组织、培植"第五纵队"，收买反政府敌对势力里应外合，利用网络传播谣言、抹黑政府、离间人民，挑拨干群关系、煽动群众与政府对立，制造宗教矛盾、民族矛盾、政党矛盾、官民矛盾等突发性群体事件。世界上一些地区发生的"颜色革命"等一系列事件和变化，一些国家发生政变等，就是国际阶级政治斗争的深刻反映和结果。近些年，我国新疆、西藏等边境地区出现的恐怖活动和骚乱事件，无一不同国内外各种敌对势力的策划和参与有关。事实表明，国内外敌对势力的内外勾结是导致突发事件频发的重要政治诱因。

（二）经济因素

我们在经济发展中，不同程度地存在公平与效率的矛盾；经济发展与保护生态环境的矛盾；基础设施建设、旧城改造与拆迁的矛盾；生产现代化、自动化与充分就业的矛盾；发展经济与改善民生的矛盾；等等这些，如果处置不当、协调不好，容易引起群众不满，产生社会矛盾，诱发突发性群体事件。

（三）自然灾害

我国是自然灾害多发国家，自然灾害本身就是突发性事件的重要成因。近年来，我们对大自然的过度开发，使自然环境和生态遭到严重破坏，导致自然灾害频发，其破坏力令人触目惊心：如海啸、地震过后，整座城市变成一片废墟；强台风、洪涝、干旱灾害过后，渔民倾家荡产、农民颗粒无收；一次"非典"灾害弄得全世界人心惶惶……而且每次大的自然灾害的发生，都会给国家的经济建设和人民的生命财产造成巨大损失，严重影响和危及人民群众的生命安全和正常生活。

四、突发事件的特点

（一）突然性

所谓突发事件，就是指在事先没有预兆、没有通知的情况下，突然发生的具有一定破坏力、影响力的事件。突发事件是事物内在矛盾由量变到质变的飞跃过程，其诱因具有一定的偶然性和不易发现的隐蔽性。最大特点是它以什么方式出现，在什么时候出现，它发生的具体时间、实际规模、具体态势和影响深度均难以被预测。

（二）群体性（或聚众性）

无论哪一类突发事件，都程度不同地涉及一部分人的切身利益，都必然使一部分人产生心理压力和心态变化，引起人们的关注和不安，从而具有聚众性的特点。社会性突发事件，往往是由少数人操纵，通过宣传煽动把一些群众卷到事件中来。譬如，一些地方或因征地、拆迁安置而发生的突发性事件，或因对群众上访事件处理不力不及时，最后酿成的群众性突发事件，往往是少数人纠合，多数人响应，使其具有聚众性。

（三）目的性

任何突发事件，除自然灾害导致的突发事件外，都有明确的目的性和欲望性。这是因为，人们意识的选择和行为的目标，都是为了满足某种需要、得到某种利益。比如一些因上访问题得不到解决而发生的群体性事件，有些即使表面上看来是盲目参与事件的人，但其行为的背后也总有一定的个人动机在起作用。由于人们的社会地位不同，需要的内容和层次不同，这些欲望在政治、经济和精神等方面具有多样性。自然灾害事件本身并无欲望性，但是在处理这类事件的过程中，人们的欲望性也是很明显的。如沿海某地在遭受台风袭击时，由于领导组织不力，曾发生过因哄抢救灾物资而导致的群体性事件。

（四）破坏性

不论什么性质和规模的突发事件，都不同程度地给国家和人民造成政治、经济和精神上的破坏与损失。自然灾害造成的损失是比较明显。一次洪灾过后，会使很多群众倾家荡产、无处安身，甚至背井离乡。社会性突发事件的破坏性也是可以看得到的，例如，围堵政府机关、堵塞交通要道等事件，不仅干扰、破坏了正常的社会秩序,而且影响到国家安定团结的政治局面,损害政府形象和公信力,甚至造成人员伤亡和财产损失。

第二节　处置突发事件的方法

一、镇定自若,控制事态

（一）镇定自若

领导者面对情况紧急或灾难等突发事件时,要做到镇定自若,不慌不忙,稳定情绪,做好自我心理控制。众所周知,无论发生哪类突发事件,由于突发事件事发突然,人们既不知晓事件的性质与起因,也不知道事件的发展趋势,必然会对人们的心理产生很大冲击与压力,使人们处于强烈的焦躁或者恐惧之中。如果处理不当,事件参与者的心理及其行为很可能向不利于事件妥善解决的方向发展。面对突发事件,领导者一定要以"静"制"动"、以"冷"对"热",镇定自若,以减轻受突发事件影响带来的心理压力,引导群众恢复理智,使突发事件得以顺利解决。为此,领导者要特别注意自身的行为影响。心理学认为,任何人都有一种遵从心理,即受他人活动的影响,自己也会有和他人相似的举动。越是在心理波动不定、价值选择目标不定的情况下,人们越易于产生遵从心理,且尤其注意领导者的态度和行为。因此,在突发事件发生的现场,领导者要特别注意冷静行事,切不可惊恐急躁,乱了方寸。领导者精神振作,沉着镇定,群众也就有了主心骨,心理压力会大大减轻。

（二）沉着冷静

面对突然发生的重大事件,最重要的是领导者要沉着冷静。一般说来,突发事件发生后,人们难免惊惶失措,不知道事件会造成什么样的后果,也不清楚事件怎么发展,更不知道如何躲避灾害。作为突发事件的处理者,尤其是有关的领导人员需要有不同于常人的心理素质,一定要临危不惧,沉着冷静,只有这样才能保持清醒的头脑,迅速判断事件的性质,从而正确决策、指挥得当。同时也才能给人们以信心、能起到稳定人心、稳定局势的作用,从而赢得人民群众的支持和拥护,使突发事件的处理工作能够有条不紊地进行。

二、稳定情绪,转移注意力

（一）稳定情绪

领导者如何实现对事件的参与者和群众的掌控,首要的是进行心理控制,减轻群众心理压力,转移群众注意力。一般地说,在每次灾难性的突发事件中,群众的注意力都会集中在一两个问题上。或者集中在个人的财产上,不能顾及全局性的抗灾战斗,甚至影响全局性的抗灾战斗;或者集中在一些敏感、热点问题上,固执己见,争执不下;或者为了达到某种利益,不达目的不罢休。这种情况下,群众情绪往往容易激动和波动,被人利用和挑动,使事态扩大。领导者首先要做的是千方百计稳定群众情绪,给事态降温,不给挑动群众情绪的坏人以可乘之机,为解决问题赢得时间,创造好的群众环境。稳定情绪的最好办法是转移和分散群众注意力。

(二)转移注意力

在这种情况下,领导者若不转移群众的注意力,就无法实现对于事态的控制。因此,每当突发事件发生时,领导者必须采取有效措施,转移群众的注意力。一是说服诱导,寻找各方利益的交汇点,使群众对政府的主张产生认同;二是从群众的角度出发,承认某些可以理解和合理的方面,做出必要的让步或许诺;三是运用归谬法或引申法,引导群众看到事件失去控制将最终可能出现的不良后果,使大多数人恢复理智,站到政府的立场上来。虽然这些办法难以把所有人的情绪和态度都转移过来,但只要多数人的情绪和态度有所改变,多数群众站到了正确立场上,就为突发事件的有效解决创造了条件。

而对于自然灾害性的突发事件,则要立刻组织抢险救援,既要防止灾害扩大,波及更多地区,又要控制受害地区,不使灾情加深。要使整个抢险救灾工作处于严密的组织指挥之下,避免无人负责或者主要责任人缺位,多人负责则形不成权威。

三、釜底抽薪,孤立闹事头目

(一)及时揭露闹事头目破绽

俗话说"擒贼先擒王","人无头不走,鸟无头不飞"。实现对突发事件局面的有效控制,首先要迅速查清突发事件的操纵头目,控制住首要人物,这样事态才不会继续扩大。

领导者要在全面了解事态的前提下,掌握闹事头目起事的目的和行为破绽,作为分化、化解群众的依据和突破口。"扬汤止沸,不如釜底抽薪。"领导者要通过强有力的舆论宣传攻势,揭露事件策划者的目的和不法行为,抓住其言行相悖之处和幕后活动的事实,指出其行为的实质和继续下去的严重后果,并向群众和事件参与者讲清政府的希望,启发大家冷静思考,不要人云亦云,要站在真理一边,同各种不良现象做斗争。

(二)引导群众认清事实真相

众多聚众性突发事件,往往是极个别人利用或放大某些问题,煽动和利用不明真相的群众闹事。面对卷入突发事件的广大群众,领导者和在场的工作人员千万不能火上浇油、激化矛盾,而要及时开展正面教育和引导,使群众认清事实真相,划清同聚众闹事头目的界限。在社会性事件中,参与者总是希望达到一定的目的,因而总是希望同领导者或政府机关进行正面接触。领导者要充分利用参与者的这种心理,通过必要的接触面谈,缓解紧张气氛,控制事态发展,从中发现事件的起因和性质。在接触和交谈中，既要旗帜鲜明，坚持原则，又要表现出解决问题的诚意。申明大义，晓之以理，动之以情，示之以害，揭露少数别有用心者的罪恶企图和危害，以此教育和团结大多数群众，孤立少数别有用心的聚众闹事者，引导群众站到拥护支持党和政府的立场上来，实现对事态局面的有效控制。

四、周密组织，果断决策

（一）周密组织

面对突发事件，领导者要周密组织，快速形成强有力的工作班子，共同应对突发事件。主要领导者承担起组织指挥重任，使领导班子成为坚强有力的战斗指挥部。各个工作机构要各司其职，各负其责，层层把关，人人承担责任。既要认真负责地工作，防止漏岗漏项，又必须协调统一，不打乱仗。每个层级、每个岗位都要明确责任和任务，敢于担当，不许渎职失职。处置突发事件，领导者要头脑清醒，统揽全局，坚定有力。既不因局部的优势和胜利而忘乎所以，也不因局部的失利而焦躁冲动。要稳住阵脚，指挥若定，调动一切积极因素，形成一种必胜的气势，以取得决战的胜利。同时，领导者还要善于审时度势，及时根据变化的情况，改变或采取相应措施，或更换新的处置方案，以保证整个事件的处置大获全胜。

（二）果断决策

面对突发事件，领导者不能像正常情况下按照规定程序进行决策论证，而必须特事特办、果断决策、快速反应、当机立断。因为情况紧急、事发突然，容不得太多的讨论和商量，否则就会贻误时机。面对突发事件，领导者不能采用常规决策程序，层层报批、级级请示，而要根据自己的经验和阅历，准确判断形势，果断做出决策，敢冒风险。领导者必须准确而迅速地做出反应并及时控制局势，否则会扩大突发危机的范围，甚至可能失去对全局的控制。领导者应指挥果断、行动坚决、精心组织、周密安排，力求从根本上全面解决问题。相关机构和人员应该迅速做出反应，立即展开调查、研究对策、采取行动，防止事态扩散。

（三）方案完善

领导者处置突发事件，要坚持整体性原则，不能头痛医头、脚痛医脚。要尽量把问题和困难想得周全一些、办法和措施也尽量周到一些、方案完善一些，这样才能克服片面性，防止后遗症。领导者在确定事件的来龙去脉和性质之后，必须及时据此制定处理事件的方案。一是方案必须缜密严谨具有可行性。突发事件的处理，对领导者的素质和能力的要求特别高，不允许决策再出现失误和漏洞，也不允许在执行过程中软弱无力，导致次生性事件发生。二是既要抓住主要矛盾，又要总体配合、综合治理。不能头痛医头，脚痛医脚，此抑彼起，零敲碎打。三是要进行多种方案选择，做多种准备，确保科学决策。

（四）抓住关键

领导者指挥处理突发事件，必须抓住主要矛盾和关键部位。抓住了关键部位和主要矛盾，就把握了事件处置的主动权。一是对于关键问题的解决，必须事先周密研究实施方案，集中优势兵力去攻克难关。二是对于社会政治性事件，必须全力控制和解决首要人物；对于自然灾害类事件，要全力抓住薄弱环节和关键部位，如控制火头和水源等，保护重要资财。三是要找准突破口，或从关键部位入手，单刀直入；或从其他部位入手，迂回作战。突破口找得准，首战告捷，便可向纵深发展，获得更大战果。

（五）反应快捷

面对突发事件，作为领导者应把当机立断迅速控制事态放在首位。领导者既要沉着冷静、处变不惊，更要勇于决策、敢于拍板、果断及时，不能优柔寡断、拖泥带水。迅速控制事态，必须遵循快速、理智原则。因为事物发展的不同阶段具有不同的质和量，不同阶段、不同质量问题的解决，其难度和损失是大不相同的。所以，对突发事件处理得越早越快越好。兵贵神速，处置突发事件，重在反应快速。一是信息要畅通，领导者能快速及时获得和掌握相关信息。二是决策机制要灵活。要做到反应快捷，就要打破常规，允许越级报告。在日常的行政管理中，下级必须对上级负责，这是科层制的基本特点。但是在处置突发事件时，由于突发事件的紧急性和危害性，如果再按常规做法，逐级上报危机信息，就有可能丧失处理控制危机的最佳时机。1976年唐山大地震时，机场调度员来不及请示，直接派飞机去北京向中央报告灾情，缩短了中央了解灾情的时间，为抗震救灾赢得了宝贵的时机。因此，在突发事件的处理中应该允许越级报告。

（六）圆满善后

善后是处理突发事件的重要组成部分。只有做好了善后工作，才能说事件得以最终圆满解决。否则，会因为一些问题久拖不决，而再度发生事件。处理善后工作，有很多事要做，其中最主要的是：一要认真找出工作的缺点，并从根本上采取措施认真改正。由于条件不具备而一时难以改进的，一方面应向群众说清楚，另一方面要制定出切实可行的改进计划，公布于众，在各方监督下逐渐实施。二要领导者深入群众做好思想政治工作，解决实际问题，疏导群众情绪，调动群众积极性。三要总结突发事件的教训，认真查找原因，堵塞漏洞，教育干部群众提高认识、分清是非，消除不安定因素，避免类似事件再度发生。

五、协调联动，共度危机

（一）目标一致

突发事件发生后，要求参与处理事件的各方人员要围绕同一目标，步调一致，密切配合，做到快速有序。在信息高度发达和人员联系密切的现代社会，大部分突发事件的原因和结果都具有综合性。与此相适应,参与突发事件应对和处置的人员和力量来自各个方面,包括交通、通信、消防、信息、食品、搜索、卫生救护、物资支持和政府其他部门的人员,以及解放军和武警官兵等。因此,应对突发事件要特别强调协调一致。加之,突发事件的不可回避性和应急管理的紧迫性,要求各级领导在事件发生后,及时迅速协调不同职能部门,明确相关机构的责任和义务,优化整合各种社会资源,发挥整体优势,将突发事件造成的损失降到最低限度。

（二）协调联动

突发事件发生后,应迅速启动突发事件处理协调联动机制。在有关协调机构领导下,各部门分工协作,有序高效地完成突发事件处理中的各项工作。目前,在许多国家,通常规定由公共安全部门负责突发事件现场的组织协调工作。例如,美国法律规定,紧急事务现场的组织协调机构为联邦调查局,处理后期协调工作则由联邦紧急事务管理署牵头负责。在一些大规模的特别危急的事关国家重大利益的危机状态下,政府首脑直接出面组织协调。中国高度重视国家安全,从维护国家安全的高度,重视和加强处置突发事件综合协调机构的建设。从 2003 年的"非典"事件后,国内许多城市都已经建立了"城市应急联动中心",各级政府大多制定了处理突发事件的应急机制和预案,为提高突发事件的综合协调能力提供了有力保障。在应对和处置突发事件中,我国的 110 报警服务台、119 火警、120 急救以及 122 交通事故报警等系统,在统一指挥协调中发挥了十分重要的作用。2018 年,国家成立了应急管理部,负责组织编制国家应急总体预案和规划,指导各地区各部门应对突发事件工作,推动应急预案体系建设和预案演练。

（三）疏而不漏

在应对突发事件中,领导者要做好现场组织指挥,力求做到疏而不漏。一要协调好参加处理突发事件的人、财、物,比如消防、通信、救护、交通管理与物资等。二要组织收集掌握突发事件的发生原因、性质及其发展趋势,并及时向上级汇报。三要尽快做好对肇事者或者恐怖分子的控制和拘捕工作,及时传达上级关于实施强攻或偷袭的命令。四要组织好抢险救灾人员的配备工作,组织熟悉地形、具有处理技术和人事管理能力的各种专业技术人员参加。五要组织好突发事件的善后处理工作。六要做好关于处理突发事件的各种报告材料。

第三节　处置突发事件的艺术

一、把控全局,判断性质

对于突发事件的正确处置和最终解决,要以准确确定事件性质为基础和依据。首先,领导者及工作班子要全面深入地分析事件的各种现象,不论正面的还是反面的、直接的还是间接的,都要全面地掌握。其次,要在全面掌握和认识事件各种现象的基础上,潜心分析和研究各种现象间和现象背后的因果联系。通过去伪存真、去粗取精、由此及彼、由表及里的方法,透过现象把握事件本质。最后,要在把握事件的各种联系和关系的基础上,通过比较和筛选,找准制约整个事件的主要矛盾,找到解决整个事件的"总闸门",在此基础上确认事件的性质。

突发事件的诱因和实质并不是一眼就能发现的,尤其是社会性突发事件,其成因错综复杂,并且隐含在各种现象之中。领导者只有认真调查研究、全面收集了解事件的各种现象,才能从中分析出事件的原因及实质。这就要求领导者须在超常的情况下进行超常思维和运作,动用一切可行的手段,准确掌握事件的现象和事实材料。

一是事发后立即组织力量深入现场进行公开调查。观察事态的发展和群众的情绪,掌握事件过程的全部显露情况,不能遗漏重要的情况和细节;广泛收集和听取事件参与者、目睹者的意见、反映和要求,从中分析事件的性质和因由;想办法与事件的参与者,特别是重要人物正面接触,摸清对方的心理和目的;学习孙悟空"让过风头,抓住风尾"的识妖方法,尽量抓住事件的薄弱环节和暴露之处进行调查,既不十分显眼,又能发现问题。

二是对于敌对势力操纵的政治事件展开隐蔽调查。或是派素质较好的工作人员,以群众或积极参与者的身份,深入肇事组织内部,获取真实的情况和材料。这要求领导者有预防突发危机事件的充分准备,事发前就必须安排布置好。不能事发后才进行,否则相关工作人员也很难打进去。或是事发前后,根据日常掌握的情况,选择那些能争取过来的人为对象,对他们进行各种形式的教育,使其转变态度和立场。或是对于一些必须掌握而又不宜公开行动的情况,可以暗中观察,在不引起对方的警觉和不激化矛盾的情况下,依法收集掌握事件的情况和踪迹。

三是间接调查。这一方法介于前两种之间,适用性比较宽,调查哪类突发事件都可以使用。其方法是找非突发事件当事人调查了解情况。一般地说,第三方观察和提供的情况是较为客观和准确的。因为其与事件没有直接的利害关系,能够客观公正地分析和反映情况。同时,中间群众往往是斗争双方争夺的焦点,肇事一方为争取中间群众,会不同程度地表露出他们的目的和主张。因此,这种方法不仅能够通过间接的渠道获取很多有价值的情况,而且还能了解到中间力量的思想倾向和活动情况,为领导者做出决策提供可靠依据。

二、快刀斩乱麻,果断处置

突发事件发生原因极为复杂,既有直接的、现实的缘由,也有间接的、历史的根源。突发事件往往来势猛,发展速度快,把握变化趋势难度大。处置得当,事件能够得到妥善解决,否则容易激化矛盾,使事件升级,造成更加严重的损失。因此,遇到突发事件,领导者必须在理智冷静的基础上,以"快刀斩乱麻"的态度,迅速查清事件的真正缘由,果断提出解决问题的最佳方案。

一要总揽事件全局,通过精细快速的调查,迅速摸清事件的全貌和"诱因"。二要对各种现象和原因进行分析梳理,避免受到现象的困惑和群众激烈情绪的影响,准确地弄清事件的性质、趋势及发展后果。三要根据对事件的原因及性质的把握,找出解决事件诸问题的办法,果断地做出决策,切忌犹豫不决、贻误时机。

要做到"快刀斩乱麻",领导者必须有魄力、有主见。既要广泛地听取各方面意见,集中多数人的智慧进行决断,又不能纠缠于细枝末节,被一些现象和闲言碎语所左右;既要雷厉风行,抢时间争主动,不使事态进一步扩大,又要慎重从事,周密分析,不能有丝毫的粗心大意。

三、靠前指挥,现场决策

主要领导要在处置突发事件中发挥主导作用。很多突发性事件涉及较大的破坏范围,可能导致组织的生产和生活陷入瘫痪和混乱状态。在这种情况下,仅仅依靠危机管理机构的力量是很难完成危机的应对工作的,因此主要领导者要尽可能在最短时间内到达突发性事件现场,进行及时而有力的指挥,以确保危机应对的权威性和强制性,以利于组织内部各职能部门、组织成员之间应对危机的协调运作。

构成和引发突发事件的原因复杂多样,对群众的心理产生的冲击多种多样。突发事件随机性大,决策具有不确定性和风险性。领导者处理突发事件,必须机动灵活、超乎常规、靠前指挥,把决策权最大限度地放到现场,根据现场情况的变化,进行适时决策。各级政府要制定处理突发事件的预案,健全相应决策机制,主要负责领导要第一时间到达第一现场,迅速组织指挥,有效控制局面。

领导者在现场指挥时,要特别注意对突发事件的处置措施留有余地。不论是物资的准备,抑或条件的许诺,都不能一下子就达到极限,要有调整和协调的余地,要想得多一些、远一些,留有周旋的空间,把控事态处置的主动权。

四、控制彻底,防止蔓延

突发事件的紧迫性和破坏性,要求领导者必须采取积极果断措施,把事件控制、解决在损失的最低程度,从根本上杜绝突发事件的触发契机,确保不再发生类似事件。为此,领导者要有务求全胜的标准和意识。如扑灭火灾,倘若有一点粗心大意,放过一星暗火,就有死灰复燃、火灾再起的危险。政治性事件更是如此。特别是面对那些阴谋推翻国家政权的敌对分子,如果不及时彻底地惩处,他们还会东山再起,卷土重来,后患无穷。

领导者处置突发事件要坚持根除隐患原则。俗话说"吃一堑,长一智"。对突发事件的处置不能就事论事,草草收场,留下隐患。如果这样,说不定哪一天又会重蹈覆辙,损失更大。因此,领导者切忌贪图一时的安逸而忘记长远,一定要千方百计查找真正的隐患,采取得力措施,从根本上消除造成突发事件的隐患,只有这样才能保证社会的长治久安。为此,要注意适时地揭露事件的内幕和坏人的阴谋,澄清是非,以警示众人;要做好群众的思想政治工作,理顺各种思想情绪,消除不安定因素;还要及时找出领导工作中的缺点和不足,认真地进行纠正和改进,防止被坏人利用。

五、未雨绸缪,防患于未然

突发事件固然具有偶然性,但它的发生总是有必然因素在起作用。如果领导者在把握了突发事件的必然性和规律性的基础上,提前做好预测、预防和防范工作,有些事件是可以避免的。即便事件发生了,也可以相对地缩小规模、减少损失,并可事前估计到它的态势和影响。因此,领导者应冷静分析国内外政治经济形势及其趋势,注意观察掌握群众的思想情绪,掌握敌对势力活动动向;听取和分析长短期的天气、海洋、地震预报,随时掌握突发事件发生的条件和可能。据此拟定应急方案,做好充分的思想准备和物质准备。俗话说"有备无患","防患于未然",只有居安思危、克服麻痹思想,制定出各种预案并落实措施,才能既可起到预防突发事件发生的作用,又可在万一发生某种不测时及时控制局面。

六、重视思想工作,标本兼治

在处置突发事件中,思想政治工作有着不可替代的重要作用。在许多社会性质的突发事件中,大多数问题是由思想认识和利益分配问题引起的。领导者处置突发事件,应深入开展切实可行的思想政治工作。俗话说"对症下药",思想的症结还需要思想工作来解决,对由人民内部矛盾引发的集体上访、罢工、静坐、阻断交通、冲击政府等突发事件,要充分做好耐心细致的思想政治工作,劝导群众,疏导群众,使群众学会用法律武器保护自己的合法权益,在法律允许的范围内活动,不能采取极端手段向政府施加压力。同时,要向群众表明党和政府的立场及解决问题的真诚态度。切不可简单粗暴地对待或干脆置之不理,放任事件或矛盾的激化。

由于突发事件有大有小,性质也各不一样,因此领导者要针对不同类别、不同性质的突发事件采取不同的处理方法,尤其是一些事关社会稳定大局的突发事件更是如此。比如,对民族宗教地区突发事件的处理,一定要掌握政策,注意方法,严格遵守国家的民族和宗教政策。在参与处理突发事件时,要教育所有参与者正确认识民族宗教问题的历史性、国际性、群众性和长期性,正确看待新时期的民族宗教问题。在具体处理中,不要歧视信教群众,不能干涉教民正常合法的宗教活动,不擅自进入寺庙等宗教场所等,同时充分发挥少数民族干部群众在处理突发事件中的作用。又如,对农村突发事件的处理,既要充分维护农民权益,又要教育引导农民依法维权。

对突发事件的处置,既要认清其实质、特征、危害性,从偶然中寻找必然,把握其规律性,又要善于寻找和总结经验,找到化解的办法,将事情解决在萌芽状态,既要注重治"标",又要善于治"本",达到标本兼治。再比如,对一些群体事件,处理的时候宜解不宜结,宜散不宜聚,不能随便采取高压政策,一切都应该在理智和法律的范围内进行处理。事发以后,有关组织一定要坚持正确的导向,充分发挥思想政治工作的巨大作用,引导群众通过合理途径解决问题,避免事态的扩大。

◎ **案例 14 - 1**

　　解放战争时期,胡宗南亲率 23 万兵力,向党中央所在地延安进犯。当时,西北野战军在陕甘宁边区只有 2 万多人。面对 10 倍于我们的敌人,毛泽东和党中央并没有离开陕北,而是镇定自若,亲自指挥战斗。士兵群众因能经常听到党中央、毛主席的声音而心里踏实,信心坚定,战斗力大大提高,最终粉碎了胡宗南的进攻。毛泽东等革命领袖处理突发事件的胆略与艺术值得我们学习借鉴。

◎ **案例 14 - 2**

　　2001 年 9 月 11 日,当美国受到恐怖分子袭击的时候,布什总统正在驱车前往一所小学的路上,他要在那里和学校的师生见面,对媒体发表有关教育方面的政策讲话。就在这时,纽约世贸中心发生了第一次民航飞机撞楼事件。当助手们把这个消息告诉布什后,他最初的反应是:这是一起由飞行员失误造成的飞行事故。然而,过了不到 20 分钟,又一架波音飞机撞击了世贸中心的南楼。这时布什总统已经走进了教室,当白宫办公厅主任卡德把这个消息告诉总统时,布什开始意识到这是一次蓄意的攻击事件。用他后来自己的话说:"他们已经向我们宣战了,在那个时刻,我已经下定决心要进行战争。"但是布什却表现得很冷静,并没有把内心的想法表现在脸上,而是继续和教室里的师生聊了一会,才告辞离开。可见,作为总统,布什深知处变不惊的重要性。

第十五章 调查研究的方法与艺术

调查研究是一项重要的领导方法,是领导决策之前必不可少的重要环节。毛泽东说:"我们的口号是:一,不做调查没有发言权。二,不做正确的调查同样没有发言权。""调查就像十月怀胎,解决问题就像一朝分娩。"没有调查不仅没有发言权,自然更没有"决策权"。在经济社会快速发展变化的今天,那种不靠科学手段,没有全面调查研究的"经验式"决策,已不能适应新形势了。调查研究作为一种重要领导方法,不仅要求领导者要组织下属认真开展调查研究,而且更要自己亲自做调查研究,掌握第一手资料。对于领导者来说,无论是客观地认识问题还是科学地进行决策,都离不开自己身体力行地做调查研究。调查研究学问深奥,领导者应认真学习研究和掌握调查研究的科学方法与艺术。

第一节 调查研究概述

一、调查研究的含义

所谓调查研究,是指人们在认识社会与改造自然的过程中,亲临现场深入实际进行考察,以探求客观事物的真相、性质和发展规律的活动。调查研究一般是指对某个事物,通过一定的方式和方法,有目的地搜集有关信息,并对其进行加工综合,以获得对调查对象正确的认识,预测其发展变化趋势,提出有针对性的决策方案或建议的一种实践活动。调查研究是人们认识社会、改造自然的一种重要的科学方法。

在日常用语中,人们常常把调查研究合在一起使用,实际上"调查"和"研究"既有区别又有联系,各自的含义是不同的。所谓调查,是指人们亲临现场或深入实际,通过各种途径、运用各种方式,包括口头的和书面的、直接的和间接的方法,有计划、有目的地了解事物真实情况,掌握第一手材料。所谓研究,是指人们对调查所获得的第一手材料,进行去粗取精、去伪存真、由此及彼、由表及里的思维加工,从而获得对客观事物本质和规律的认识,以指导实践活动。调查与研究是辩证统一的关系。调查的任务是按有关目的吸取信息,积累资料;研究的任务是把调查得来的信息进行加工,综合处理,得出理性认识和解决问题的方法。调查是研究的前提和基础,没有调查,研究就是"无米之炊"、无源之水;研究是调查的发展和深化,没有研究,调查就达不到理性认识事物的目的,调查就失去了意义和作用,就成了摆设。

二、调查研究的类型

(一)普遍调查

普遍调查是指对研究对象的全体无一例外地全部进行调查。其优点是调查资料具有全面性和准确性。但是当研究对象数量比较大时,普遍调查的工作量会变得相当大,要耗费大量的人力、物力、财力。

(二)抽样调查

抽样调查是指按照随机的原则从研究对象全体中抽取出部分个体作为样本进行调查,以便能够通过样本的情况来推测全体的情况。它既能达到研究的要求,又能节省工作量,因而是一种普遍采用的调查方法。

(三)个案调查

个案调查是指专门对某一对象或某一事件进行调查。由于调查范围只集中于一个对象,所以调查能较为深入,取得比较细致的资料。

(四)偶遇调查

偶遇调查也叫随意调查。它与抽样调查一样只调查全体研究对象中的部分个体。但它与抽样调查不同的是没有经过科学的方法随机选择调查对象,因而当用所得到的资料来反映全体的情况时,就很有可能出现误差。其最大的优点是省时、省力、省钱。

(五)专家调查

专家调查又称特尔斐法,是国外一种比较流行的方法。它也是部分调查,只是其调查对象是与研究课题有关的专家、学者。由于专家在与研究课题有关的领域有较多的研究和思考,因此通过专家调查,收集专家们的意见、态度,可以获得关于所研究事物的状况和发展趋势等方面的资料。

三、调查研究的特点

(一)调查对象具有广泛性

调查研究的对象广泛全面,具有典型性和代表性。调查对象由所要调查研究解决的问题而定,可以是某一些人、某一个单位,也可以是某一部门、某一地区。调查对象的广泛性还表现在,调查研究是以活动形态或现实存在形态为研究内容,它们广泛存在于所要调查研究的各个领域之中。因此,从理论上说,一切与所要解决问题、现象有关的人和事、单位和部门都可以作为调查研究的对象。这一特点决定了领导者在选择调查对象时要深入群众、深入一线、深入基层,广泛听取群众的意见和要求,力戒片面性、注意广泛性、增强群众性。

（二）调查手段具有多样性

调查研究的手段和方法具有多样性。如问卷、访谈、实地考察、开座谈会、勘探测量等，其中每一种方法，在不同的情况下可以表现出不同的方式。在具体调查研究过程中，研究者可以根据课题的大小、性质以及研究者自身的情况选择适当的方法。

（三）调查方法具有可操作性

在进行调查研究时，要设计详细、具体的调查方案。在调查方案中，有各种研究变量的操作指示，有根据各种调查方法设计出的调查工具，如问卷、访谈提纲、测量表及试卷，也有供分析资料用的整理信息和统计的方法，等等。调查者可以依据调查方案进行具体操作，且具有较强的可操作性。特别是对于数据资料的收集，可以在较大的范围内进行，从而在较短的时间内收集到大量的数据资料，因此有较大的实用性。

（四）调研成果具有服务性

开展调研的目的是为领导者决策和解决问题服务的，因此调研必须紧紧围绕决策和所要解决的问题展开，所形成的调研成果要情况清楚、意见正确、对策可行。在运用调研成果时，还要处理好调查研究与解决问题的关系。对于形成的调研成果，应通过一定的方式，如形成决议、审议意见书、调研文章等，责成或推动相关部门解决。

四、调查研究的作用

（一）调查研究是中国共产党的优良传统

历史和现实表明，革命导师都十分重视调查研究，是调查研究的典范。习近平总书记指出："重视调查研究，是我们党在革命、建设、改革各个历史时期做好领导工作的重要传家宝。"《毛泽东选集》第一卷第一、二篇都是调研报告，即《中国社会各阶级的分析》《湖南农民运动考察报告》。这两篇文章是毛泽东同志早期对中国社会进行长期、深入调查研究的成果，篇幅虽然不长，但它对确定中国新民主主义革命的根本战略起到了至关重要的作用。毛泽东曾提出过"没有调查就没有发言权"的至理名言。毛泽东一生运用马克思主义的立场、观点和方法，调查和研究中国社会的历史和现状，把马克思主义普遍真理同中国革命实践结合，提出了指导中国革命的理论和方针政策，赢得了革命的胜利。马克思和恩格斯十分重视对社会实际的调查与研究。恩格斯在居留英国期间，曾对英国工人状况和工人运动做了周密的调查研究，写出《英国工人阶级状况》一书。马克思拟订过关于各国工人阶级状况的统计调查提纲和《工人调查表》。长达40年创作《资本论》的过程，就是他对资本主义社会进行调查研究的过程。

重视调查研究是我们党在革命、改造、建设和改革各个历史时期做好领导工作的优良传统。党的实事求是的思想路线,从群众中来、到群众中去的根本工作路线等,无不要求领导干部重视调查研究。只有这样,才能真正做到一切从实际出发、理论联系实际、实事求是,真正保持党同人民群众的密切联系,也才能从根本上保证党的路线方针政策和各项决策的正确制定与贯彻执行,保证我们在工作中尽可能防止和减少失误,即使发生了失误也能迅速得到纠正而又继续胜利前进。回顾我们党的发展历程可以清楚地看到,什么时候全党从上到下重视并坚持和加强调查研究,党的工作决策和指导方针就符合客观实际,党的事业就顺利发展;而忽视调查研究或者调查研究不够,往往导致主观认识脱离客观实际、领导意志脱离群众愿望,从而造成决策失误,使党的事业蒙受损失。

(二)调查研究是正确决策的基础和前提

调查研究是科学决策的基础,是掌握全局和指导工作的重要手段。处于社会转型期的当代中国,新情况、新问题、新矛盾层出不穷,领导干部唯有重视调查研究,掌握第一手材料,才能科学决策,更好实现领导工作目标。实践证明,正确的决策来源于对客观实际的充分调查研究,如果不了解实际情况,就不可能确定正确的方针政策,工作就会脱离实际出问题。现代社会,领导者时刻处在决策状态,不掌握实际情况,就会导致决策失误。一个地区、一个单位的领导者如果对自己所管辖地方和单位的情况若明若暗、心中无数,凭主观想象、凭经验和感觉决策和指挥,必然导致决策失误。历史和现实表明,搞好调查研究,掌握真实情况,是实现科学决策和正确领导的基础和前提,离开了这个基础和前提,就会出现决策失误和瞎指挥。

(三)调查研究是改进工作作风的重要手段

毛泽东说:"在全党推行调查研究的计划,是转变党的作风的基础一环。"调查研究是解决思想作风、工作作风、领导作风和干部生活作风的有效手段。陈云说:"领导机关制定政策,要用百分之九十以上的时间作调查研究工作,最后讨论作决定用不到百分之十的时间就够了。"从孔夫子的"每事问",到戏剧舞台上所表现的开明皇帝的"微服私访",再到现实领导工作中的各种形式的调查,如农村调查、城市调查,新闻调查、专题调查,民意调查、问卷调查,审计调查、办案调查,抽样调查、统计调查……特别是领导和决策机关的调查,包括视察、巡视等,无不对改进工作作风、做好实际工作具有重要作用和影响。需要指出的是,当下领导干部工作作风中不同程度地存在不重视调查研究、不善于调查研究的问题。有的走不出"文山会海",强调工作忙,很少下去调查研究。有的满足于看材料、听汇报、上网络,不深入实际生活,坐在办公室关起门来做决策。有的自认为熟悉本地区、本部门情况,对层出不穷的新情况、新问题反应不敏锐,对形势发展变化提出的新课题、新挑战应对不得力,看不到事物的发展变化是一个由量变到质变的过程,凭经验办事,拍脑袋决策。改进工作作风务必重视调查研究。

首先,调查研究有利于防止和克服主观主义。只有认真深入地进行调查研究,才能正确认识事物本质和科学决策。一些领导者在实际工作中之所以出现这样或那样的差错，往往是由于对事物的本质认识不清所致。这些年来，群众对一些领导干部的思想作风和工作作风不满意，在很大程度上是因为这些领导干部主观主义盛行，脱离群众，瞎指挥乱决策。如不从群众长远利益考虑，不顾当地的财力物力条件，盲目追求高指标和轰动效应，搞"形象工程""政绩工程"，导致群众反感和不满。又如在干部选拔中，一些领导干部和组织人事部门不深入群众调查考察，不注意"群众公认"，而是领导者独断专行、主观主义，把不正派的干部选拔上来，甚至带病提拔，导致用错一个人挫伤一大片的严重后果。

其次，调查研究有利于防止和克服官僚主义。官僚主义是不负责任的领导作风。官僚主义的特征是领导脱离实际、脱离群众，不了解民情，高高在上，不按客观规律办事，独断专行，不负责任，主观臆断地瞎指挥。官僚主义是剥削阶级思想和旧社会衙门作风的反映。调查研究有利于增进对人民群众的了解和理解，密切与人民群众的关系。毛泽东同志说过："要做好调查研究，第一是眼睛向下，不要只是昂首望天。没有眼睛向下的兴趣和决心，是一辈子也不会真正懂得中国的事情的。"调查研究是联系群众的桥梁、防止官僚主义的克星。领导干部通过调查研究，可体察民情，倾听人民群众的呼声，体验基层工作和生活困难。领导者只有了解群众喜欢什么、讨厌什么、需要什么，其决策才能做到想群众所想、急群众所急、帮群众所需，深得群众拥戴。

最后，调查研究有利于改进工作推动社会经济发展。作为领导者，通过调查研究这个"窗口"，观察社会，发现问题，对于改进工作推动社会经济发展具有重要意义。毛泽东是很善于做调查研究的，他不但亲自动手搞调查，而且善于运用批转、推荐别人调查研究成果的方法来指导工作。因为，通过调查研究掌握的第一手材料最具说服力。如作为调查研究结果的典型经验，对社会各方面具有指导意义；调查研究结果中所揭露的问题，对社会各方面具有警示作用；调查报告作为一种社会舆论、社会事实的发言人，能够比较客观地反映群众的愿望，鼓舞人们克服困难的信心，冲破深化改革的阻力，信心百倍地去争取全面深化改革的胜利。

（四）调查研究是提高工作能力的重要手段

调查研究既是对领导干部思想理论水平的检验，也是提高领导干部思想理论水平的重要环节。调查研究，可使领导干部的思想认识得到丰富和发展。因为调查研究的过程，同时也是领导干部提高认识能力、判断能力和工作能力的过程。在科学技术日新月异的信息化时代，形势发展变化很快，实践也在不断深化，需要领导干部的思想认识随之不断提高。领导干部怎样才能不断提高思想水平和认识能力呢？看书学习固然是一个重要途径，同时，调查研究也是非常重要的途径。特别是在基层工作的领导干部，每天面对的是纷繁复杂的人群和具体的工作任务，能否从中吸收和提取思想精华为其工作服务，自然离不开调查研究。

领导干部走出机关,深入基层、深入实际、深入群众,进行调查研究,有益于正确认识客观世界、改造主观世界、转变工作作风、增进同人民群众的感情,有益于了解群众的需求、愿望、创造精神和实践经验。虽然现在的交通和通信手段越来越发达,获取信息的渠道越来越多,但这并不能代替领导干部亲力亲为的调查研究。因为直接与干部群众接触,面对面地了解情况和商讨问题,对领导干部在认识上和感受上所起的作用,与间接听汇报、看材料是不同的。领导干部通过深入实际调查研究,把大量和零碎的材料经过去粗取精、去伪存真、由此及彼、由表及里的思考、分析、综合,加以系统化、条理化,透过纷繁复杂的现象抓住事物的本质,找出其内在规律,由感性认识上升为理性认识,并在此基础上做出正确的决策。这既是领导干部分析和解决问题能力的重要反映,也是判断领导干部思想理论水平和工作水平的重要标志。领导干部不论阅历多么丰富,不论从事哪一方面的工作,都应始终坚持和不断加强调查研究。

（五）调查研究为制定政策提供实践依据

领导者制定方针政策必须从实际出发,而调研结果能比较充分地反映客观实际,因而可以作为领导制定方针政策的依据。正确的方针政策和策略,总是根植于实际生活,来源于正确的调查研究。毛泽东的《湖南农民运动考察报告》对农民运动做了马克思主义的分析,高度赞扬了农村革命运动,用十四件大事,驳斥了对农民运动的诬蔑和指责,为党制定支持农民运动的正确方针提供了依据。在全面深化改革的今天,各行各业的各级领导者要掌握全面深化改革的主动权,夺取深化改革的全面胜利,离不开脚踏实地的调查研究。调查研究有利于认识世情国情、把握省情市情,有利于了解群众要求,倾听群众呼声,集中群众智慧,是正确进行改革顶层设计、克服改革困难、取得改革胜利的法宝。

（六）调查研究是对群众进行政治思想教育的重要途径

调查研究的过程实质是领导者了解群众、听取群众意见,开展群众思想政治工作的过程。一般说来,调查研究的成果,往往以大量确凿的材料反映社会面貌和人的精神风貌的巨大变化,展现先进典型的先进思想和先进经验,能给人以催人猛醒、催人奋进的希望和力量。调研结果对调查者来说,也是极好的教材。延安整风期间,张闻天深入陕北、晋西北进行了认真的社会调查,调查结束后他写了《出发归来记》一文,认真做自我思想总结,大胆地检查了自己的不足,表示"我的自我改造,还得从做一个真正唯物论者开始"。最后他把自己的认识和体会归结起来,深刻地指出:"接触实际,联系群众,这是一个共产党员的终身事业。"这表明,调查研究既有利于领导者对群众进行政治思想教育,也有利于领导者进行自我思想教育。

第二节　调查研究的方法

一、调查研究的程序和步骤

调查研究活动从总的方面看,主要由调查和研究两大部分组成,而从具体实施过程看,大致可分为选题、前期准备、调查、研究、写作和转化几个阶段。其中每一个阶段都有特定的方法、手段、任务和目的。

(一)找准调研选题

正确提出有价值的课题,往往比对这一课题进行调研更困难、更有意义。题目选准,就意味着成功了一半。题目没选准,就会事倍功半,甚至劳而无功。选题的确定应遵循需要性、新颖性和可行性原则。命题是对问题可能的解释,是由假设而来的超前的思考。在调查之前,大体上要有一个假设。因为只有有了假设,调查才能在很大程度上成为一个求证的过程;没有假设,就难免随波逐流。调查时间毕竟有限,有没有假设,对调查工作效率和质量的影响很大,结果也往往很不一样。在调查工作的准备阶段,一定要把一个问题领域收缩到一个命题上,哪怕是一个非常非常小的命题上,这样才能引导你的思想前行。调查验证的结果,无论是证是还是证否,同样都是有价值的。

调研选题从不同角度看,可以分成不同类型。从调研的范围看,可分为宏观课题与微观课题;从调研的过程看,可分为动态课题与静态课题;从调研的方法看,可分为实证性课题与思考性课题;从调研的目的看,可分为探索性课题与理论性课题、描述性课题与解释性课题等。这种分类方法,是从理论上进行的,在实际操作中,也有交叉。从调研的目的看,主要可分探索性、理论性、描述性和解释性四种。从调研问题的重要性看,可分为五个层级:重大问题、重点问题、重要问题、热点问题、难点问题。

调研选题要具有超前性、适时性、可操作性,要服务和服从中心工作,想领导之所想,急领导之所急,想领导之未想,急领导之未急。在具体操作方法上要做到长短结合,以短为主;冷热结合,以热为主;虚实结合,以实为主。调查前要紧紧围绕"问题"展开,无论是问题的真相和全貌、问题的本质和规律,还是解决问题的思路和对策,都是以"问题"作为落脚点和出发点的。科学严谨的调查研究之前必须精心设计选题。设计选题应重点把握以下几个关键环节:一是查阅文献资料,通过查阅文献资料掌握初步情况;二是提出研究假设,通过文献资料研究,推测性判断调查对象的特征及有关现象之间的关系,从而进行尝试性设想,明确重点、方向,使调查研究具体化;三是确定调研内容,调研内容通常包括状态、意向、行为等;四是设定调研提纲和问卷设计,根据概念具体化,具体设计调研提纲和问卷。

（二）确定调查方法

首先是要根据你对问题的把握和理解，确定调查的对象和方法。再根据调查对象和你所要了解的问题确定调查方法。有的可以采取问卷或座谈会的方法，有的要采取典型调查或量表调查的方法。如果问题比较复杂，还需要先把问题分解，分解成若干部分或若干个小问题，再针对不同的问题确定不同的调查方法。调查对象和调查方法确定了，收集资料的范围自然也就知道了。在很多情况下，调查者总是希望收集的资料多多益善，但是把所有的材料不管有用没用全拿过来，这是不经济的、效率不高的做法。大的范围还是要界定清楚的，界定得越清楚，在调查中就越是容易决定资料的取舍。

（三）制定调查方案

为了确保调研的质量，取得预期效果，在调查之前应做好前期准备工作，否则调查就难免带有盲目性，难以达到预期效果。在调查课题、对象、方法确定后，即可拟订调查方案，着手调查前的准备。准备工作是调查研究全过程中的一个重要阶段，调研不能打无准备之仗。调查前的准备工作要围绕课题需要，从理论和操作两方面进行。首先要收集、调查、阅读与研究相关的信息资料，从而确定调查提纲。其次要组建调研班子、拿出调研方案、明确调研形式与方法。调研方案包括：明确调查课题及调查目的；调查范围和对象；调查的具体内容；调查手段与方法；调查的实施步骤与日程安排；调查的组织与分工；调查报告的完成日期。

（四）实施实地调查

实地调查是获得第一手资料和实感的过程。实地调查就是领导者和其他参与调研的工作人员，深入乡村、社区、企业、学校、医院等基层，进行现场调研和实地考察。实地调查包括开座谈会、对话、谈心、查阅档案资料、察看现场等。实地调查之要在于实，眼见为实，调查者要亲临现场，耳闻目睹，获得真实材料。实地调查要防止走过场，只看"盆景式"典型，满足于听听、转转、看看，蜻蜓点水、浅尝辄止。

（五）整理分析调查资料

这是消化调查资料、去伪存真的过程，也是对假设进行验证的过程。这个阶段的关键，是形成判断和观点。最忌讳的是拉拉杂杂地罗列一堆材料，不得要领、拎不出观点。判断和观点要符合实际，要持之有据、论之有理，否则就要重新检验材料甚至做补充调查。如果到调查结束后，在整理分析资料时还未形成观点和判断，那调研就失败了。

（六）撰写调查报告

调查报告是调查研究的总结和标志性成果。调研报告写的好坏、质量高低，功夫并不在于最后的写作，而在于在调查的过程中是否搜集到了翔实的资料，是否形成了自己的判断和观点，是否有了贯穿观点的逻辑。而报告的撰写，无非是把自己想说的话变成文字而已，是一个水到渠成的事情。但这并不是说调研报告撰写环节不重要。需要特别强调的是文风问题,报告写作体现的是文风。现在调查报告写作模式化、官样化:一现状,二问题,三对策建议。并不是说这样写不行,但千篇一律、格式化就不可取了。难道现状里就没有问题,问题里就没有对策建议吗?调查报告就一定只有这样一种写法吗?不妨看看毛泽东的寻乌调查、兴国调查、长冈乡调查、才溪乡调查吧,这些调查报告全是据实写来,有话则长,无话则短,不避繁杂,不失要旨,殊不见什么对策建议;其调查之深入,材料之翔实,观点之鲜明,文风之朴素,看了让人钦佩之至,又有谁说毛泽东没有说清楚现状、问题和对策呢?写好调查报告好文风最重要。

二、调查研究的基本要求

（一）调查研究要有明确的目的

调查研究首先要有明确的目的。调查什么,要解决什么问题,其目的一定要明确而又具体。从某种意义上说,人们所做的一切工作都是为了解决问题。问题的提出、思索、分析,以致解决,无不以调查研究为基础、为先导。一般说来,每一项调查研究,都是针对某一个或几个问题而进行的,其目的很明确、很具体。漫无目的的、不着边际的参观、考察之类,算不上调查研究。因此,无论什么样的调查研究,都要以解决问题为出发点和根本目的。

（二）调查研究要以事实为依据

调查研究的首要目标是弄清事实,通过大量而充分地占有直接的或间接的第一手资料、搞清事实真相,这是取得正确认识、得出正确结论的前提和基础。只有客观准确的事实才能令人信服。调查研究一定要以事实为依据,实事求是,把握事物本质,还原事物真相,揭示客观规律。而不能为了达到预想目的,主观臆断,不顾客观实际,捏造事实,掩盖真相。

（三）调查研究要力求全面准确

调查研究要做到全面准确,防止片面性和走极端。对所调查研究的问题要穷根究底,全方位了解和认识问题,弄清各种现象之间的内在联系,分析问题的来龙去脉,实事求是,不为表象所迷惑。调查研究不能"一叶障目",只见树木不见森林。既不能把个别当一般,也不能用一般代替个别,不能凭个人偏好和兴趣取舍调查对象和调查资料。

（四）调查研究要有理论指导

革命导师列宁指出:"没有革命的理论,便没有革命的运动。"调查研究一定要坚持正确的理论指导,而不能想当然、凭经验办事,就事论事。调查研究如果脱离了正确理论指导,就会误入歧途,要么陷入盲目性,徒劳无功;要么在思维和方法上主观、片面、极端,把支流当主流,视正确为错误;要么是非不辨,黑白混淆,把生机勃勃的新生事物当作排斥打击的对象等。一言以蔽之,调查研究只有用正确理论指导,才能以实事求是的工作态度和科学方法进行调查研究,才能了解事实真相,得出科学结论。

（五）调查研究要坚持客观公正

调查研究要做到不偏不倚、客观公正。调查研究者不能戴有色眼镜看人看事,不能从个人好恶、情感、偏好、兴趣取舍调查对象和调查材料。由于调查研究的问题总是会触及一些人、一些单位或阶层的利益,因此,也存在一定的风险。这就要求领导者和调查人员具备大无畏的勇气和自我牺牲的精神,坚持客观公正的立场和求真务实的态度。倘若见矛盾就躲,有困难就退,遇压力就缩,涉风险就避,断然搞不好调查研究。调查研究不能对领导者投其所好,更不能屈服于领导权威。调查研究坚持客观公正的原则,既是对研究人员的基本要求,也是其本身应当具备的重要品质。

三、调查的主要方法

（一）实地观察调查法

观察法可分为直接观察与间接观察、参与观察与非参与观察、连续观察与非连续观察等形式。调研活动中的实地观察法是指调研者到现场的直接观察,通常适用于对那些不能够、不需要或不愿意进行语言交流的情况进行调查。实地调查法是调查人员在不改变调查对象的性质和过程的条件下,对对象进行"现场"观察和考察,以便获得第一手资料,并要对这些资料做出实质性和规律性的解释。实地调查法的优点是,调查者可获得直接的、生动的感性认识和真实可靠的第一手资料。但其局限性是调查者所观察到的大多是事物的表面现象或外部联系,带有一定的偶然性,且受调查者主观因素影响较大。因此,不能进行大样本观察,需要辅之以其他调查方法。

（二）访谈调查法

访谈调查法是调查者通过面对面的直接交谈,向被调查者了解情况,搜集资料的方法,包括个人谈话和召开各种类型的座谈会等。访谈调查方法的优点是比实地观察法能更深一层次地进行深入调查,能获得更多、更有价值的信息,适用于调查的问题比较深入,调查的对象差别较大,调查的样本较小,或者调查的场所不易接近等情况。但访谈调查方法也有其不足和局限性:由于访谈标准不一,其结果难以进行定量研究,且访谈过程耗时长、成本较高、隐秘性差、受周围环境影响大,故难以大规模进行。

访谈调查法分为个别访谈和集体访谈两种类型。个别访谈也可称为直接访问,是与被访问人员单独交谈而获取信息资料。最大好处是不受他人影响,使被访问人员克服从众心理和担忧心理,因而访问能够比较深入,且能获得真实信息。个别访谈能否成功的关键在于启发对方说真话。集体访谈就是开座谈会,这是较为常用的调查方法。这种方法是个别访谈调查法的扩展和延伸,因其简便易行故在调查研究工作中比较常用。毛泽东说:"开调查会,是最简单易行又最忠实可靠的方法,我用这个方法得到了很大的益处,这是比什么大学还要高明的学校。"该方法是通过邀请若干调查对象以座谈会形式来搜集资料,分析和研究社会问题。最突出的优点是工作效率高,可以较快地了解到比较详细、可靠的社会信息,节省人力和时间。但由于这种做法不能完全排除被调查者之间的社会心理因素影响,调查结论往往难以全面反映真实的客观情况。且受时间条件的限制,很难做深入细致的交谈,调查的结论和质量在很大程度上受调查者自身因素影响等。开好座谈会有两点最重要:第一点是参加对象必须是最了解情况且能讲真话的人;第二点是事前让参加对象了解座谈要求和内容,做好充分准备。当然还有人数的限制,气氛的营造等。

(三)问卷调查法

问卷调查法是调查者根据调研任务要求,通过设计、制成统一内容、统一要求的问卷式的调查表,寄发给调查者填写,用以搜集信息资料的一种调查方法。问卷调查法是间接的书面访问法。问卷调查法有三种基本类型:结构型问卷的全部内容是规定性的;松散型问卷是让人根据自己对所提问题的理解自由"答卷";混合型问卷是上述二者的混合。

问卷调查法的最大优点是能突破时空的限制,在广阔的范围内,对众多的调查对象同时进行调查,适用于对现时问题、较大样本、较短时期、相对简单的调查,被调查对象应有一定文字理解能力和表达能力。其局限性在于问卷调查法只能获得书面的社会信息,而不能了解到生动、具体的社会情况。因此该法不能代替实地考察,特别是对那些新事物、新情况、新问题的研究,应配合其他调查方法共同完成。

问卷调查法的成功与否,关键在于问卷的设计。调查问卷的编写结构,一般由前言、主体和结束语构成。前言,一是介绍和说明此次调查的意义、目的,争取支持合作;二是对填写的要求和说明。主体是问卷的主要组成部分,主要有两种形式:一种是列出问题并说明填写要求,请被调查者回答;另一种是制定一系列表格并说明回答方式,请被调查者填写。结束语的主要内容包括:一是征询对问卷的意见;二是表示感谢。

(四)文献调查法

文献调查法是一种传统的间接搜集资料的调查方法,是通过对文献的搜集和摘取,以获得关于调查对象信息的方法。司马迁和马克思都是这种调查的典范。该方法适用于调查研究对象在一段时期内的发展变化,研究角度往往是探寻一种趋势,或弄清一个演变过程。文献调查法的优点是能突破时空的限制,进行大范围的调查,调查资料便于汇总整理和分析,而且资料可靠、能以较小的人力物力收到较大效果。但它往往是一种先行的调查方法,一般只能作为调查的先导,而不能作为调查结论的现实依据。

文献调查法的作用:有助于形成对调研对象的一般认识,为调查打好基础;避免重复劳动,有助于启发思维;能得到现实情况的比较资料,有助于认识对象的全貌和本质。文献调查法的途径一般包括以下三方面：一是分析调研课题，以便确定文献调查的范围；二是选定查找方法，比如根据文献发表时间顺序查找的顺查法、递查法，还有追溯法、循环法等；三是选定查找检索工具，即选定工具书，如年鉴、手册、年表、图谱、政书、类书、百科全书、书目索引、报刊索引等。

（五）抽样调查法

抽样调查法是指按照一定方式，从调查总体中抽取部分样本进行调查，并用所得结果说明总体情况。抽样调查法最大的优点是节约人力、物力和财力，能在较短的时间内取得相对准确的调查结果，具有较强的时效性。一般说来，组织全面调查范围广、耗时长、难度大，常采用抽样调查的方法进行检查和验证。其局限性在于抽样数目不足时会影响调查结果的准确性。

（六）典型调查法

典型调查法是指在特定范围内选出具有代表性的特定对象进行调查研究，借以认识同类事物的发展变化规律及本质的一种方法。在调查样本太大时，可以采用此种方法。典型调查法的关键和重点是要选好、选准典型，所选典型要具有代表性和典型性。如果所选典型缺乏代表性或不够典型，这样的典型调查不仅达不到应有效果，而且用这样的调查结论进行决策势必脱离实际，造成失误。

（七）统计调查法

统计调查法是指通过分析固定统计报表的形式，把下边的情况反映上来的一种调查方法。由于统计报表的内容是比较固定的，因此适用于分析某项事物的发展轨迹和未来走势。运用统计调查法，应特别注意统计口径要统一，以统计部门的数字为准，报表分析和实际调查相结合，不能就报表进行单纯分析。如对某一个数据大幅度上升或下降的原因，报表中难以反映出来，只有通过实际调查才能形成完整概念。

四、调研结果运用的步骤与方法

（一）组织不同意见的民主讨论

一项调研结果产生后，需不需付诸实施，何时实施，怎样实施？在领导成员之间常有不同看法，有时意见还非常尖锐。作为一个领导者，明智的做法是不回避，积极主动地组织民主讨论。不同意见的争议，能够激发人们的想象力和创造力，开阔视野，启发思维，深化思路，从而使调研结果得以有效地发挥出应有作用。

（二）先试验后推广

领导者在决定实施调研结果，特别是实施他人在别地调查研究所取得的成果时，必须先进行试验，在取得成功经验后再普遍推广。这种做法通常被称为"试点"。"试点"是一种重要的工作方法，但必须科学进行才具有科学意义。被试验的"点"必须在全局中具有典型性和代表性，试验必须严格按照调研结果的要求实施。只有试点成功了，才能进行全面推广和应用。

（三）从实际出发力戒照抄照搬

一般说来，调研结果既是事物客观规律的反映，也是干部群众实践经验的概括和总结。调研结果的实施必须结合实际，创造性地进行，而不能满足于照本宣科。毛泽东曾讲过："盲目地表面上完全无异议地执行上级的指示，这不是真正在执行上级的指示，这是反对上级的指示或者对上级指示怠工的最妙办法。"这也是领导者在实施调研结果时必须引以为戒的。

第三节 调查研究的艺术

一、选题的艺术与技巧

（一）正确地提出问题

从广义上来说，调查研究就是解答和解决问题。毛泽东说："你对于那个问题不能解决吗？那么，你就去调查那个问题的现状和它的历史吧！你完完全全调查明白了，你对那个问题就有解决的办法了。"问题意识是做好领导干部调查研究工作的重要基础，问题意识强否、能否抓住关键问题，将决定调查研究工作的成效。领导干部调查研究的选题必须紧扣现实工作需要，出发点是提供所需的对策建议，落脚点是解决经济社会中的具体问题。实践证明，调研问题选择得好与坏，是直接关系到调研成果大小和调研工作成败的关键。选准了调研问题，等于选定了成功之路的开端，一个领导者调研功夫如何，首先就表现在他选择调研问题的水平上。

当领导者面临诸多社会实际问题时，应注意把表面的局部情况同整个复杂系统联系起来，从多方面加以考察，以求从总体上、本质上深入理解和把握问题的症结。一个具有敏锐洞察力的领导者，能透过某些社会问题的表面现象，通过一系列深入的提问而把握问题的实质，从而制定合理的行动计划和目标。需要强调的是，调研要以问题为导向，并不是遇到什么问题就调研什么问题的，而应从一大堆问题中根据实际需要和轻重缓急进行筛选。调查研究问题的形成和选择是进行调研活动的重要阶段。形成和选择有价值的调研问题，是一个创造性的思维过程，不可能规定一个刻板的模式，它需要领导者有广博的学识和较强的分析识别能力。

（二）确认问题的途径

确认问题存在，或发现事物在自己发展的某个环节上出了问题是有规律可循的。确认问题主要有以下几种途径：①从群众来信、来访中反映出的重大问题；②从领导活动实践中发现的调研问题；③在民主讨论中提出的调研问题；④从各种意外、偶发事件中产生的调研问题；⑤自觉地运用辩证思维揭露矛盾而找出的调研问题；⑥在上级领导的意见或指示下接受的调研问题；⑦从社会思潮的变化中感受到的调研问题。

（三）排列问题轻重缓急

一种是按问题的紧迫程度,把那些需要立即调查处理的问题排在前边,而把那些可以在今后一段时间解决的问题排在稍后的调查研究中。另一种是按问题的重要程度排列。有时,许多最重要的问题往往也是亟待解决的问题。但有时,最重要的问题并不是需要马上调查处理的。这时,领导者在着手调查解决那些亟待处理的问题时,要时刻想到还有最重要的问题在等待着调查研究解决。

二、调查材料分析加工的艺术与技巧

通过调查获得了资料,这仅仅是为研究工作准备了必要条件,相当于为"加工"准备了"原材料",但还不能解决理论或实际问题。只有通过研究,把"原材料"变成"制成品",把感性认识上升为理性认识,才能引出观点,发现矛盾,得出结论,解决问题。马克思说:"科学就在于用理性方法去整理感性材料。"用理性方法去整理感性材料,一般可分为三个步骤:一是调查资料的整理;二是对资料的分析;三是对调查结果的评价。

（一）资料整理与加工提炼相结合

领导者对于调研材料不能简单拼盘,拿来就用。因为,调查中得来的材料虽然具有真实性,但都是零星的、片面的,不具备连贯性、系统性,更没有上升到理性的高度。要使这些材料具有连贯性、系统性,找出它们之间的内在联系,实现由感性到理性的上升,必须要进行综合分析和加工提炼,有一个由此及彼、由里及外、去伪存真的加工提炼过程。调查报告既要"研究"更要"讲究"。深入开展调查研究后,必须坚持"调""研"并重,做到"研以致用"。调查后不仅要研究调查资料背后的规律,更要讲究调查资料基本的处理三步法:综合、分析、提炼。当然,调查研究报告的价值关键在于情况掌握是否全面准确,问题及原因分析是否科学到位,对策建议能否解决实际问题。

（二）定性分析与定量分析相结合

领导者要注重对调研成果的综合分析,把定性分析与定量分析有机结合起来。定性分析是在逻辑分析、判断推理的基础上做出的。抽象事物的质的规定性固然十分重要,但只有定性分析还是不够的。定量分析,给事物以量的规定性更重要、更艰难。所以要运用运筹学、统计学、计量学等学科方法,运用现代信息技术手段,对丰富的素材进行定量分析,把握事物的数量界限,使研究报告更加精密科学,更加有说服力和影响力。

（三）微观、中观与宏观研究相结合

调研的课题虽然涉及的是一个具体的地方、部门和单位,但研究时绝不能就局部论局部,离开全局孤立地去看待局部,而应把局部放到全局中、放在宏观大背景中加以思考和研究。否则研究的结论和方法可能"差之毫厘失之千里",宏观大背景一有变化,所研究的战略和方案就可能被冲乱。因此,领导者在研究问题时,既要对研究方案的宏观背景和各种成因条件有确切掌握,又能详细了解与此方案有关的各种动态现实,做到成竹在胸、切实可行。

三、调研报告撰写的艺术与技巧

(一)调研报告的结构

调查研究具有四大要素:调研主体、调研客体、调研过程和调研成果。调查研究成果的表现形式是调研报告,或者可将调研报告视为调研成果的"物化"。调研报告的结构一般分为开头(导语)部分、主体部分和结尾部分。

开头部分,一般采取如下表述方式:一是说明调查工作的基本情况;二是概述调查对象的情况;三是以议论提问的方式揭示全文主题。

主体部分,即中心部分,通常采用的方法:一是按调研报告的内容,并列地分成若干问题分别叙述,每个层次用序号或小标题表示;二是按时间顺序或工作发展阶段安排层次;三是按照对比的方式安排层次;四是综合上述方式安排层次。

结尾部分,通常采用的方法是:以简要的文字概括全文,进一步揭示主题;展示前景,发出号召;说明有关事项。当然也可不写结语,意尽言止。

(二)调研报告撰写的基本要求

(1)报告内容要真实,要认真核实材料,力求表述准确。

(2)报告要主题鲜明,观点要正确,围绕主题组织内容,使主题的论证有血有肉。

(3)报告文字表述要简明流畅,形式活泼新颖。应综合运用说明、叙述、议论等表达方式,尽量做到生动鲜活。

(4)报告要正确处理讲真话与讲政治的关系。讲真话是调研报告的灵魂,讲政治是报告的关键。报告既要讲真话,又要讲政治,要努力把二者有机结合起来,在讲真话与讲政治上不能偏废和犯片面性错误。

(5)报告要正确处理借鉴与自创的关系。调查报告的写作,既要学习借鉴他人成果,取人之长,补己之短;又不能人云亦云,必须有自己的创新成果,体现自己的特色和主见。

四、调查研究成果转化的艺术与技巧

调研报告是调查材料的"物化",物化只是表示有了"制成品",要将"产品"变成"商品",还必须实现"产品"向"客户"转化。否则报告写得再好也没有意义,最多只能放在抽屉里供个人欣赏。调研成果只有进入决策、被实际采用才有意义和作用。调研报告进入决策,就是调研报告要有领导者的批示,被有关单位采用,转发成相应的政策或文件,应用于实际工作,被人接受、进入人心,领导认可、群众认同,最好是"报刊有文、电视有形、广播有声",使调研成果变成实实在在的理论和实践成果。

调查研究材料如何向实用成果转化? 一要适时推出调研成果。也就是说,当上

级领导或领导机关需要的时候,能及时推出,迟了没用,早了无效,不迟不早正是时候。二要注意沟通和推销。调查成果不能坐等需要者上门,而要主动向上、向下、向媒体"推销""促销",尽快实现从理论成果向实际工作成果的转化。三要做出品牌效应。调查成果能不能转化或能在多大程度上实现转化、成为决策成果,在很大程度上取决于调查成果的质量、水平和有用性。这就要求调查报告质量要好、水平要高、使用价值要大,能管用,可解决问题,可做成品牌、名牌。

◎ 案例 15 – 1

　　中华人民共和国成立后,中央决定从部队中挑选一批优秀干部出任外交官。1950 年 3 月 10 日,毛泽东接见了黄镇、姬鹏飞、韩念龙等 14 人。他们参加了外交部首批驻外大使学习班的学习,即将出国赴任。毛泽东希望"将军大使"不辱使命,并叮嘱他们,"你们到国外当大使仍要发扬在部队的长处,也要开展调查研究",要"学点驻在国的语言文字,只有懂得外语,才能阅读当地报纸,才能和别人交谈,也才能做好调查研究"。毛泽东还提醒他们:"对于通过调查而了解到的情况,必须加以研究,去其糟粕,取其精华。研究很重要,只有通过研究,才能透过现象看到本质。"接着,毛泽东举例说:"比如,在一个地方看到有冷却塔,再观察一下周围,看到配套的建筑设施,经过分析综合,就可以知道这是一个发电厂。再如,一个国家要出兵事先总有很多迹象,如动员、军事运输增加以及舆论变化等等。通过对这些迹象的研究,就可以得出是否要打仗的结论。"毛泽东还强调说:"从报刊和书本中,也可以获得很多有用的东西。有时,从报纸上看到一条不起眼的消息,经过研究,也许能从中发现一个大问题。"毛泽东深入浅出、循循善诱,给"将军大使"上了一堂生动的调查研究辅导课。接受了领袖的教导,黄镇等人后来均成为中华人民共和国出色的外交官。

◎ 案例 15 – 2

　　习近平要求全省各级领导干部在调查研究工作中,一定要保持求真务实的作风,努力在求深、求实、求细、求准、求效上下功夫。求"深",就是要深入群众,深入基层,善于与工人、农民、知识分子和社会各界人士交朋友,到田间、厂矿、群众和各社会层面中去解决问题。求"实",就是调查研究的作风要实,做到轻车简从,简化公务接待,不搞层层陪同,不给基层增加额外负担,真正做到听实话、摸实情、办实事。求"细",就是要认真听取各方面的意见,既听取干部汇报,又听取群众反映,既听取正面意见,又听取反面意见,深入分析问题,掌握全面情况。求"准",就是调查研究得出的结论要科学、准确,不仅要全面深入细致地了解实际情况,更要善于分析矛盾、发现问题,透过现象看本质,把握规律性的东西,提高调研结论的科学性。求"效",就是提出解决问题的办法要切实可行,制定的政策措施要有较强操作性,做到出实招、见实效。

　　　　　　　　(摘自 2003 年 2 月 10 日习近平在浙江省委理论学习中心组学习会上的讲话)

第十六章　思想政治工作的方法与艺术

　　思想政治工作作为最常见的领导方法,是完成领导工作任务的重要法宝。实现领导工作目标,要求领导者既要依靠权力的权威和依赖物质的激励,更要重视思想政治工作和精神激励。我国正处在发展关键期、改革攻坚期、矛盾凸显期,经济发展进入新常态,经济领域和社会领域的问题相互交织、彼此传导,不良社会情绪和社会矛盾时有发生。深入细致地做好人们的思想政治工作,积极回应热点难点问题,更好地理顺情绪、化解矛盾,最大限度地凝聚社会共识,显得尤为紧迫和重要。这就要求领导干部都要高度重视思想政治工作,掌握做好思想政治工作的方法与艺术。

第一节　思想政治工作概述

一、思想政治工作的含义

（一）思想政治工作的定义

　　思想政治工作,是领导者依据人的思想和行为规律,通过对群众进行思想政治教育和引导,以组织动员群众完成和实现特定工作任务目标的社会行为。思想政治工作具有转化和塑造人的思想、感情、心理、行为的功能和作用,它以提高人们认识世界和改造世界的能力为宗旨,动员人们为实现当前和长远的目标而奋斗。

　　思想政治工作是一门科学,其理论基础是辩证唯物主义和历史唯物主义。思想政治工作把领导学、管理学、心理学、教育学、社会学、伦理学等融为一体,是一门综合性应用型学科。它既有其固有的工作规律和特点,也有经过实践反复检验的基本原则和科学方法。

（二）"思想工作"同"政治工作"的关系

　　正确把握思想政治工作的科学含义,需要区分"思想工作"和"政治工作"。思想工作是一个内容广泛的概念。思想工作中的"思想问题",既包括人们的理论观点、道德观点,也包括人的行为中表现出来的情绪、情感、意志等诸种精神因素的总和。政治工作,是为实现特定政治目标而进行的实践活动。它主要是解决"政治问题",即政权问题和路线、方针、政策等方面的问题。政治工作强调的是政治立场和政治态度。领导者在开展思想政治工作时,应严格区分思想问题与政治问题。思想问题主要通过教育、思想沟通和谈心解决。政治问题,除了进行思想教育外,还必须通过执行政治纪律的方法来解决。领导者千万不能把一般的思想认识问题上升为政治问题,无限上纲上线;也不能把政治问题当成一般的思想认识问题轻描淡写对待,甚至放任放纵,而应严肃处理,坚持原则。

（三）思想政治工作同经济工作和业务工作的关系

在社会主义中国,思想政治工作是灵魂,渗透于各项领导工作之中,是经济工作和其他一切工作的生命线。思想政治工作,既是中国共产党在革命战争年代克敌制胜的法宝和光荣传统,也是和平年代组织动员群众投身社会主义现代化建设的重要手段。各级领导者都应高度重视思想政治工作。需要强调指出的是,思想政治工作虽然重要,但它同经济工作及其他业务工作的关系不是领导和指导关系,而是服务和保证关系。思想政治工作是为经济工作和其他业务工作服务的,它保证经济工作和其他业务工作的社会主义性质和方向。

二、思想政治工作的内容

（一）马克思主义理论教育

马克思主义作为党和国家的指导思想,是中国特色社会主义建设的行动指南,是引领人民前进的思想旗帜,是团结和凝聚人民的精神支柱。在社会主义中国,思想政治工作的首要任务,是对人民群众进行马克思主义理论教育。马克思主义是关于自然、社会和思维发展普遍规律的学说,是科学的世界观和方法论,是劳动人民认识世界、改造世界的科学真理。中国革命、改造、建设和改革开放的实践证明,马克思主义是立国之本,是战胜任何艰难险阻的思想武器。作为共产党执政的社会主义国家,必须旗帜鲜明地坚持马克思主义,用马克思主义教育人民、武装思想,帮助人民群众建立马克思主义信仰。领导者在带领群众实现工作目标时,最大的思想政治工作是要善于引导群众学习马克思主义,掌握马克思主义的立场、观点和方法,提高群众运用马克思主义观察问题、分析问题、解决问题的能力,把马克思主义作为行动指南,用马克思主义组织动员群众。

（二）中国特色社会主义共同理想教育

理想历来是人们的社会标杆和灵魂,"没有理想就等于没有灵魂"。理想有个人理想和社会理想之分。个人理想描绘的是个人生活事业的理想状态,而社会理想描绘的是社会发展的理想状态。个人生活于社会之中,个人理想离不开社会理想。中国特色社会主义是社会理想,它对于个人理想具有整合作用,是若干个人理想的寄托和发育之所。个人理想能否正确定位、能否实现,离不开对中国特色社会主义这一共同社会理想的把握。领导者在思想政治工作中,要重视共同理想的教育,激励广大群众胸怀中国特色社会主义这一共同理想,在各自的岗位上脚踏实地、埋头苦干,为国家富强、人民富裕奋发进取、建功立业。

中国特色社会主义共同理想,是当代中国社会发展进步的旗帜,是全党全国各族人民团结奋斗的旗帜。中国特色社会主义共同理想,集中代表了我国各族工人、农民、知识分子和其他劳动者、爱国者的共同利益和愿望,是保证全体人民在政治上、道义上和精神上团结一致,克服任何困难,争取胜利的强大精神武器。我国还处在社会主义初级阶段,我们的经济还不发达,科学技术还不够先进,人民的生活水平还不够高。摆在全国人民面前的主要任务,就是加速社会主义现代化建设,尽快改变我国的落后面貌,早日实现我国各族人民的共同理想。

（三）爱国主义教育

纵观历史,横看世界,爱国主义都是统治阶级和领导者对国民进行思想政治教育的重要内容。领导者既要教育引导群众不断增强对长期养育自己成长的祖国大地、山河、宝藏的热爱,对人民创造的悠久历史和灿烂文化的热爱,并将其上升到对祖国前途的关注,对人民事业的忠诚,对党和社会主义的信赖,从而增强广大群众尤其是青年一代报效祖国的强烈社会责任感。更要引导教育群众把爱国主义情感具体落实到做好本职工作、增强职业道德上,为建设国家干实事做贡献上。尤其是在国际风云变幻、世界各国冲突加剧,国内外敌对势力企图搞乱中国的错综复杂斗争环境下,各级领导者要引导人民群众理性爱国,在大是大非问题上头脑清醒,立场坚定,不受骗上当,不给党和政府添乱。

（四）形势政策教育

形势政策教育,即党和国家的路线方针政策教育。党和国家的路线方针政策,既是指导各项工作取得成功的根本条件,也涉及人民群众切身利益,并为群众所关注关心。领导者做群众思想政治工作,要高度重视和加强对群众进行党的路线方针政策和形势任务教育。要围绕中央重大决策部署、重要会议、重大活动,及时开展形势政策教育,深入解读国家重大方针政策,针对社会普遍关注的热点难点问题解疑释惑、传递正能量,引导党员干部和广大群众把思想和行动统一到中央精神上来,立足本职岗位做贡献。在全面深化改革的今天,要特别注重引导党员干部和广大群众深刻领会全面深化改革的方针政策及其重大意义,增强改革的责任感使命感,正确对待利益格局调整,积极支持改革,自觉投身改革,争做改革的弄潮儿和促进派。

（五）民主法治教育

法治教育是新时期思想政治教育的重要内容和艰巨任务。全面依法治国的基础在于提高人民群众的法律意识和法治观念。党的十八大以来,特别是随着全面深化改革的推进,法治教育越来越显示出它在思想政治工作中的重要作用。领导者不仅自己要依法行政、依法办事,带头学法守法,而且要教育引导群众学法懂法,用法律规范自身行为,依法维护自身权益,远离违法犯罪,做守法优秀公民。

我国是人民当家做主的社会主义国家,对人民实行民主是社会主义政治的本质特征。社会主义民主思想教育,是思想政治教育的重要内容。领导者既要重视社会主义民主政治制度建设,又要注重人民群众社会主义民主政治观念的培养。领导者不仅要增强民主意识,发扬民主作风,接受民主监督,实行民主管理,而且要教育引导群众增强主人意识,自觉参与民主管理,主动进行民主监督。

（六）道德和纪律教育

思想政治工作要重视和加强公民的道德教育。我们既要依法治国,又要以德治国。法律和道德都属于社会行为规范。一般认为,法律所规定的义务是最低道德标准,道德属于法定义务以上的行为规范。法治和德治从来都是相辅相成、相互促进的。法治以法律的权威性和强制性规范社会成员的行为,德治以道德的说服力和感召力提高社会成员的思想认识和道德觉悟。思想政治工作既要重视法治教育,更要加强公民道德教育。教育和引导群众遵守社会公德、提高职业道德、培养家庭美德、提升个人品德,明大德、守公德、严私德,爱国、敬业、诚信、友善,乐于奉献。

纪律教育是思想政治教育的内容之一。毛泽东说,"纪律是执行路线的保证"。"加强纪律性,革命无不胜。"领导者要重视对群众的纪律教育,帮助群众增强组织纪律观念,提高执行纪律的自觉性,养成遵守纪律的良好习惯。引导群众正确认识和处理自由与纪律的关系;自觉抵制自由主义和无政府主义,坚持个人服从集体、少数服从多数的原则;严格遵守规章制度;自觉遵守社会公德、社会秩序和国家的宪法法律。

（七）革命传统教育

革命传统教育是思想政治教育的重要内容。我们的党和国家有着光荣而深厚的革命传统,各地都有丰富的革命传统教育资源,领导者应该充分利用这些"无形资产"开展思想政治工作。进行革命传统教育的主要目的,是帮助群众深刻了解党的历史、共和国的历史、军队的历史,宣传为祖国的解放和富强英勇奋斗的中华民族优秀儿女的光辉业绩,引导群众继承和发扬优良的民族精神和革命传统,使广大群众尤其是广大青少年树立起民族自尊心和自豪感,为社会主义经济建设和社会各项事业提供强大的动力支持。

领导者要重视革命传统教育,教育和引导群众继承和发扬中国共产党在革命斗争中形成的革命精神、优良作风和高尚品德。通过革命传统教育,帮助党员干部养成密切联系群众和为人民服务的思想作风;培养实事求是、理论联系实际、谦虚谨慎的良好品质;养成艰苦奋斗、勤劳勇敢、不怕困难的品德;继承和发扬爱国主义精神和为共产主义事业而英勇牺牲的献身精神。

三、思想政治工作的特点

（一）鲜明的政治性

所谓政治性,是指思想政治工作属于上层建筑和意识形态领域的工作,是为一定的阶级和政党服务的,根本目的在于维护和实现好人民利益与国家利益。思想政治工作是实现党的总任务、总目标的重要保证。在现阶段就是为贯彻落实党的基本理论、基本路线和基本方略服务,为全面建设小康社会,开创中国特色社会主义事业新局面服务。这一服务方向充分体现了思想政治工作鲜明的政治性。领导者要从讲政治的高度,从巩固党的执政地位、增强党的执政能力、完成党的历史使命的高度,重视和做好思想政治工作。用马克思主义教育人民,武装全党,用社会主义思想占领人民群众的思想阵地,反对和抵制西方思想价值观的渗透腐蚀,用马克思主义无神论反对唯心主义的封建迷信思想。努力培养有理想、有道德、有文化、有纪律的社会主义公民,团结和动员全党全国各族人民,为建设富强民主文明和谐美丽的社会主义现代化强国、实现中华民族伟大复兴的中国梦而奋斗。

（二）严格的科学性

所谓科学性,是指思想政治工作要按照事物发展的客观规律办事,遵循人的思想发生、发展的客观规律,讲求实事求是,以科学的理论为指导,采用科学的方法,以理服人。我们党的思想政治工作之所以具有科学性,一是内容科学。思想政治工作是"以科学理论武装人",即用马克思主义及其中国化的最新成果武装全党、教育人民。马克思主义是认识世界、改造世界的科学世界观和方法论。二是方法科学。思想政治工作依据人的思想行为活动规律,运用马克思主义的科学方法论,采取灵活多样的方法进行思想政治工作。科学的方法论是做好思想政治工作的前提,直接决定着思想政治工作的实际效果。领导者只有把握思想政治工作的科学方法,才能使思想政治工作真正收到实效,始终保持旺盛的生命力。

（三）广泛的群众性

所谓群众性,是指思想政治工作的对象极为广泛,没有年龄、职业、性别、民族的界限。人民群众既是思想政治工作的教育对象,又是进行思想政治教育工作的主体,思想政治工作同时也是群众的自我教育。思想政治工作实质是宣传群众、教育群众、引导群众、提高群众。因此,做好思想政治工作,各级领导干部一定要坚持群众路线,带着对人民群众的深厚感情去做,老老实实向人民群众学习,诚心诚意为人民群众服务。人民群众的实践为党的思想政治工作提供了丰富生动的教育资源,思想政治工作要牢固树立群众观点,做到哪里有群众,哪里就有党的思想政治工作,用人民群众在实践中创造的新经验、新业绩,充实思想政治工作内容,拓展思想政治工作方法,丰富思想政治工作载体。吸引群众广泛参与,启发群众自我教育、自我提高,相互教育、共同提高,组织发动群众为实现中国特色社会主义共同理想和党的最终奋斗目标而努力。

（四）强烈的实践性

所谓实践性,是指思想政治工作源于实践,离不开实践,要从实践中认识和把握工作对象的实际,解决思想实际问题,有的放矢地进行工作。思想政治工作的实践性主要表现在三个方面:一是思想政治工作源于社会实践。思想政治工作是实践的产物,它源于人民群众革命、改造、改革、建设的实践活动,思想政治工作的全过程一刻也离不开实践。思想政治工作的出发点不是书本、文件和原则,而是社会实践。二是思想政治工作的开展必须依赖于社会实践。思想政治工作在社会实践的基础上形成,又随社会实践的发展而发展。实践是推动思想政治工作发展的真正动力。思想政治工作要保持朝气蓬勃的生命力,必须立足现实、面对现实,不断解决社会实践中提出的新问题。三是思想政治工作的任务、计划,都来自实践,必须接受实践的检验。

（五）高度的综合性

所谓综合性,是指思想政治工作,无论是其工作对象和所要解决的问题,还是在工作方式方法上,都具有综合性和多样性的特征。思想政治工作的综合性源于其工作对象的复杂性和内容的广泛性。思想政治工作的对象是人和人的思想。生活在纷繁复杂的客观世界之中的每个人的思想都是极为复杂的,它所引起的行为结果又是多变难测的,必须运用多学科知识,进行全方位多视角的观察研究。改革开放以前,思想政治工作是在环境相对封闭情况下依靠单位进行的,方式方法比较单一。随着改革开放和现代化建设的发展以及现代高新技术的进步,思想政治工作可选择的方式、方法及手段日益增多,人们工作条件和生活环境的不断变化,也要求思想政治工作采取多种多样的方式。现在,既有一些好的传统的方式,又有适应形势要求应运而生的新方式;既有运用现代传媒和高科技手段的方式,又有利用其他各种手段的方式;既有普遍性教育方式,又有群众性的自我教育方式;既有针对党员干部的教育方式,又有针对不同群体、不同对象的教育方式,形成了新时期多姿多彩的方式方法。

四、思想政治工作的作用

（一）保驾导航,把握方向

思想政治工作是经济工作和其他业务工作沿着社会主义方向前进的思想保障。新的历史时期,党和国家的中心任务是以经济建设为中心的现代化建设。现代化建设走什么道路,首先有个方向问题。中国现代化必须坚持社会主义方向,走社会主义道路。为了保证我国现代化建设的社会主义方向,这就要求加强思想政治工作,加强党对社会主义现代化建设的领导,通过强有力的思想政治工作,确保现代化建设始终沿着中国特色社会主义道路的正确轨道前进。

思想政治工作体现党对国家和社会的政治思想领导。加强思想政治工作不仅是要体现在党和国家工作层面,而且要落实到各个具体单位工作层面。各级领导在从事经济工作和业务工作时,不能埋头业务不问政治,只抓经济效益而忽视思想政治教育,要高度重视和加强思想政治工作,重视对党员和群众进行思想政治教育,以强有力的思想政治工作为经济工作和业务工作保驾导航,确保经济工作和业务工作的正确政治方向。

（二）化解矛盾，增强团结

与多种所有制并存的社会基本经济制度相适应，社会阶层分化、利益格局多层化，人们的思想价值取向多样化，我国社会已进入矛盾多发、频发、高发期。只有有效化解矛盾，才能维护社会和谐稳定。化解矛盾固然需要加快发展，完善体制机制建设，但更为重要的是要加强思想政治工作。通过思想政治工作理顺情绪、提高觉悟、调节关系、凝聚共识，密切人际关系，缓和社会矛盾。思想政治工作主要从提高人的思想觉悟和精神境界入手解决矛盾和问题，比简单的行政命令、强制性执行和物质刺激效果更好、作用更大、影响更深远，更有利于化解矛盾、融洽关系、增强团结、形成合力。

（三）激发热情，调动积极性

一个单位的活力来自群众的积极性、主动性、创造性和智慧。成功的领导者善于通过思想政治工作最大限度地调动和激发群众的积极性、主动性、创造性和智慧。领导者通过对群众进行主人翁精神教育，有利于激发群众的敬业奉献精神，兢兢业业为单位努力工作；通过对群众进行理想信念教育，有利于提高群众的思想觉悟和精神境界，激发群众为社会主义现代化建设做贡献的满腔热情；通过对群众进行深化改革的思想教育，有利于鼓舞改革士气、激发群众勇于攻坚克难的斗志和担当精神；通过对群众进行集体主义思想教育，有利于引导群众摆正个人利益与集体利益的关系，培养群众关心集体、热爱单位的奉献精神。

（四）抵制错误思潮，弘扬正气

随着经济文化全球化的快速推进和市场经济的全面深化，我们面临的非社会主义思想意识形态挑战与渗透侵蚀无孔不入：一是西方资产阶级自由化思潮，尤其是文化和价值观渗透越来越嚣张；二是市场经济逐利影响越来越大，拜金主义、利己主义、个人主义、一切向钱看的思想弥漫社会各个角落；三是封建迷信沉渣泛起、宗教思想广泛传播。面对非社会主义思想意识形态挑战，唯有加强思想政治工作，用社会主义占领人民群众的思想阵地，用马克思主义教育人民、武装思想，帮助人民群众提高对错误思潮的识别力、抵抗力和战斗力，从思想上筑起抵御错误思潮的铜墙铁壁，方可在抵御错误思潮的同时，扬正气、传播正能量。

第二节　思想政治工作的方法

一、以理服人

思想政治工作是做人的工作，主要是通过讲道理的方式解决人们的思想问题，使之心悦诚服。所谓以理服人，就是要进行充分说理，把道理讲深讲透。批评缺点，要避免简单片面，力求完整准确，不但指出其问题所在，而且要帮助寻找产生问题的原因，指明改正的方向。既要毫不隐讳地批评缺点、错误，引导其自省、自警，又要发现其优点和长处，给予表扬和褒奖，鼓励其发扬光大。这样才能使对方心情舒畅，心服口服，收到精诚所至、金石为开的良好效果。《孟子·公孙丑上》："以力服人者，非心服也，力不赡也；以德服人者，中心悦而诚服也；如七十子之服孔子也。"领导者应该明白，群众是通情达理的，只要自己态度诚恳、办事公道、讲清道理，群众是能接受和服从的。

（1）以理服人要求领导者平等待人。领导者做群众思想工作，态度要诚恳，要尊重人、理解人，要用说理的方法、民主的方法、教育的方法、摆事实讲道理的方法说服人，而不能以力服人、以权压人、以大话唬人。如果领导者不尊敬群众、高高在上、居高临下、摆官架子、盛气凌人，再有道理、道理讲得再好，群众也不会服气和买账，即使是接受了也是口服心不服。要让群众心悦诚服，领导者必须俯下身子、放下架子、平等交流、协商讨论，只有这样才能解决问题、赢得群众。以理服人要求领导者对下属不求全责备。充分认识下属的长处和短处，"寸有所长，尺有所短"，要尽量帮助下属取长补短，发扬一技之长。以理服人，要求领导者能认真听取下属意见，尊重员工的讨论，凡事讲道理。一个讲道理的领导者才能得到下属的支持，从而在团队中更突出个人价值，为组织做出更多的贡献。

（2）以理服人要求领导者懂理明理。毛泽东说过，"以其昏昏，使人昭昭"是不行的。领导者要让群众信服你讲的道理，自己要懂理明理。如果领导者对自己所讲的道理一知半解、似懂非懂，不仅讲不清、道不明、说不透，而且还会对其误解、曲解、错解。这样的讲理和讲的这样的道理会让群众不知所云，当然不可能服人。以理服人要求领导者对所讲之理，要深谙其道、精通其理，其理解不仅要有深度，而且要有高度，能举一反三、触类旁通、融会贯通。

（3）以理服人要求领导者会讲理。道理再好你要会讲能讲，如果道理讲不好不会讲，水壶煮饺子，有货倒不出来，也达不到以理服人的目的。有的领导者不善表达，有的口才不佳，有理讲不好、传不出，群众不愿听、听不懂。以理服人要求领导者提高表达能力、练好口才，能说会道、能言善辩，把大道理渗透于小道理之中，把讲小道理融于讲好大道理之中，使大道理具体实在，使小道理更深刻和有高度，把理讲活讲新，提高讲理的趣味性、感染力、吸引力，使群众爱听、乐于接受，以达到以理服人的目的。

二、以情感人

人不仅有思想，而且有感情。思想政治工作既要以理服人，也要以情感人。所谓以情感人，就是领导者在做干部职工的思想工作时，要付以真诚真情，开诚布公，以心换心，沟通情感。让干部职工在情理交融中，启迪思想，感化心灵。思想政治工作本身就是一种情感和精神生活的创造性表现。在特定的环境下，思想政治工作主客体之间心与心碰撞、情与情交融的氛围，使得思想政治工作的目的得以顺利实现。

思想政治工作以情感人，就是要把解决思想问题同解决实际问题结合起来，为干部职工送去关心和爱护，掌握他们的思想脉搏，了解他们的喜怒哀乐，帮助他们解决工作、生活乃至家庭的实际困难。领导者不但要关心职工，还要关爱职工家属，不仅要了解职工，还要了解职工家属，及时掌握职工家属信息，关爱好家属会使职工更感动、更努力工作。思想政治工作要从细处着手、在实处努力，细微之处见真情，一句节日快乐、一声电话问候、一条祝福短信、一次慰问生病职工，都能给职工带来莫大的感激和鼓舞，都能使干部职工真切感受到组织的温暖，自觉与组织保持同心同德，竭心尽力为单位的事业献计出力。

思想政治工作要以情动人，一要从职工的需求出发，用人文情感营造和谐氛围，用利益奠定激励基础。一方面，要坚持以人为本的原则，实现好、维护好、发展好职工的根本利益，关心职工生活，尽力为职工排忧解难，想职工所想，急职工所急，尽量满足职工的合理需求。另一方面，要经常与职工谈心交心，了解他们生活上的需求，把握他们的思想脉搏，设身处地为职工着想，"以情感管人、以情感治人、以情感动人"。二要注意利用节假日和业余时间，开展各种文娱体育活动，融洽职工与单位之间的关系，增强组织亲和力。让感情如春风化雨般浸入到每一名职工心中，以感情激起他们的工作信心，以真情唤起他们的工作热情，使职工为实现共同的组织目标和任务而努力工作。

思想政治工作是说服人、教化人、沟通思想的工作。要使人信服主要靠以情感人，满怀真情可以感化人、转化人。中国人向来注重人的情感因素，重视个人的心理和情感，将"情"运用到领导管理工作之中，符合中国人的传统习惯。中国人讲究人情味，单纯的领导与被领导模式越来越为人所不屑，人道主义的领导管理越来越受人青睐。领导者要以情感人，但不能感情用事，要秉公办事、公事公办，不把个人偏见带到工作之中。对下属的问题，既要不讲情面批评，也要热情帮助；对下属的错误，既要严厉处罚，又要有情操，晓之以理，动之以情。

三、正面教育

思想政治工作中的正面教育，是指以灌输正面道理，宣传正面事例为主要内容的教育。正面教育常采用上政治课、举办学习班、开讲座、做报告、做演讲、办小报、参观访问、召开经验交流会等形式。内容多为讲解政治理论，宣传党的路线方针政策，宣扬英雄模范事迹以及进行革命传统教育等。正面教育是政治教育的主要方式和方法。正确实施正面教育，领导者应在教育中坚持真善美导向的同时，正视假丑恶的存在，引导群众认识、辨别和抵制假丑恶。实施正面教育，使人民群众知晓科学道理，提高思想觉悟，树立正确世界观和人生观。当然，正面教育不是空对空，只讲大道理，更不是讲空话套话，而要特别注意联系思想实际，深入浅出地讲清楚道理。内容要生动，形式要多样，防止空洞说教，无的放矢。

四、榜样激励

榜样的力量是无穷的。从一定的意义上讲,用身边的先进典型事例教育干部职工,比起说服教育来,能更加服人。因为这样的教育,干部职工看得到、摸得着、学得了。用身边人讲身边事,用身边事教育身边人,可收到"点亮一盏灯,照亮一大片"的效果,形成人人学先进、个个赶先进、奋力争先进的你争我赶氛围。

同时也要注意不断地树立典型,用典型来引导、带动、激发职工的积极性和创造力。这样才能使大家学有榜样,赶有目标,超有对手,帮有对象,在工作、学习和生活中更直接、更紧密、更便于向其他人学习,有效地激发大家的工作自觉性、积极性、主动性,形成激励人们奋发向上的良好风气,从而达到以点带面、整体推进的效果。

五、领导示范

领导者做群众思想政治工作,既要靠工作水平与能力,更要靠人格魅力。所谓人格魅力,就是领导者的自身形象,就是领导者要以身作则、率先垂范、严于律己。群众对领导者总是听其言,观其行,不是听你说得怎样,而是看你做得怎样。孔子在《论语·子路》中说:"其身正,不令而行;其身不正,虽令不从。"这句话的意思是说,当领导者自身端正,做出表率时,不用下命令,下属也就会跟着行动起来;相反,如果领导者自身不端正,而要求下属端正,那么,纵然三令五申,下属也是不会服从的。

以身作则是思想政治工作的一项重要原则。只有领导者自身正,有人格魅力,以身作则,做起思想政治工作来才会有号召力,说话才会有人听,做事才会有人帮。思想政治工作要被群众所乐意接受,最重要的是凡是要求干部职工做的,领导者首先要从自己做起,树好榜样。

领导者在做群众的思想政治工作时,其一言一行对受教育者都有着潜移默化的影响。俗话说,"上梁不正下梁歪,中梁不正倒下来",其中的道理十分清楚。试想,假如领导者教育群众要淡泊名利,事业为重,自己却处处争名夺利,争待遇、争享受;假如领导者要求下属要清正廉洁、大公无私,自己却贪污受贿、中饱私囊等,他怎么有资格做别人的思想政治工作呢,又有谁会听呢? 所以,领导者一定要率先垂范,言行一致,不仅要用自己的言论去影响群众,同时要依靠自己的表率作用和良好的人格去带动群众,凡是要求群众做到的,自己首先做到,以良好的个人形象和人格魅力影响人、引导人,只有这样才能增强思想政治工作的说服力和感召力。

六、巧借网络

在现代传媒迅速发展的当今时代,网络已成为领导者了解民情民意,获取民智的重要载体和渠道。习近平说,领导者干部要"经常上网看看,了解群众所思所愿,收集好想法好建议,积极回应网民关切、解疑释惑"。领导者应借助现代传媒和网络工具做群众思想政治工作。随着社会不断向前发展进步,电视、网络已经进入寻常百姓家。也就是说,我们不但可以通过报刊、广播等传播手段,还可以利用电视、网络等现代化媒体,迅速广泛地把党的路线、方针政策贯彻到群众中去,并变为群众的实际行动。通过这些传播手段,广泛地反映群众的意见、建议和愿望,及时地反映国内国际的各种信息,实现多渠道、多载体、多场景的灵活多样沟通,以引导、激励、动员、组织群众为实现中华民族伟大复兴的中国梦而奋斗。

七、疏堵结合

所谓疏堵结合法,是指思想政治工作既要有严明的纪律和制度约束围堵,又要用先进的思想和理论教育疏导,只有把这二者有机结合起来,才能保障思想政治工作落到实处,收到实效。思想政治工作所要解决的主要是思想认识问题。解决思想认识问题不能主观蛮干、武断高压、霸王硬上弓,而要采取因势利导的方法,主要采用"疏导"而不是"堵塞"方法。胡耀邦曾经指出:"对人民群众中的思想问题、认识问题,我们要坚持疏导的方针,反对堵塞的方针。疏和导的方针是思想政治工作的正确方针。"疏导的方针既是历史经验的概括,也是现实经验的总结。对群众中的一些不正确思想必须给予教育、解释以及必要的批评,但这种批评和教育必须实事求是,以理服人,决不能压服,压服的结果是压而不服。只有动之以情,晓之以理,才能使群众心悦诚服,自觉转变思想认识,从而收到思想教育的实际效果。

思想政治工作过程中如何运用好疏堵结合法,是很有讲究的,犹如治水,要疏堵结合、顺应规律。"疏"主要是"教育""引导""督促""促进""肯定",有打开疏通之意,其主要目的是为了防患于未然。"疏"要达到预期效果,一是"疏"要有理。所谓有理,就是既要有根有据,又要合情理;二是"疏"要得法,所谓得法,就是既要注意方式,又要把握火候;三是"疏"要求通,所谓求通,就是过程和结果都要能求得受众的理解和支持。

"堵"主要是"惩戒""处罚""限制""规避""约束""否定",有闭合禁止之意。其主要目的是为了惩前毖后。"堵"要达到预期效果,一是"堵"要及时,若"堵"不及时,就是待"羊亡"了才去"补牢",工作被动、代价大;二是"堵"要有力,就是"堵"要堵牢堵死,扼其要害,防止反复和反弹;三是"堵"要公正,就是"惩戒""处罚"要以事实为依据、以纪律和规章为准绳,公平公正、公开透明。

正确运用疏堵结合法,要注意"疏"和"堵"的先后和主次。从思想政治工作的科学性要求来说,应该以"疏"为主,"堵"为次;"疏"在前,"堵"在后。如果本末倒置,反其道而行之,先"堵"后"疏",以"堵"为主,以"疏"为次,甚至只"堵"不"疏",那么所制定的纪律、所颁布的规章制度、所推行的举措,就不容易为群众所理解和接受,就容易引起人们思想上的反感和抵触,甚至引发矛盾和冲突,最终不仅收效甚微,而且可能事与愿违。

第三节　思想政治工作的艺术

一、顺应民心，关爱群众

思想政治工作的对象是人，必须以人为本、顺应民心。这既是思想政治工作的本质要求，也是思想政治工作的最高艺术。领导者只有以人为本、顺应民心，尊重人、理解人、关心人，才能达到教育人、引导人、鼓舞人的目的，思想政治工作才能充满吸引力、亲和力、感召力和说服力。尊重人、关心人、理解人是教育人、引导人、激励人的基础。这既是人民是国家主人的内在要求，也是共产党坚持全心全意为人民服务宗旨的需要，同时也是实现人的自由全面发展的共产主义最高目标的集中体现。领导者做思想政治工作，第一位的是要有人民立场、人民感情，要亲民、爱民、为民、忧民，始终与民众心心相印、感情相通。领导者只有站在人民立场上，带着对人民的深厚感情去做工作，思想政治工作才能获得人民群众的理解和信任，他们才会受到鼓舞、乐意接受。

思想政治工作要做到顺应民心，要求领导者要深入到群众中去，和群众打成一片。没有调查研究，就弄不清楚群众的思想问题出在哪里、原因何在。加强调查研究，取得第一手材料，掌握群众的思想实际。对群众正在关心思考的问题，领导者要认真研判，知道哪些要求合理、哪些要求不合理、思想疙瘩在哪里，了解群众的思想情绪，判断其发展趋向以及将要产生的结果。领导者对群众的思想状况，要定期分析，及时掌握他们的思想脉搏，抓住群众中带有普遍性的思想问题，明确思想工作的重点，有针对性地去做群众工作，问题便可以迎刃而解，工作就会事半功倍。

二、平等沟通，同频共振

思想政治工作是做人的工作，只有主体与客体同频共振，才能达到目的，收到效果。怎样才能使主客体同频共振呢？关键是领导者要放下身段、平等待人、主动沟通。思想政治工作只有领导者一方的努力是不够的，一厢情愿无济于事。只有获得所做工作对象的积极配合，同频共振才能达到预期效果。领导者思想政治工作只有让群众产生平等感和亲近感，才能诱发群众思想共鸣、行动共振。

（1）领导者要换位思考。领导者要站在职工的立场上思考问题，设身处地替职工着想，看看职工有什么困难、存在哪些问题，需要组织给予哪些帮助。领导者只有全面了解职工所思所想，才能精准做到想职工所想、急职工所急、帮职工所需。当领导者给予职工以足够的人文关怀和温暖时，职工就会与你心往一处想、劲往一处使。这种以心换心、同频共振的思想政治工作，就会使职工反过来想领导所想、急领导所急、帮领导所需，与领导工作目标同向同轨。

（2）领导者要平等待人。思想政治工作重在感化和打动人。领导者怎样才能感化和打动人呢？如果领导者盛气凌人、目中无人、趾高气扬、高高在上、自以为是、刚愎自用，只会让群众反感和厌恶；如果领导者以权压人、以势逼人，只会让群众口服心不服，使群众消极软抵抗。领导者只有放下架子、俯下身子，不自我、不自大，平等待人、平易近人、和蔼可亲，以真诚的心与群众平等沟通，群众才会愿听爱听喜欢听，才会被领导者的思想政治工作感化和打动，才会齐心协力去完成领导工作任务。

（3）领导者要亲切友善。做群众思想政治工作：一要态度温和亲切，如同兄弟姐妹一般交流，以亲人聊天的方式对话；二要友爱友善，对职工多鼓励，少批评，交流时不轻易打断对方说话或批评对方，批评时宜采取合理的、易于对方接受的方式方法；三要抛开身份和地位差异，放下架子，像朋友一样听取职工意见，像师傅一样帮助职工提升敬业精神，像亲人一样与职工交心谈话，主动关心他们在工作和生活上的困难。

三、对症下药，化解矛盾

思想政治工作，从一定意义上讲，是做人的矛盾转化工作，做人的思想转化工作。要做好思想转化工作，就一定要根据个人的不同情况采取不同的方法，做详细的思想政治工作，具体对象具体分析，具体问题具体解决，对症下药，因人而异，一把钥匙开一把锁，千万不能公式化和一刀切。领导者要根据不同人的特点，了解每个人的个性、经历、年龄、觉悟、修养、志趣爱好等差异，熟悉他们的心理轨迹，找出心理契合点，研究并实施相宜的具体方法。对于青年职工，应关心他们的爱情、婚姻、事业等；对离退休职工，则应多关心他们的文化娱乐、医疗保险和养老金等。如果对青年人讲修身养性，对老年人讲理想，就很难引起共鸣。

思想政治工作要做到对症下药，就要既找准"病症"，又开对"药方"。找准"病症"，就是要摸清问题。领导者要通过深入群众，了解群众中存在的问题，弄清问题的性质，掌握问题的轻重缓急，找到解决问题的办法。如哪些是普遍性问题，哪些是个别性问题；哪些是紧迫性问题，哪些是潜在慢性问题；哪些是突发性问题，哪些是常规性问题；哪些是重大问题，哪些是小问题；哪些是老问题，哪些是新问题；哪些是思想问题，哪些是政治问题……领导者都要了如指掌，胸中有数，而不能浮在面上，不知道群众在想什么，有什么问题和困难。

开对"药方"，就是在解决问题时要把准脉搏、对症下药、因人而异、因材施教。思想政治工作不能大呼隆、大水漫灌，搞群众运动，要讲究潜移默化、精准施策，春风化雨、润物无声。小病小治、大病大治、急病快治、重疴下猛药。普遍性问题通过普遍教育解决，个别问题通过个别交流解决，紧急问题及时解决。思想政治工作对症下药，应坚持表扬与批评相结合、以表扬为主的原则，即善于发现工作对象的优点和长处，通过表扬树立先进榜样，带动后进；结合必要的批评，抑制消极因素。还要善于从消极因素中发现积极因素,促进其向好的方面转化。以表扬鼓励为主,用典型榜样的示范作用,弘扬正气、传播正能量;对歪风邪气要敢于批评、对影响恶劣的反面典型要严厉处罚,起到杀一儆百的震慑作用。

四、遵循规律,因势利导

思想政治工作既是科学,也是艺术。思想政治工作作为科学,是有其自身特有规律的。一方面,领导者要认真研究、学习、了解和熟知思想政治工作规律,既要熟知人的成长成才规律、思想活动规律、心理需求规律,又要掌握表扬与批评相结合、物质刺激与精神鼓励相结合、疏与导相结合等方面的规律;另一方面,领导者要增强按规律办事的自觉性,自觉遵循规律、按规律办事,依照规律科学施策。

思想政治工作采取因势利导,重要的是领导者要让自己的工作对象畅所欲言,敞开思想,把心里的话都说出来,把问题提出来,把困难摆出来。因势利导,疏通是前提,引导是关键。领导者要学会坚持在疏通中引导,在引导中进一步疏通,疏导结合。在此基础上,针锋相对地展开积极的批评与自我批评,以理服人,化消极因素为积极因素;对于其正确的思想观点,要给予充分肯定,对于不正确的观点,在民主的基础上进行讨论,通过批评和自我批评使其明辨是非。

五、未雨绸缪,防患于未然

掌握主动权、把握好节奏感,是思想政治工作的重要艺术。领导者做思想政治工作,要学会争取主动,而不是被动应付,被问题牵着鼻子走,当忙于灭火的消防队长。思想工作要像气象预报一样有预测性、取提前量,要像下象棋一样走一步看几步。领导者只有具备前瞻思维,善于超前思考,做思想政治工作才能游刃有余,一切尽在掌控中。思想政治工作要未雨绸缪,强化评估预测,重视分析研判,对各类因思想认识问题诱发的矛盾,能发现在早、控制在先、处置在小,把矛盾解决在激发之前,把问题消灭在萌芽状态。

防患于未然虽有一定难度,但并不是无规律可循。心理学研究表明,在一定时期里,人们对某些事物的心理反应具有动力定型。也就是说,在某种情境之中,在某些问题面前,人们的思想情绪有特定的反映和变化,并且都带有一定的必然性和规律性。如一个人受到挫折时容易悲观失望,自暴自弃;取得表扬和成就时容易得意忘形,骄傲自满。这就要求领导者在做群众思想政治工作时,要了解每个人的基本情况及其特点,摸出规律,使自己能够预测大家的思想变化趋势,及早采取教育措施,掌握思想工作的主动权。影响群众思想的因素很多,不同地域、不同环境下,群众的思想问题会有不同侧重点。领导者要针对实际情况掌握思想政治工作动态,了解不同单位、不同地区的特点、条件和环境,实现及时反馈和沟通,捕捉群众在特定地区、具体环境中思想情绪的动态变化,做到因地制宜,打好预防针。领导者做思想政治工作应具备随机性,针对不同地点、不同人的思想动态,发现问题或苗头,及时做好预防工作,使思想政治工作不仅是"救火队",更重要的是成为"预警器"。

六、晓之以理,情理交融

重视情感作用是思想政治工作的光荣传统,也是增强思想政治工作优势的重要环节。如果说真理是打开人们心灵的钥匙,那么感情则是心灵交流的润滑剂。因此思想政治工作只有坚持以理服人、以情感人、情理交融,才能使情与理相得益彰,收到良好的效果。情感是人类独有的精神领域,是人的内在世界的重要表现。思想政治工作的对象是人,其本身就是一个动之以情、晓之以理、导之以行的过程,而情感就如同春日里融化双方沟通障碍的阳光,又似开启员工心灵之门的钥匙。

情感是发自内心的真情实感,领导者不能把情感当作一把雨伞,下雨时撑起来,雨停了就弃之不用。情感要在整个思想政治工作中渗透全程,贯穿始终。若能经常把群众的疾苦和冷暖挂在心头,思想政治工作就能一呼百应,干群关系就能水乳交融,思想政治工作就能深入人心,事半功倍,卓有成效。领导者只有做到以心换心、凝聚人心,真心实意地解其所难、帮其所需,才能以科学的态度驾驭其情感的脉动,促进思想政治工作的效能提升。

情理交融,一要情与理有机结合,不仅要把理说在点子上,更要将情融合在理字之中;二要将以理服人贯穿"情"字中,抓住能打动人感情的细节,才能使"铁石汉子动心肠";三是以情感人要在讲"理"上花工夫,思想政治工作的目的是要帮助群众转变观念,提高觉悟,解决思想问题。思想工作,简而言之就是说服人、教化人、沟通思想的工作。

情理交融,就是要满怀真情感化人、转化人,"通情达理",情通则理达。只有通过感情交流,达到了感情一致、产生共鸣的效果,道理才会更容易被群众所接纳。如果感情抵触,情绪对立,领导者讲的尽管是真理,尽管千真万确,群众要么不愿意接受,要么口服心不服地被动接受,所以思想政治工作必须和情感沟通结合起来,情理交融,以情动人。

◎ **案例 16 - 1**

毛泽东所论述的思想方法和工作方法是非常细致和全面的。以面对一项前所未有的崭新的任务或工作为例,在寻求"解决"之道的时候,要"从调查情形入手","从群众中来,到群众中去","一般与个别相结合","对于具体情况作具体的分析",同时要"多与人商量","认真地听取不同的意见","当断则断",等等;而在做任务或干工作的时候,要"只唱一出《香山记》"即抓中心和重点,"学会弹钢琴"即统筹兼顾,"原则性与灵活性相结合","有了问题就开会","抓而且紧","检查评比","总结经验","赔一个不是",等等。如此,形成了一套方法之链。其中,特别重要的是,面对新情况、新问题要敢于探索，勇于创新，"在战争中学习战争"，"在游泳中学会游泳"。

◎ **案例 16 - 2**

周恩来总理做思想政治工作，不仅能解决一般人认为难以解决的矛盾，而且能让受教育者心服口服。当年驻重庆的美国大使馆外交官谢伟思感受颇深。谢伟思讲："周恩来试图让我们赞同他对中国和世界的看法，尽管他对这些看法深信不疑，但是他还是靠冷静的说理、清晰的措辞、温和的谈话、广博的历史和世界知识，以及对事实和细节的深入了解让你信服。"周恩来一生为了党和国家的利益谈判无数次。在谈判中，为阐明我方的立场与观点，他总是摆事实、讲道理，以理服人。他同长期处于敌对状态的国民党代表谈判时，总是以无产阶级革命家的雍容大度、尊重对手的"党见"和"党格"，与之坦诚相见，以便经过认真商谈，争取双方在维护民族利益的前提下达成互信互让。这就使得他与谈判对手不仅建立了"公谊"，而且还能"由公谊而增私谊"。像张冲、张治中等国民党要员就是在谈判过程中逐步接受了我党的主张，最终站在了人民的一边。周恩来一贯主张对同盟者一定要以理服人。他说："领导群众的基本方法是说服，绝不是命令。""要想把领导者的觉悟、领导者的智慧变成群众的力量，需要经过教育的过程，说服的过程……"他还曾说过强加于人，就只会丢掉朋友，把他推到反对我们的方向去。在延安同张学良的秘密谈判中，他从不把自己的意志强加于对方，而是耐心地向对方摆形势、讲道理，启发对方，使其提高认识。

第十七章　处理人际关系的方法与艺术

　　领导者的人际关系,主要是指在领导活动中发生的领导者与上级、同级、下级等之间的关系。领导者的人际关系直接影响领导工作的成败。一个善于协调人际关系并有着良好人际关系的领导者,在领导活动中能如鱼得水,事半功倍,顺利实现领导工作目标。反之,一个人际关系紧张、糟糕的领导者,工作就会处处受到掣肘,很难顺心如意,就会因人际关系紧张而身心疲惫、心力交瘁,使领导工作目标大打折扣、事倍功半。做好领导工作,实现领导工作目标,要求领导者要学习和掌握处理人际关系的方法与艺术。

第一节　处理人际关系概述

一、人际关系及影响因素

(一)人际关系

　　所谓人际关系,是指人与人在相互交往过程中所形成的心理关系。人与人交往的关系包括亲戚关系、朋友关系、师生关系、学友关系、战友关系、同事关系、领导与被领导关系等。人际关系是社会生活中由于利益关系促成的人与人之间直接的交往关系,它是社会地位、经济利益、心理因素、情感因素等共同作用和影响人际活动而表现出来的一种状态。

　　按照心理学的观点,人际关系是指在共同的活动过程中,可以直接观察到的人与人之间的关系,或称为心理上的距离。两个人之间的关系可以是亲密的,可以是疏远的,也可以是敌对的,这些都是心理上的距离,统称为人际关系。现代社会要求人不仅要有健康的体魄、健康的心理,而且要求拥有良好的人际环境。人际关系对人的影响是潜移默化的,良好的人际关系有利于生活幸福、心理健康和身体健康,有利于形成良好的生活和工作环境,有利于促进个体素质的提高和全面发展。

(二)领导者人际关系

　　领导者的人际关系,是指在领导活动中,领导者率领和引导本组织的被领导者在实现预期目标过程中所涉及的各种人际关系,主要是指在领导活动中发生的领导者与上级、同级以及下属等之间的关系。实质是领导者与群体其他成员间形成的心理上的联系,即彼此间的认识、评价、情感和行为倾向的关系。领导者的人际关系具体包括领导者与自己的上级、同事、下属之间的关系,以及在其他群体中的威望、在社会公众心目中的形象、与群体成员的情感关系等方面,是其实际影响力的重要社会心理标志。

（三）影响人际关系的因素

领导者的人际关系,既是领导者与群体其他成员间的直接角色联系,又是其与他人的个人情感关系;既受社会规范和角色规范的强制性调节,又受双方在交往中所产生的情感调节。衡量领导者人际关系的好坏,既要考虑其与社会规范、群体目标的符合程度,又要考虑关系双方情感上的相悦与否。所以,领导者的人际关系是一种具有丰富内涵和复杂内容的人际关系。

影响领导者人际关系的因素:一个组织系统是以领导者为核心,同各个方面发生人际关系,从而形成的一个圆形的人际关系轮。即领导者以放射形的方式同上级、同级、下级、群众发生人际关系,每一个领导者都面临着如何正确处理与上级的、同级的、下级的、群体的人际关系的问题。领导者无论在哪一方面的人际关系不协调,都会给领导工作造成困难。由此,领导者本人的人际吸引力,上级领导的班子状况与工作作风,下级人员的责任水平与工作作风,同级的合作态度与配合状况,群体人员的素质状况及对领导者的支持、拥护程度,都成为影响领导人际关系的因素。

二、处理人际关系的重要作用

俗话说得好:"一个篱笆三个桩,一个好汉三个帮。"在现代社会中,任何人要完成一项事业是不可能离开社会、离开群体、离开他人的。在我国古代有"天时不如地利,地利不如人和"之说。治理国家要理顺人际关系,所谓"政通人和";经商贸易要搞好人际关系,所谓"和气生财";带兵打仗同样要处理好人际关系,"步调一致才能得胜利"。企业领导者协调人际关系尤为重要,如果企业没有和谐的人际关系,各自为政,甚至相互拆台,是注定要失败的。从"企"字的结构看,去"人"则"止",讲的就是这个道理。

（一）有利于正确决策

正确的决策是领导者的重要职责,没有正常良好的人际关系,是难以达到此目的的。首先,正常和谐的人际关系,才可能有畅达的信息渠道,使领导者及时获得准确可靠的信息。信息交流是现代人际交往的重要内容。良好的人际关系是获取广泛信息必不可少的手段。如果人际关系不协调,彼此封锁,或互不讲真话,领导者就难以广泛获得有效信息、驾驭形势,做出正确的判断和决策。其次,在正常和谐的人际关系下,群众才会积极提出意见和建议,领导者才能有效地集中群众智慧,发挥群众参与决策的作用,形成良好的决策环境,减少决策失误,实现正确决策。有了正确的决策,就有了为群众所能接受的统一行动目标,这既是领导者协调人际关系的作用或结果,也是领导者进一步协调人际关系的措施或动力。

（二）有利于激发活力

领导者人际关系协调得好,就能在组织内营造一种和谐的人际关系,而和谐的人际关系不但能使员工齐心协力,而且还可以创造出一种宽松、愉快、默契的气氛,激发活力。人们在这样一种气氛下生活与工作,有益于身心的健康发展,有助于激发灵感和创造性思维,有利于维持最佳工作状态,从而能够有效激发员工的积极性、主动性和创造性,获得更高的工作效率。

（三）有利于提高效率

领导者应注重组织内部人际关系的沟通与协调,通过人际关系协调,各方面才会在一定程度上克制自己以求得方向的一致、目标的一致。在目标一致的前提下,大家同心同德,协同动作,组织活力就会大增。因为和谐的人际关系是一种人际交往的润滑剂,有助于减少由人际摩擦造成的"内耗",保证全体员工把精力最大限度地投入工作中,使由各个组织机构组成的这架机器高效率运转。可以说,和谐的人际关系是一种无形的财富,它可以产生效率,而效率是组织机构尤其是企业的生命。

（四）有助于获取上级支持

领导者与上级领导关系融洽,有助于获得上级领导的信任和支持。领导者作为下级在协调与上级的关系上是可以有所作为的。一是上级决策前征求下级意见时,你能主动出主意,就可增强上级正确决策、果断决策的信心。二是上级的决策在贯彻执行中,出现某些新情况、新问题需要及时调整时,你能及时反映情况,提出建议,这对减少失误、维护上级领导的威信有重要作用。三是当上级领导者之间发生分歧和矛盾时,矛盾各方往往都会主动找下级听取意见。这时作为下级在坚持原则的前提下,多说各方的接近点,如实反映各方的正确方面,帮助分析由于上级领导者之间的分歧与矛盾会给下级工作带来的不良后果,这就可以在下级岗位上为增强上级的团结发挥疏通、黏合的作用。

三、处理人际关系的基本原则

（一）平等原则

平等原则是领导者协调人际关系的前提。领导活动中的平等主要包含四个方面,即政治平等、法律平等、经济平等和人格平等。

政治平等,主要是指领导者无论是同上级还是下属在政治活动中都享有平等的权利和地位。领导者应该特别注意尊重和保障下级的民主权利和参与管理的权利,这对协调领导者与被领导者之间的关系至关重要。

法律平等,是说无论职务高低、功劳大小,在法律面前都一样。领导者一方面要参与制定法律规范及政策、规章制度；另一方面，又要严于律己，自觉接受法律法规和纪律的约束。

经济平等，体现在按劳分配和按生产要素分配上，领导者不能搞特殊化，更不能以权谋私，侵犯他人利益。不能因为自己是领导者，就享有特权，任意多吃多占，肆意侵害员工利益。

人格平等，就是领导者要尊重人、关心人，合乎情理地解决下级的切身利益问题。特别要尊重下级的自尊心，而不要伤害他们的感情。有时领导者出于工作的需要，或出于对同志的关心和帮助，刺激了下级的自尊心和感情，事后要妥善地做工作。

（二）诚信原则

诚信原则是领导者协调人际关系的链条。诚信讲的是诚实守信，这是连接被领导者的强劲链条，领导者如不讲诚信，就根本无法协调人际关系。领导者怎样才能取信于被领导者呢？

一是守信。领导者要"言必行，行必果"，言行一致，身体力行，对自己的言行负责。

二是信任。相信部属，相信群众，用人不疑就是一种信任的表现。实践证明，领导者与被领导者之间的信任比什么都重要，有了这种信任，人际关系就易于协调了。

三是不轻诺。所谓轻诺，就是无把握地许诺。轻诺的结果往往是诺言不能实现，最终失信于人。"轻诺寡信"就是这个道理。

四是诚实。以诚待人，是获取下级信任的有效方法。只要领导者以礼相待，以情动人，诚心诚意地关心和尊重被领导者，上下级关系没有协调不好的。古人说："以诚感人者，人亦诚而应。"

（三）反思原则

领导者在处理人际关系，尤其是在发生人际关系紧张问题时，要多反思，多自我检讨，多做自我批评。首先要考虑自己存在什么问题，哪些方面做得不足，是沟通不够，还是不注意听取他人意见或建议等。一旦发现自己有问题，就要及时检讨、改正和调整；如果自己没有问题，就表示要寻求合适的时机与对方沟通，向对方进行解释和说明，或主动征求对方意见，或吸收对方参与到自己的工作或活动中来。

（四）利益原则

利益原则是领导者协调人际关系的基础。从一般意义上说，人际关系是互利的。人与人之间的互利关系，主要表现在物质互利、精神互利、物质—精神互利三方面。但互利是以不损害国家、社会和他人的利益为前提的，是一种有益于国家、社会和他人的互利。个别领导者不惜损公肥私，违反国家法律和党的纪律搞"互利"，只要得了别人的好处，他就利用手中权力盖章子、批条子，滥用权力谋取私利。这样的互利是私利，是恶性膨胀的利己主义，这种建立在私利基础上的人际关系，严重污染社会风气，是为党纪国法所不容许的。

（五）奉献原则

奉献原则是协调人际关系的支柱。领导者在协调人际关系时，一定要重视奉献精神的作用，反对庸俗的关系学。人与人之间的关系本来应该是互相帮助、互相关心、互相爱护的同志式关系。但庸俗关系学却把人与人之间的关系看作金钱关系、利用关系。如"有钱能使鬼推磨"，只要对己有利什么手段都敢用等，这种腐朽思想的污染，不但毁了领导者个人，也败坏了社会风气。我们所需要和倡导的应该是鲁迅说的"孺子牛"精神，牛吃的是草，奉献的是奶。领导者有了这种奉献精神，对于协调领导和群众、领导者与被领导者之间的关系，对于领导者人际关系中所有组织成员的团结奋斗、和谐统一，都能起到巨大的促进作用。

（六）回避原则

领导者在处理同上级、同级与下级的工作关系时，难免会发生矛盾、产生冲突。如果出现因一时一事造成人际关系冲突，领导者不要急于求成、针锋相对，可以采取暂时回避的措施，日后找恰当的场合与时机进行解释和沟通。比如针对某件工作而引起的领导的误解、批评，同事的误解和反对，都可以采取暂时回避、日后解释的方法来化解矛盾。

四、处理人际关系的基本要求

（一）注重尊重

尊重既是人的重要需求，每个人都希望得到他人尊重；尊重同时也是构建和谐人际关系的基本要求。作为领导者，无论是和上级、同级还是下级接触，都必须尊重对方，这是取得对方理解、帮助和支持的前提。这种尊重，不仅应该用语言来"表白"，而且更应该用实际行动来"显示"。唯有这样，才能打消对方的疑虑，使对方深受感动。当然，尊重上级，和尊重同级、尊重下属，三者之间从内容到形式都略有差异。尊重上级，随之而来的，就是"服从"；尊重同级，集中表现为"合作"；尊重下级，更多地需要"肯定"和"支持"。

（二）重视了解

领导者要构建良好人际关系，首先要对人际关系的一方有充分了解。友好相处，亲密合作，这种良好人际关系必须建立在充分了解的基础上。这里所说的了解，就是要尽可能全面深入地了解上级、同级和下级的工作作风、处事风格、脾气性格、兴趣偏好、长处短处。并在工作接触中，尽可能"投其所好"，"避其所烦"，无缝对接，正对胃口，尽量避免对方反感和为难，这样才能有效地争取其对自身工作的理解、帮助和支持。当然，了解最好是相互的。既要了解对方，也要让对方了解自己，知己知彼，方能亲密无间。为此，领导者也不妨将自己的长处和短处，坦诚主动地告诉对方，以更好地融洽关系，求得对方更好的理解、支持和配合。

（三）积极给予

领导者要想获得他人对自身工作的支持,先应考虑我能给予对方什么才能获得对方的支持。众所周知,人际交往中不可避免地需要"给予"。但给予什么,怎样给予? 这其中就大有学问和艺术了,需要领导者多花工夫、认真思考。

"给予什么"? 当然是给予对方最希望获得的。上级最希望下属圆满完成自己交办的工作任务,尽力为本单位争光,当然也为自己争光;同级最希望互相之间建立起一种携手并进的融洽关系,在亲密无间的气氛中进行友好竞争;下级最希望获得的当然是上级的"信任",说得确切些,就是困难时刻的"有力支持",受到挫折时的"热情鼓励",以及取得成绩后的"及时奖励"。只要你给予对方最希望获得的,你就能赢得对方的心和信任!

"怎样给予"? 按照对方最满意的方式给予,按照多数人最能接受的方式给予。在尽力完成上级交办的任务时,应当牢记"完成任务"必须以"维护国家和民族的根本利益"为前提;在和同级"携手并进"时,应当建立一种健康纯洁的同志关系,防止滋生庸俗、低级的拉拉扯扯作风;在对下级表示"信任"时,务必做到支持要"适度",奖惩要"合理",关心要"适时"。只有符合上述原则的"给予",对方才敢接受、愿意接受,才会心悦诚服地支持和帮助你的工作。

（四）合理索取

在人际交往中,和"给予"相对应的是"索取"。索取什么,怎样索取? 这是每一位领导者在处理人际关系时都要面临和回答的现实问题。

索取什么? 索取对方"能够"给予和"愿意"给予的。在从事创造性的领导活动时,每个领导者当然都希望获得上级的有力支持。然而,在请求上级给予支持之前,最好先了解一下,上级能够提供什么支持,愿意提供什么支持,切忌强人所难,招致被动。同样道理,当希望获得同级的密切配合时,也最好先了解一下,这种配合对同级是否"有利",是否超出了同级"力所能及"的限度。在要求下级圆满完成某项任务之前,最好斟酌一下:这项任务,可能遇到哪些困难,单凭下属的力量,能否顺利完成? ……总之,唯有弄清对方"能够"给予什么,才能摸清对方"愿意"给予什么;而唯有摸清对方"愿意"给予什么,才能恰到好处地进行"索取"。

"怎样索取"情况较为复杂,方式多种多样。总的原则应该是"适时""适度",尽量避免强人所难、使人不快。

第二节 处理上级关系的方法与艺术

一、与上级关系的特点

(一)权力制约性

权力制约性,是领导者与上级关系中最基本、最重要的特点。在一个地区、一个部门、一个单位充任领导的人或集团,都掌握有一定的人权、财权、物权。上级领导掌握的权力对下级的制约能力,足以影响下级领导者的思想、工作以及个人作用的发挥和切身利益。上级领导者对下级领导者影响的手段包括指导、支持、帮助、鼓励、晋升,也包括检查、督促、控制、限制、惩罚等。这些制约手段不仅可以影响下级领导者应当干什么,而且能够影响你怎么干,干到何种程度,取得多大成效。因此,下级领导者在处理、协调同上级的关系时,应当充分注意"权力制约"这一特点,主动适应"权力制约"、自觉接受"权力制约",把协调关系的重心放在争取上级领导对自己工作的理解、支持和帮助上,竭力防止和避免不利于自己工作的逆向制约情况的出现。

(二)目标一致性

领导者应充分认识到自己所负责的组织或单位,只是上级领导管辖下的一个下级组织或单位。你所制定和完成的工作目标是上级组织总体目标的一部分,或分目标、子目标。因此,领导者应充分认识自己所负责的组织或单位的目标与上级组织目标的一致性。领导者所做的一切工作既要有利于实现本组织目标,又要服从和有利于实现上级组织的总体目标,绝不允许偏离和损害上级组织的总体目标。目标的高度一致性既是领导者处理同上级关系的重要指导思想,也是构建和谐上下级关系的思想和制度保障。

(三)组织服从性

民主集中制是各级领导者必须执行的一项重要组织原则。它强调的是,在高度民主基础上实行高度集中,要求个人服从组织、少数服从多数、下级服从上级,其目的在于维护各级组织和领导者之间的团结统一,以保证组织目标的实现。需要强调指出的是,作为下级领导者在协调同上级领导者的关系时,在思想上必须明确"集中统一"与服从领导这一指导思想。领导干部不论职位高低、权力大小,都是为人民服务的勤务员、人民公仆,他们的根本利益和服务宗旨高度一致。因此,下级领导者要自觉服从上级组织,尊重上级领导。

二、融洽与上级关系的重要性

(一)获得良好工作环境

工作环境包括"硬环境"与"软环境"。它主要是指工作范围内的人际关系、工作条件、资源分配等。上级领导在工作环境的各因素中居轴心地位,起主导作用。融洽与上级领导的关系有利于获得良好工作环境。一是有利于及时了解上级领导对本单位工作的要求和与本单位工作密切相关的信息,使本单位工作更好地符合上级领导的意图,获得上级领导的认可与支持。二是有利于争取上级领导在研究和出台政策时充分考虑本单位的发展,获得上级领导对本单位工作的政策支持。三是有利于从上级领导处争取本单位发展所需要的资源。上级领导在其管辖范围内拥有人财物质等资源支配权,融洽与上级领导的关系,有利于上级领导及时了解本单位资源需求,并予以支持。

(二)施展才华成就事业

领导者作为下级,做好工作当然首先要靠自己的能力、素质和努力,但能获得上级领导的关心、理解、支持也是至关重要的。没有一个和谐融洽的上级关系,个人的本领再大,也难施展才华。作为下级的领导者,如果与上级领导关系融洽密切,其能力和才干就能获得更好的发挥机会。譬如,当你同他人公开竞争领导岗位时,同等条件下,会因为上级领导对你的了解和好感而优先胜出。因此,作为一个领导者,如果想晋升到更重要的领导岗位干一番事业,更好实现自身价值,为社会做出重大贡献,尤为需要密切同上级领导的关系,使自己的才华和人品得到上级的了解、认可和肯定。但绝对不可投机取巧,拍上级领导马屁,搞权钱、权权交易等低级庸俗的不正当关系。

(三)保持良好精神状态

处在下级岗位的领导者与上级领导关系和谐密切,上级领导对你了解、关心、帮助,工作上遇到困难及时予以支持,取得成绩予以表扬与肯定,你就会心旷神怡、精神振奋、干劲倍增。如果与上级领导者的关系别别扭扭,或者矛盾尖锐、关系很僵,思想上必然有抑郁感和心理压力,甚至背上沉重的思想包袱。时间久了,性格人格、心理生理都可能发生"病变"。不是屈服依附,唯唯诺诺,就是消极颓废,丧失信心,甚至患抑郁症和其他疾病,尤其是心理疾病。

三、处理与上级关系的方法

(一)尊重而不崇拜

尊重是沟通双方情感、建立融洽人际关系的前提条件。对于上级领导来说,需要尊重的心理更强。因为尊重是提高领导威望,增强领导控制力和驾驭力,保证工作顺利开展的精神力量。任何一个领导者,如果失去了下级对自己的尊重,那就不可能有较高的威望和较强的号召力、凝聚力,因而也就不可能真正发挥领导者的作用。尊重是相互的。下级尊重上级不仅是上级领导的需要,而且也是下级获得上级支持的需要,这是处理人际关系的一条重要原则。当然,下级对上级的尊重,应当以事业为重,而不能怀有个人不良动机。

一般来说，下级容易做到尊重上级。问题是当遇到上级领导有明显缺点，或者业务不熟，甚至工作能力不如下级的时候，作为被领导者如何对待？这是对下级能否自觉尊重上级领导的考验。如果下级领导者缺乏自知之明，就可能自觉不自觉地流露出瞧不起上级、贬低上级的情绪。这不仅有损于上级领导的威信，伤害与上级领导的关系，而且对全局工作不利。如果上级领导明显不称职，作为下级可以按照组织原则，通过正常渠道，向更上一级组织提出意见。但在上级领导未离开现岗位之前，仍然应该维护他的威信，尊重他的人格，支持他的工作。这才是下级应持的正确态度。

对上级领导应当尊重，但绝不应该崇拜。崇拜是愚昧落后的意识。领导干部和领袖人物都是人，尽管他们相对有较高的才能，有过人的胆略，但不是"完人"，缺点、错误在所难免，也跳不出历史的局限性。搞崇拜必然要美化领导，文过饰非。崇拜可能滋生庸俗的人际关系，如阿谀奉承、行贿受贿、拉拢投靠、人身依附、结派营私等。崇拜会给上级领导帮倒忙，使上级脱离实际，脱离群众。一个明智的上级领导是不应赞成下级对自己搞崇拜的，而且还要对搞崇拜者进行批评教育。对上级领导的尊重和搞个人崇拜在本质上是不同的，但从尊重滑向崇拜却比较容易。区别就在于个人的动机，在于是否坚持原则，在于把握尊重的分寸。尊重而不迎合，遇有不同意见要及时不卑不亢地提出供领导参考的建议。在必要的场合，不必害怕表示自己的不同观点，只要你从工作出发，摆事实、讲道理，领导一般是会予以考虑的。

（二）服从而不盲从

被领导者要服从上级领导。没有服从就形不成统一的意志和力量，任何事业都难有成就。在社会主义制度下，下级与上级的根本利益完全一致。上下级关系中的"服从"虽有强制性，但没有统治和压迫的性质。这种"服从"的强制性完全是领导工作的需要，是现代化建设事业的需要。因此，作为下级领导者，服从上级组织，服从上级领导，不是奴性的表现，而是对事业高度负责的理性行为。服从的前提是确认上级领导的指示、决定符合人民的利益。这就要求领导者在坚持服从原则时，注意把服从上级领导同服从中央领导统一起来，把对上级负责同对人民负责统一起来。当发现上级指示、决定与中央的路线、方针、政策有矛盾时，要及时向上级反映，并要坚决按照中央的路线、方针、政策指导自己的工作；当发现上级的指示、决定不符合客观实际，执行起来不利于党和人民的事业时，应积极向上反映，申明看法，敦请上级领导修正。下级领导者要自觉做到这一点是很不容易的。它不仅需要智慧、才能，而且更需要勇气和胆识。坚持服从原则，还应注意对上级的决议、指示，不能因自己有不同意见而不执行。正确的态度是一方面积极向上级反映自己的意见，另一方面在上级领导者没有采纳自己的意见修改决议指示之前，仍要按原指示决议执行，在执行中积极采取措施，把可能造成的损失减到最低程度。当然，执行的结果证明上级指示决议是错误的，责任应由上级领导承担。

盲从是指对上级的指示、决定,在不理解不领会的情况下一味附和、一概听从、一律执行的盲目行为。对上级盲从往往是以对上级的崇拜为思想基础的。盲从也最容易被某些心术不正的上级领导利用。因此,即使上级领导者的指示是正确的,也要结合实际,创造性地贯彻执行,绝不可盲从,绝不能做"传声筒"式的领导者。领导工作既要做好"规定动作",又要有"自选动作",创造性地完成上级领导分配的任务。

(三)既坚持原则又注意策略

如果某些上级领导要通过下级做一些明显违反原则的事,作为下级应该怎么办? 除少数人认为可以拿原则做交易来迎合上级,自己也趁机捞一把外,大部分同志都会深感棘手,在党性、良知和个人利害得失之间颇费思量。对作风正派的下级领导者来讲,毫无疑问应该不计个人得失,勇于抵制上级的不端行为,使上下级关系建立在健康、正当的范围内,不卖弄乖巧,不做顺水人情。但在实践上也应讲究抵制的策略,那就是要善于借钟馗打鬼,能推则推,能拖则拖,最后不了了之。因为某些上级交办的这类事都是害怕公论的,只要下级领导者善于从其他领导或有关规定中找到不能办或缓办的理由,交办者也不敢明目张胆地强加于人。这样做既坚持了原则,也最低限度地维护了上下级关系,当然,作为下级领导者也要有心理准备和勇气承受为此受到的冷落甚至排挤。

(四)局部服从全局

全局是指事物的整体及其发展的全过程,局部是指组成事物整体的一部分及其发展的某个阶段。全局和局部是对立的统一。全局统率局部,局部隶属全局。全局和局部的关系反映在领导关系方面就是上级与下级的关系。作为下级必须识大体,顾大局,使局部服从全局,这是下级领导者在处理与上级关系时应遵循的原则。首先,想问题办事情不能只顾局部利益和眼前利益,而应从全局出发。当局部利益与大局利益发生矛盾时,要舍得放弃局部利益,甚至牺牲局部利益以顾全大局利益。其次,要努力做好自己所领导的工作,以局部工作的良好绩效推动全局工作。作为下级领导者只有自觉服从全局,坚持从大局出发来考虑局部和本单位工作,才能深得上级领导的支持和信任。

四、处理与上级关系的艺术

(一)要熟悉了解上级,但动机要纯

一方面,领导者作为下属应该了解和熟知上级领导的优点缺点、长处短处、工作方式、工作意图,甚至专长爱好、生活习惯等。同时准确地提供上级领导所需要的信息和情况。恰到好处地利用上级领导的长处和工作方式支持本单位的工作,避开上级的短处或缺点可能给本单位工作带来的不利影响。另一方面,领导者作为下属应该主动及时地向上级汇报自己的工作意图、工作进展、工作成绩、存在的困难和问题,使上级领导对你的工作有较全面的了解,争取上级领导的支持和帮助。了解上级领导的出发点是为了取得上级对本单位工作的支持与指导，而不是投其所好、谋取私利，更不是搞圈子文化、人身依附关系。

（二）要争取支持，但不能苛求上级

作为下级领导者，希望上级领导在人财物上给予支持，在政策上给予优惠，在个人问题上给予关心照顾，这都是正常的。但这种要求要合理适度，期望值不能过高，更不应苛求。因为，上级领导不仅权力有限，解决问题的物质条件有限，而且要求给予关照的下级又比较多。上级领导在解决问题和分配资源时不能顾此失彼，更不能厚此薄彼，要考虑平衡。因此，对上级领导的要求过高过多，甚至狮子开大口，无异于给上级领导出难题，不仅难以实现，给上级领导心理带来压力，而且会给上级领导留下不好印象，反而不利于协调同上级的关系。

（三）保持"中立"，不介入矛盾

上级领导之间难免发生矛盾，甚至摩擦。下级领导者遇到这种情况要格外谨慎。其一，在感情和态度上要保持"中立"。下级对上级领导之间的许多情况不可能了解得很清楚，或者根本不知道问题的实质所在。因此，轻易介入，无助于矛盾的解决。况且，处在下级地位也没资格、没必要介入上级领导之间的矛盾之中。如果更上一级组织向你了解情况，应据实反映，不带偏见，不可感情用事，不添枝加叶，使问题复杂化。其二，与上级领导成员的接触要保持等距离，不可亲一位疏一位。不要搞人身依附，加剧领导者之间的矛盾，而要起"黏合剂"作用，促进领导者之间的团结。其三，视情况和可能多做一些解释工作，消除误会，疏通关系。

（四）既要自我克制，又要据理争辩

上下级之间难免出现意见分歧和矛盾。上级领导对下级批评不当，处理问题不公平的现象也时有发生。遇到这种情况，下级首先要态度冷静，克制自己的感情。克制和忍耐是维持上下级良好关系的一种手段。对于非原则问题，即使上级领导批评得不对，也不必斤斤计较、耿耿于怀。有机会说明一下，没有机会，受点委屈也无关大局。但在原则问题、重要问题上，对上级领导的错误处置，则应进行申辩，直至进行有理有据有分寸的批评和斗争。该忍不忍，会把上级关系搞僵；该辩不辩，则不可能分清是非，有可能导致丧失原则。

（五）奋发有为工作，赢得上级信任

作为下级的领导者，只有工作勤奋、政绩卓著，才能更好地赢得上级的好感、信任和器重；才能引起各方面的关注，获得群众的好评，有扎实的群众基础，这些都是与上级建立良好关系的条件和因素。工作不勤奋或不胜任现职的领导者，通过其他途径、手段、方法，也可能与上级领导的关系搞得很亲密，也可能"官运亨通"，这在现实生活中也不乏其例。不过这类现象多半不为干部、群众所称道，一般来说也难以持久。只有既有真才实学，又实干会干，并干出成效才能真正赢得领导信任。

（六）维护上级权威，学习领导长处

处在下级岗位的领导者，要自觉维护上级领导的声誉与威信，这不仅有利于融洽同上级领导者的关系，而且也有利于赢得上级领导对自己的器重和信任。处在下级岗位的领导者既实事求是又恰到好处地赞扬上级领导的优点政绩。赞扬上级领导不等于奉承，欣赏不等于谄媚。下属赞扬与欣赏上级的某个特点，意味着肯定这个特点。只要是优点、是长处，对组织有利、对事业有利，你完全可以大大方方、理直气壮地表现你的赞美之情。上级领导也是人，也需要从别人的评价中，了解自己的成就及在别人心目中的地位。当受到称赞时，上级的自尊心会得到满足并对称赞者产生好感；如果得知下属在背后称赞自己，还倾向于加倍喜欢称赞者。下属喜欢上级，上级自然也喜欢下属，这是人际吸引中相悦作用的结果。

处在下级岗位的领导者要自觉维护上级领导的权威，服从指挥、听从命令，积极完成上级领导下达的工作任务。疾风知劲草，烈火炼真金。下级领导者在关键时刻不要错过了在上级领导面前表现自己的机会。如当某项工作陷于困境时，下级领导者若能大显身手，定会让上级领导格外器重你。当上级领导者本人在思想、感情或生活上出现矛盾之时，下属若能妙语劝慰，也会令其格外感激。此时，下属切忌变成一块木头，呆头呆脑、冷漠无能、畏首畏尾、胆怯懦弱。这样，上级领导便会认为，下属是一个无知无能无情的平庸之辈。

在维护上级领导者的声誉和权威时，下级领导者有必要把自己的一些好的建议和想法奉献给上级领导者，以提高其威信。有名人说："一个人只有甘愿为别人声誉做出牺牲，他才能在世上慷慨行善。"当你的上级领导者显得光彩时，你也将显得光彩；当你的上级领导者声誉得到提高时，你提高自己声誉的机会也将来临。

第三节　处理下级关系的方法与艺术

一、与下级关系的特点

（一）性质上的服务性

在我国社会主义制度下，领导就是服务，这是社会主义领导的本质属性。领导者无论职位多高，都是人民的公仆和勤务员。领导者对于下级、对于群众所行使的组织、指挥、管理、协调、控制等职能，实质是为下级、为群众服务。领导者要运用人民给予的权力为下级、为人民服务。在社会主义制度下，权力、责任与服务三位一体，是人类有史以来领导观上的根本变革。领导就是服务这一社会主义本质特征，为领导者协调好与下级的关系，争取下级的配合与支持，提供了政治保障和思想基础。领导者在处理同下级关系时，要多一点服务意识、多做服务性工作，少一点官老爷架子，只要领导者服务到位了，与下级关系自然会融洽密切。

(二)人格上的平等性

上级与下级、领导与群众,虽然分工不同,所行使的权力和承担的责任不同,但在政治上、人格上、法律上是完全平等的。上下级之间政治上的平等,没有高低之分;人格上的平等,没有贵贱之别;纪律和法律面前的平等,没有特殊公民之分。领导者在处理同下级关系时,要增强平等意识,克服特权思想,摒弃官僚作风,丢掉官架子。领导者在协调与下级关系时,要坚持群众路线,平等对待下级,发扬民主,充分尊重下级意见,只有这样才能保证上级的正确决策在下级和群众中顺利贯彻执行。

(三)工作上的依存性

领导者与下级工作关系的依存性是相互的,包括双层含义:一是指领导者的工作要依靠下级,只有得到下级的支持与合作,才能实现组织的任务和目标;二是下级同样要依靠上级领导以满足各种需要,获得便利条件,完成上级赋予的任务和目标。上下级之间的依存性是相互的、双向的,不只是单方面的单向依存。把握好这一点,对于领导者正确处理同下级的关系,取得下级对自己工作的支持配合十分有益。当然,依存性并不排除上下级之间各自的相对独立性。上级与下级都有不同的职权、责任和义务,承担着不同的任务。这就要求下级依据具体情况,独立自主地做好自己的工作。如果没有这种独立性,事事依赖上级,是无法搞好工作的。同时,如果上级不给下级一定的自主权,即不给下级独立处置、决策问题的权力,就不利于调动下级的积极性,无法完成组织的任务并达到既定的目标。因此,在上下级之间既存在着依存性,又有一定的独立性。

二、密切与下级关系的重要性

(一)有利于发挥下级的积极性、创造性

领导者应明确,在社会主义制度下,职工、群众始终是单位或组织的主人,一个单位或组织工作的活力和动力,工作任务完成的好坏,组织目标实现的程度,在很大程度上取决于组织成员的积极性、热情和创造性。在现实中,有些领导者虽然个人能力很强,工作十分辛苦,却事倍功半、绩效平平。而有些领导者,虽然个人能力不那么突出,但绩效却非常突出。这固然有多种原因,但重要的是后者善于处理同下级的关系,善于调动下级的积极性、热情和创造性,从而赢得下级的支持和拥护,使上下一心,通力合作,工作绩效显著。而前者则往往不善于处理同下级的关系,难以得到下级的拥护和支持,甚至挫伤下级的积极性,使自己成了"孤家寡人""光杆司令",当然工作难以奏效和取得业绩。因此,领导者密切同下级的关系,有利于充分调动下级积极性。

(二)有利于维护组织的团结与稳定

在人民群众当家做主的社会主义制度下,上下级之间利益一致,目标相同,地位平等这是合作共事的基础。但这并不排除上下级之间,在利益或工作上会产生这样

或那样的矛盾,存在这样或那样的分歧与摩擦。这就需要领导者运用科学方法和高超艺术来协调解决。领导者只有解决和处理好上下级之间的矛盾与摩擦,才能密切上下级关系,搞好与下级之间的团结合作,维护单位的安定团结与和谐稳定。如果上下级关系紧张,矛盾处理不好,不仅影响本单位的安定团结,严重时还会波及社会的和谐与稳定。因此,构建融洽的上下级关系,有利于维护组织的和谐与团结。

（三）有利于下级干部的培养与成长

一个单位的活力和生命力,在很大程度上取决于人才脱颖而出、事业后继有人。如果领导者同下级关系融洽、协调一致,工作环境好,就会使下级心情舒畅,在本职岗位上充分发挥自己的聪明才智,在工作中锻炼提高,茁壮成长。相反,领导者与下级关系紧张,就会使下级积极性受到挫伤,心理压力大,思想背包袱,妨碍下级干部健康成长。因此,领导者处理好同下级的关系,有利于营造下级干部健康成长的氛围,创造人才脱颖而出的良好环境。

三、处理与下级关系的原则

（一）出以公心

出以公心,秉公办事,是对领导者的基本要求。而要做到这一点,首先,领导者在处理各种利益关系时,必须以国家、集体、他人的利益为重。行为要公正廉洁,既不损公肥私,又不损人利己。其次,领导者在用人时,应任人唯贤,而不任人唯亲,不拉帮结派、结党营私。在涉及自己责任时,要严于律己,主动承担责任,而不推卸责任,更不能把下属当"替罪羊",嫁祸于人。对下级和群众要做到光明磊落,处事公道,赏罚分明。在处理下级的矛盾时,要秉公办事,不能亲此疏彼,或者顺我者昌、逆我者整。领导者只有清正廉洁,不谋私利,才能赢得下级和群众的信赖与支持。

（二）平等待人

在我国社会主义制度下,上下级之间的关系是一种平等关系。这种平等既表现在真理面前人人平等,又表现在上下级人格上的平等。在真理面前,领导者要把自己摆在与下级同等的位置上。遇到问题平等商讨、争论或批评,谁的意见正确,谁的办法好,就照谁的办法去做,绝不能自以为是,妄自尊大。特别是当下级提出反对意见时,一定要让人家把话说完,然后加以分析,如果下级说的对,领导者就要勇于修正自己的意见。即使下级的意见不正确,也要耐心听取,给以必要的解释、说服和帮助。领导者对下属提出的意见和设想要重视,只要对事业和工作有利,即使是与自己的想法相反,也要给予积极支持,尽量促其早日实现。如不能采纳,也要做好说服解释工作,以免挫伤下属的积极性。

（三）尊重信任

尊重是一种巨大的力量。上级与下属、领导者与被领导者,只是分工的不同,在政治上和人格上是一律平等的,没有高低贵贱之分。下属对领导者固然要尊重、敬重和敬畏,作为领导者对下属同样要尊重、敬重和敬畏。领导者只有尊重下属才能赢得下属的尊重,才能处理和协调好同下属的关系。领导者对下属的尊重体现在对下属布置工作时,一般要采取商量的口气。不要以为自己是领导者,就采取下命令的方式。商量,可以调动下属的积极性,引导他们谈出自己的想法和意见;命令,意味着只能服从和执行,不利于集思广益。当领导者同下属发生争执时,作为领导者头脑一定要冷静,要用理智控制住感情,更要尊重下属,先让下属把话讲完,然后再根据具体情况,心平气和地妥善处理。

信任既是领导者对下属的尊重,也是领导者对下属的最好激励。领导者对下属要充分信任,凡属下属职权范围内的事情,就应放手让下属大胆去干。对下属最忌半信半疑,既要下属干事情,又总对下属放心不下,这势必影响下属积极性的发挥。领导者对下属应多表扬,即使是很小的成绩,也应及时给予肯定,使下属感到上级对他的注意和赞赏、对他的尊重和信任,从而增强工作的积极性。领导者在对下级工作进行指导时不要直接干预和干扰下级的工作。对下级既然"予其位",就应"勿夺其职",使其能在其位谋其政。要做到到位而不错位,支持关心而不越权越位。领导者不要过多地关注下级做事的方式、方法、策略和过程是否符合自己意图,更不能在下级工作的过程中说三道四、指手画脚,要更多关注的是任务的完成情况。在工作中,每个人都可能会遇到困难和问题,领导者要尽可能给予关心、帮助,而不要一味苛求、责备或批评,使干部职工的思想负担过重,信心不足,工作效率降低。与此同时,领导者一定要相信下级,相信他们可以凭借自己的智慧、自己的方法、自己的能力圆满完成任务。

四、处理与下级关系的方法

(一)增进了解,心理相容

领导者要注意密切联系下级,善于和下级交流、交朋友。常沟通、常交流、常交心就不会有距离感,就不会产生隔阂。领导者要经常深入基层,贴近一线,倾听职工的心声。一要尊重对方,了解对方,掌握对方;二要努力营造一个交流、交谈、交心的氛围;三要唤起对方谈话的兴趣。只有这样,上下级之间才会无阻碍地顺畅交谈,消除情感上的距离和隔阂,形成友好融洽的人际关系。

领导者与被领导者之间,由于职位和地位的不同,往往自觉或不自觉地产生一种心理距离或隔膜。作为领导者必须主动缩短与下级的心理距离,消除同下级的隔膜,建立起融洽的人际关系。领导者要增强同下级的心理相容性,决不要轻易伤害下级的自尊心,要千方百计地使下级树立信心,搞好工作。领导者要深入了解不同下属的不同想法,客观地收集下级的反映,经常反思自己的工作与言行,才能真正了解下级的想法。

（二）严格要求，宽以待人

领导者对下级要严格要求，不能因怕影响与下级的关系，降低标准，而放松管理。领导者要有宽广的胸怀和气度，对于下级的缺点和短处，应该持宽容和体谅的态度。当下级工作出现失误时，领导者要及时指出，并帮助其总结经验教训，而不能把失误"储存"起来，日后算总账。领导者对下级的过失，既要分清性质、程度及其危害，不失时机地予以批评教育和处理，又要与人为善，不伤人格，给下级以面子。

（三）以身作则，言传身教

身教重于言教。领导者要处理好同下级的关系，重要的不是自己说得如何好，而是看你做得怎样。如果一个单位的领导者在工作上处处带头，学习上勤奋刻苦，作风上公道正派，为政清廉，那么，这个单位的下级就能紧紧团结在领导周围，齐心协力地去完成各项任务。

领导者要严于律己，起好表率作用。要求下属做到的事情，自己首先必须做到；但自己必须做到的事情，不一定要求下属都做到。不能完全用衡量自己工作好坏的标准，去衡量下属的工作，也不能用领导者应达到的标准，去衡量群众的行为，否则会给下属造成巨大压力，影响上下级关系。

（四）以情感人，关心爱护

情感是一种巨大的力量，领导者对下级要以情感人、以情聚人、以情励人。领导者对下级的工作、学习和生活要关心体贴，要了解：他们在想什么？他们最关心的问题是什么？有什么困难需要帮助解决？领导者应做到想下级之所想，帮下级之所需，解下级之所难。领导者关心下属，尤要注重对下属的培养和提拔，激发他们做脱颖而出的员工。在下级工作顺利时，要提出更严格的要求；在工作不顺利时，不要过分指责，而应帮助他们解决工作和生活中的困难。

领导者关心爱护下级，是协调处理与下级关系的重要方法。作为领导者，只有关心爱护下级，体察下级的困难，特别是当下属工作失误时，要给予充分的体谅，主动为下属承担责任，推功揽过，切不可推过揽功。这样才能使下级感到组织和领导的关怀与温暖，以饱满的热情投身到事业中去，贡献自己的力量。领导者对下属的工作要以诚恳的态度给予热情的帮助。下属工作出了失误，要帮助分析具体原因，总结经验教训，并找出解决问题的办法。即使是下属需要批评时，领导者也要有分寸，如本人已经认识到了错误，就不要抓住不放。

（五）善待埋怨，避免争吵

发牢骚、诉埋怨是人们表达情绪的一种方式。在一个组织或单位，下级对领导工作有埋怨、发牢骚是难免的。作为领导者要善待下级的埋怨与牢骚，避免与下级争吵，大可不必记在心上，更不能"老虎屁股摸不得"，一听到下属埋怨就火冒三丈，而应该从下属的埋怨、牢骚话中了解下属的思想、工作和情绪，发现下属的困难和苦衷，为下属排忧解难，帮助下属解决问题。当然对于那些消极的、不负责任的牢骚与埋怨,要及时予以教育和引导,而不能放任自流,让其自由泛滥。领导者要尽量避免与下属争吵,因为争吵是不会赢得下属的钦佩与信任的,其结果只会是两败俱伤。

（六）表扬为主,批评适度

人人都希望听到别人对自己的表扬和赞扬,尤其是来自领导者的表扬和赞扬。因此,领导者要协调好同下级的关系,一定要坚持以表扬为主,多表扬下级。为此,领导者要多看看下级的长处,多想想他们的优点。当下属把事情办得很漂亮、任务完成得很出色、工作取得成绩、思想有进步时,领导者应及时予以表扬和鼓励,并时常把他记在心里。这不仅有利于调动下级的工作积极性,而且也有利于融洽和协调同下级的关系。

生活之中,没有十全十美的人,人非圣贤,谁都有缺点和不足,谁都难免犯错误,领导者自己也有缺点和不足,也会犯错误。领导者对下级的错误要及时地进行批评教育,批评既要严肃认真,又要耐心诚心。批评要适度,不要无限上纲上线,也不要一味地严厉指责,而要多一点和风细雨,多一点警示和帮助。批评要及时,不要等下属的错误积累得很多时,才放在一起批评。这会使下级认为你一直不信任他、一直在找他的毛病,那他哪里还有干劲呢？对于及时、适度、诚心的批评,下级不仅不会反感和对抗,而且会虚心接受和衷心感谢。这既有利于下级的成长进步,也有利于融洽和协调领导者同下级的关系。

（七）换位思考,摆正位置

一个高明的领导者是很注意换位思考和摆正与被领导者位置的。怎样才能摆正与下属的位置呢？换位思考或位置互换,是指领导者和被领导者之间暂时调换位置。如干部下车间参加劳动,工人参加管理,将军下连当兵等。这种暂时换位,有利于领导者体察民情,了解群众,缩小同群众的距离,有效防止领导者脱离群众,使领导者更好地为群众排忧解难,服务群众。日本西武公司每年招收职员要举行盛大的仪式,公司总经理包括所有管理人员,都要弯下腰来恭恭敬敬地给所有员工擦皮鞋。这是位置互换与换位思考的典型,对于融洽管理者与被管理者的关系,调动员工积极性发挥了重要作用,值得学习和借鉴。

摆正位置,就是领导者和被领导者虽然在能力、素质、任务、责任、权力等方面是不同的,但在政治上、人格上是完全平等的,没有任何尊卑贵贱之分。因此,领导者对下属、对群众要平等相待,不能居高临下、唯我独尊。领导系统很像前进中的列车,只有领导者的位置摆正了、摆平了,领导者与群众双方才都具有动力和积极性。常言道:"火车跑得快,全靠车头带。"这句话表明领导者在领导活动中的作用十分重要,要在群众中发挥表率和榜样作用。但这句话在今天又不完全对,因为只有领导者的积极性而无被领导者的积极性是无法实现领导活动预定目标的。和谐号动车,时速可达三四百公里,之所以跑得快,不仅车头动力大,而且每一节车厢也有动力,车头的作用主要是协调控制。所以说,"火车跑得快,全靠车头带"这句话有些绝对化了。这表明领导者一定要尊重群众,要依靠群众的首创精神,调动群众的积极性。领导者摆正了自己的位置,又能给被领导者寻找、安排适宜的位置,位置适宜,"废物"可变人才;位置不适宜,人才则成"废物",关键是要用人所长。只有每个下属都找到最适合的位置,才能人合其位、人尽其才,心情舒畅了,上下级关系自然就会融洽密切。

五、处理与下级关系的艺术

(一)未雨绸缪,把矛盾化解在萌芽状态

上下级相交往,发生隔阂和矛盾是常有的事,领导者贵在心理相容,及时发现、化解和消化,把同下属的矛盾和隔阂消灭在萌芽状态。否则,上下级彼此间心理上有距离、思想上有隔阂,积怨日深,便会酿成大的矛盾,造成上下级关系紧张。怎样才能保持上下级之间的融洽关系,把上下级之间的隔阂和矛盾消灭在萌芽状态呢?关键取决于领导者自身。第一,领导者要主动放下架子,战胜"自尊",打开尴尬局面。第二,领导者要主动亲近下属,如见面先开口,主动打招呼,多在一起活动,不要竭力躲避,或在合适的场合,适机开个玩笑,缓解紧张空气,营造友好气氛。第三,必要时领导者主动找下属谈心通气,根据具体情况,做些必要的解释,消除信息不对称可能产生的误会。第四,当下属有困难时,主动为其排忧解难,提供帮助;当下属取得成绩时,及时予以肯定和表扬。

(二)严于律己,倾听群众意见

领导者妄自尊大、自以为是、一贯正确、唯我独尊、固执己见,讨厌下属说三道四,是造成与下级关系产生隔膜的通病。上下级之间出现意见分歧时,一些领导者习惯用强迫的方式,要求下属绝对服从,这就难免造成双方关系紧张,产生矛盾,出现冲突。为了化解与下属的矛盾,一方面,领导者要严于律己,战胜自己的自大与自负,克服妄自尊大、为我独尊、刚愎自用等毛病。另一方面,领导者可采用心理调节术来克服:一是当上下级之间发生矛盾冲突时,领导者要学会转移视线、转移话题、转移场合,力求让自己先平静下来;二是要努力寻找多种解决问题的方法,分析利弊,让下属选择;三是要多方征求下属的意见,并加以折中,使下属感受自己的意见被尊重和采纳。

(三)有错必改,主动承担责任

领导者决策失误是难免的,因决策失误而使工作造成损失,出现被动局面的时候,上下级双方都要考虑到责任,往往都会自然产生一种推诿的心理。如果领导者把过错归于下属,或怀疑下属没有按决策办事,或指责下属的能力,则极易失人心、失威信。面对忐忑不安的下属,正确的态度是领导者应勇敢地站出来,自咎自责、主动担责,这样做可使紧张的气氛得到缓和、紧张关系得到缓解。如果过失是下属造成的,领导者应主动出面诚恳地责备自己指导不利,变批评指责为主动承担责任。这样做不仅使矛盾得以化解,更会令下属敬佩、信任和感激。

（四）包容理解，得饶人处且饶人

假如下属犯了错误，甚至做了对不起你的事，领导者大可不必计较，更用不着耿耿于怀。尤其是在下属有困难时，绝不可坐视不管，而应主动为其排忧解难。得饶人处且饶人，尽快忘掉同下属的争吵、矛盾与冲突等不愉快的事情，多想下属的好处和优点。只有这样，领导者才能更好地密切和协调同下属的关系，下属也会因此而消除对领导者的牢骚、怨气和不友好情绪，进而对领导者亲切亲近、肃然起敬。

上级工作发生失误，或处理问题不妥当、不公道时，会使下属感到不公平、委屈、压抑。当问题达到下属不能容忍时，下属就要发泄心中的牢骚、怨气，甚至直接地指责、攻击、责难上级。面对这种局面，领导者一定要高姿态，大度大气，包容理解，要让下属充分发表意见，听其诉说，即使很难听的话也要耐着性子听下去；要允许下属发牢骚，如果发泄能让下属心里感到舒畅，那就让其尽情发泄。领导者要主动承担失误责任，主动抚慰受到自己伤害的下属。这样做的结果是，下属即使气再大也会消除，也会日渐平静。时过境迁之后，也许他会为自己说的过头话或当时偏激的态度而找你道歉。

（五）坚持原则，有理有节制止无理取闹者

在领导工作中，领导者难免遇到不知高低进退、胡搅蛮缠、无理取闹、得寸进尺的个别下属。对此，领导者必须予以严厉的回击，有理有节予以制止。否则，会造成无休止的纠缠，妨碍工作目标的实现。领导者应明确，包容不等于放弃原则，和蔼不等于软弱，容忍不等于怯懦。优秀的领导者精通人际制胜的策略，一个有魄力的领导者在关键时刻应用自卫维持自尊。唯有强者才没有敌人，凡是必要的交锋，都不能回避。在强硬的领导者面前，许多矛盾冲突都会迎刃而解。领导者不是不动怒，其与普通人的区别就在于动怒时不失理智。

（六）既要缩小距离，又要扩大距离

领导者与下属和群众之间既要有距离，又不能有距离。什么地方应该有距离，什么地方不应该有距离，如何看待和调适领导者同下属和群众的距离，这是现代领导方法和领导艺术中的一个重大课题。现实生活中，有的领导者官职不大架子大，能力不强权欲强，水平不高调子高，同群众不该拉开的思想、感情和心理距离越拉越大，越来越像"官"；应该拉开的素质、水平和能力距离越来越小，越来越不像领导。

领导者与下属和群众之间既要有距离，又不能有距离。一方面，领导者要尽量扩大同下属、同群众在素质、水平和能力上的距离；另一方面，领导者要尽量缩小同下属、同群众在思想、感情和心理上的距离。"扩大距离"同"缩小距离"是同一事物的两个方面，必须同时兼顾，不可偏废。领导者同下属和群众在素质、水平和能力上距离越大，拉得越开，下属和群众对你就越敬重、越信服，就会认为你有领导水平和权威，就愿意服从你指挥、跟着你干。领导者同下属和群众在思想、感情和心理上距离越小，或"零距离"，下属和群众就同你亲密无间，关系融洽，就会认为你没有官架子,当官不像"官",就愿意把心里话说给你听,与你同心同德,同甘共苦,努力做好你分配给他的工作。

第四节　处理同级关系的方法与艺术

一、与同级关系的特点

（一）目标相同

同级关系是指同一组织内部同一层次领导人之间的关系,也亦领导班子内部成员之间的关系。它包括领导班子内部政治领导与业务、行政领导之间的关系,正职与副职、副职与副职之间的关系。任何组织的领导群体都是由共同目标联结在一起,并为实现这一目标而协同努力的领导集团。同级之间目标具有直接同一性。没有目标的一致性,就形不成统一的组织和群体。这种目标的一致性和相同性,以及为实现一致目标的共同工作,既是领导者与同级关系连接的纽带,也是领导者与同级关系最突出的特点。

（二）职务平等

在一个领导群体或组织内的不同部门之间,各个领导成员有不同的分工,并具有不同的责任及相应的权力。但领导成员之间只有工作分工的不同,既没有地位上的高低贵贱之别,也没有职务上的上下级之分。职务平等既是领导者与同级关系相处的重要原则,又是领导者与同级关系的突出特点。职务平等这一特点,决定了处理同级关系只能靠相互协商、相互理解、相互配合、相互支持。

（三）相互依存

在同一组织领导群体内部,有的负责党务、有的负责行政、有的负责技术,但任何组织的领导工作都是一个有机整体,各部分之间既相对独立,又相互依存,只有相互支持,才能协调发展。同级关系的这一特点,要求领导班子成员之间加强联系,密切配合。不仅如此,由于每个领导者个体都有一定的专业和知识局限性,这就要求领导班子成员之间相互学习,取长补短,弥补自己的不足和局限性。相互依存这一特点,表明领导者与同级之间只有相互信任、相互支持、同舟共济,才能建立起融洽的同级关系。

（四）接触频繁

领导者与同级之间由于工作的原因,需要经常在一起研究、协商、讨论、交流。这就必然使得领导班子成员之间,在工作、学习等方面进行着频繁接触。领导班子成员之间的频繁接触,一方面有利于共同交流思想、情感,增进相互了解;另一方面,也会由于对某些问题的认识不一致,或处理问题的方法不协调,使领导班子成员之间产生矛盾或冲突,甚至发生隔阂。这就要求领导者正确把握同级之间接触频繁的特点,恰到好处地处理和协调好与同级之间的关系。

二、处理与同级关系的重要性

(一)有利于形成合力

领导群体在力量、能力上的有机结合,我们称之为合力。这是通过领导者之间的团结合作产生的一种整体效应。领导者要高度重视同级之间关系的协调和融洽,努力创设一种民主、团结、互助的工作环境和心理气氛,使领导班子成员心往一处想、劲往一处使,这样才能理顺关系、消除内耗、集中精力,形成同一工作方向上的合力,发挥最佳的整体领导效能。领导班子成员之间关系协调得好,领导班子就会成为"战斗堡垒",如果领导班子成员之间协调不好,不团结、闹矛盾,那就成了"堡垒里的战斗"。

(二)有利于融洽关系

领导活动要求领导干部必须乐观、开朗,具有丰富的思想情感,保持愉悦的心情,学会快乐工作。同级领导之间关系融洽,友好相处,坦诚以待,相互交往,诉说各自内心的喜悦与苦衷,加强相互间的感情交流,就能产生一种亲近感,有利于联络感情,融洽关系,增强领导班子的凝聚力,提高领导工作效率。

(三)有利于交流信息

在社会信息化的当今时代,广泛获取信息、准确把握信息,对于做好领导工作极为重要。在领导活动中,信息沟通是同级领导相互联系的基本形式。在同一组织内部的领导班子成员都有各自的信息来源,掌握着不同信息。如果同级关系紧张,"鸡犬之声相闻,老死不相往来",就无法及时有效交流信息,导致信息封锁、信息垄断。如果同级之间关系密切、交流畅通,则有利于信息交流、信息共享。这对于领导班子成员激发创新思维、把握工作全局、深入思考问题、正确认识自己、有效做好分管工作具有重要作用。

(四)有利于智能互补

领导者的经历、能力、知识结构、性格特征各自有别,互有长短。完成复杂的领导工作,客观上要求同级领导之间互相配合、取长补短。领导班子成员之间只有密切配合,才能形成坚强的领导群体,使领导活动呈现能力互补、合作高效的格局。这实际上是领导者正确协调同级之间的人际交往,在双向交流中产生的能力向上跃升和增值的过程。同级领导之间智能互补,有利于相互激励,激发创造力,实现智力、能力的激活与跃升,创造出工作效率和效果上的奇迹。

(五)有利于班子团结

有领导班子,就有班子的团结问题。班子团结,事业就发展,单位就有凝聚力。班子不团结,哪怕班子成员个体能力最强、素质最好,也会使单位人心涣散,影响和妨碍单位的发展。领导班子是否团结,事关单位兴衰,影响事业成败。因此,各级领导班子要像爱护自己的眼睛一样维护班子的团结。加强和维护领导班子团结非常重要，要注意方法、艺术与技巧。

领导班子的团结，对于一个单位事业的发展至关重要。班子坚强有力，工作中再大的困难也可以克服。毛泽东说过，"谅解、支援和友谊，比什么都重要"。一个单位领导班子团结、意见统一、步调一致，就会自然而然地感染下属和员工，他们也就有了信心；同时，那些平常喜欢挑拨离间的人也就没有了机会，大家团结一致、没有二心，自然就会产生生机与活力。历史和现实表明，一个单位只要领导班子团结齐心，这个单位一定朝气蓬勃、意气风发，充满了生机与活力。如果班子不团结、各自为政、派系林立、争斗不已，便无法稳定人心，自然不可能赢得群众的支持，也就无法带领群众去谋事业的发展。

三、处理与同级关系的原则

（一）真诚相待

在领导成员之间的交往中，必须讲究信用、待人以诚、乐于助人。讲信用就是要在人际交往中，说真话不说假话，做到"言必信"；遵守诺言，实践诺言，做到"行必果"。讲信用是待人真诚的具体表现。一个讲信用的领导者，要言行一致，表里如一。"以诚感人者，人亦诚而应。"领导者真诚待人是维系与同级友好关系的链条和纽带。

领导者的热情可以造成一种温和的交往气氛，有利于感染人，并能同化交往对象的心理需求。助人为乐，热心帮助他人，是领导者协调同级关系必须具备的应有心态。作为领导者，当看到同级工作繁忙时，要尽自己的能力竭诚相助；当同级遇到难题、感到困惑时，要主动帮其出主意、想办法；当同级工作失误或产生思想问题时，要诚恳地帮助他解除包袱，振奋精神；当同级遇到家庭或个人困难时，要为其分忧解难，提供帮助。领导者之间只要真诚相处和无私帮助，就一定能协调好班子成员之间的关系。

（二）巧妙处事

领导者要协调好同级之间的关系，应当讲究工作方法，巧妙灵活地处理人际矛盾和工作矛盾，才能增进团结、减少内耗。为此：一要坚持原则，适当妥协。做到大事不糊涂，小事不计较，将原则性和妥协巧妙地结合起来。二要尊重他人，虚心学习。要多看别人的长处，少计较别人的短处，不嫉贤妒能，勇于承认差距，虚心向他人学习，激励自己不断进取。三要交流思想，沟通感情。同志之间应当经常进行信息交流，就工作问题开诚布公地交换意见，开展批评与自我批评，互帮互学，共同促进。平常还要注意感情交流，增进了解和友谊。四要妥善处理各种矛盾。当矛盾出现时，领导者不但要冷静地进行分析，还要以严于律己的态度正确对待。如果责任在自己，就要主动承担；如在同事，也要以宽容态度做恰如其分的批评，切忌简单从事。领导者在名利上，要先人后己；

在琐事上,要"难得糊涂",这样才能有助于协调同级关系。

(三)及时沟通

领导班子成员在认识上不一致,工作中出现分歧、发生矛盾,是很正常的。领导者协调好同级之间的关系,问题不在于发生分歧、出现矛盾,而在于领导者敢不敢正视矛盾,及时交流沟通,有效化解矛盾。如果回避矛盾,日久天长,问题会越积越多,矛盾越陷越深,势必影响领导班子成员之间的关系。因此,领导成员之间遇有矛盾、出现分歧,要及时摆到桌面上,通过讨论、批评与自我批评,及时得到沟通与解决。在处理领导班子成员之间的矛盾时,要做到班子中的问题只限于在班子内部解决,工作上的问题不影响同志间的感情,自觉维护班子成员的威信,珍惜集体的团结。

(四)主动担责

任何一位领导者都不是完人,也并非全能,工作中出现某些失误或欠妥之处是难以完全避免的。当出现失误时,领导成员之间切忌互相埋怨、互相指责、互相推责,班子主要负责人和具体分管领导成员都要主动承担责任,全体班子成员要共同总结教训,齐心弥补损失。当领导工作取得成绩时,领导班子成员不能争名抢功,而要发扬"见荣誉就让"的高尚风格。

(五)正确定位

在同级领导班子内部有正副职之分。正确处理正副职关系,关系到班子的团结和事业的成败。首先,副职在处理同正职的关系时,一定要正确定位,明确职责。副职的特点是什么? 他既是领导者又是被领导者;既制人又受制于人;既主动又被动。副职的职位职能特点,决定了他在处理和协调同正职的关系时要做到:配合不"争权",用权不"专断",到位不"越位",有才不"显才",尊重不"奉迎",尽职不"争功",纠偏不"过当"。

正职是领导班子中的班长带头人。作为班长,在处理与副职关系时要做到:一是尽可能全面地了解副职或班子成员的思想、能力、品德、专长、爱好、性格、家庭、经历等各方面的情况,并及时与其交流思想、沟通情况,以便做出准确的判断,增进感情。二是坚持原则,正视问题,分清是非,不徇私情,大事讲原则,小事讲风格。三是谦虚谨慎,有错就改,客观地估计自己应承担的责任,使副手心悦诚服。四是注意层次,分清主次。副职在其负责的某一局部是主要角色,所以应让其放手工作。

四、处理与同级关系的方法

(一)民主不专断

领导班子关系的协调,需要全体成员的共同努力,需要主要负责人的民主作风,需要形成浓厚的民主气氛。在班子内部,虽有主要负责人和一般成员的区别,但都是平等的。大家要真诚相待、平等相处、互相信任、互相尊重、坦荡行事、齐心气顺、同舟共济,而不能互相猜疑、互相戒备、互相妒忌。在班子内部要认真贯彻民主集中制原则,领导者只有充分发扬民主,善于听取各方面的意见,集中大家的智慧,才能把工作做好。特别是领导者在做出某项重大决策时,更需要与同级成员之间进行民主协商,得到他们的赞同和支持,并通过他们向群众宣传,把领导决策化为群众的行动。领导者必须把自己置身于集体之中,接受组织的监督,而不能凌驾于组织之上,处事要平等研讨,行权要和衷共济,切不可独断专行,切忌强加于人。

（二）信任不猜疑

信任是建立在对他人的真实、可靠的坚定信念的基础之上,是以遵守诺言,实现成约来取信于人的。信任是一种巨大的力量。这种精神力量能够使人们结成坚强的战斗集体,从而产生巨大的凝聚力。信任是相互的。一方面,领导者自己要取信于人,就必须有正确的思想、言论和行为,说到做到,给人一种心理上的信任感;另一方面,要信任他人,对同级不胡乱猜疑,才能给同级心理上的安全感。

（三）支持不拆台

在一个组织内部,每个领导者都分担着不同的工作任务,而这些又都是整个组织工作不可缺少的重要组成部分。因此,要实现组织目标,完成领导工作任务,不仅需要领导者个人的努力,而且还需要领导班子成员之间相互支持。尤其是在班子成员遇到这样或那样的困难,需要给予支持和帮助时,领导者更应挺身而出、热情帮助、给予支持、及时补台,而不应袖手旁观、幸灾乐祸,乃至拆台。

（四）指导不越权

在领导班子内部,主要负责人要放手让其他成员独立地进行工作,尽量为同级的工作提供方便。在领导班子内部,每个成员都要按照分工行权,大胆工作,做到相互支持、相互配合,主要负责人不要越权,不要对同级班子成员分管的工作妄加评论。主要负责人应掌握全盘,及时进行必要的协调;其他成员按照分工,各司其职,各负其责。这既是防止因责权不清影响领导班子成员之间人际关系的重要措施,也是解决实际工作中因责权不清引发领导班子成员之间矛盾的重要原则。概括地说,领导者要协调好同级关系,一要注意积极配合而不越位擅权;二是明辨是非而不斤斤计较;三是见贤思齐而不嫉贤妒能;四是相互沟通而不怨恨猜忌。

五、处理与同级关系的艺术

（一）正职处理与同级关系的艺术

正职领导者协调同级关系,要把握好"三个分寸":既要全面负责,又要充分授权;既要敢于拍板,又要接受监督;既要统一指挥,又要尊重民意。明确"三个不等于":全面负责不等于包揽一切;核心地位不等于家长制;主导作用不等于独断专行。要做到"三个争当":争当团结的模范;争当沟通的核心;争当协调的表率。

1. 虚怀若谷

正职领导者作为领导班子中的班长,要虚怀若谷。"谦受益,满招损",这是至理名言,正职领导者在协调班子成员关系时,要谦虚谨慎,禁傲慢狂妄。一般说来,领导者在协调领导成员之间的关系时,要注意三个问题:一是不可恃权,不能把分工当成个人特权;二是不可傲才,不能自以为是;三是不要"落寡",要有群体意识。做到对老同志要先敬几分,对同级要先让几分,对下级要先帮几分,对自己要先严几分。

2. 大胆授权

在我国的领导体制中,领导班子中的副手一般不是正职自己选择和指定的,或来自选举,或是上级派遣的,或是公开招聘的。因此,在领导团队搭班子之前,正副职之间或往往接触不多,或互不了解,有的甚至互不认识。这就难免存在难以配合,或互不服气等矛盾和问题。这就要求正职领导者要有高姿态、高境界,对于与自己搭班子的副职,不管是通过什么方式走到一起来的,都是为了一个共同的奋斗目标,都是为了共同的事业,这本身就是一种缘分,就应该相互信任、同舟共济、协同作战,在充分信任的基础上自觉大胆授权。正职领导者只有通过大胆授权,放手让副手在本职工作中去行使自己的职权,副职才会与你同心协力、风雨同舟、共同奋斗。相反,如果正职领导者死死抱住权力不放,这也不放心、那也不放手,副职就很可能离心离德,甚至阳奉阴违,有的还可能背地里搞名堂,领导班子就难以搞好团结。

3. 主动揽过担责

在领导班子团队中,副职一般有一种不敢决策、放不开手脚、担心把工作搞砸的心理。这就要求正职领导者要开明大度,正确对待副职的工作失误。古人云:"金无足赤,人无完人。"谁能保证工作不犯错误,不出现一点差错和失误呢?副职只要不是故意犯错误,正职就要耐心帮助,而不是一味批评指责,甚至一棍子打死,让副职难以下台,出现尴尬局面。这样做的结果势必会伤害副职的工作积极性,使其在今后的工作中畏首畏尾、难以发挥积极性和主动性。正确的做法是正职领导者自觉反思自己、主动承担责任,以减轻副职的心理压力和精神负担,帮助副职认真吸取经验,放下包袱,振作精神以利再战。正职领导者在荣誉面前谦让,在过失面前勇于承担责任,这是领导班子搞好团结、增进正副职之间个人感情的重要因素。反之,相互争功诿过必然导致关系恶化。

4. 多商量少命令

副职是同级不是下级,正职领导者对副职要多商量少命令。更重要的是,因为副职一般担负某一方面的职责,比较了解该方面的实际情况,或者说有比较丰富的经验,也许还有不少独到的见解,正职领导者应该认真听取副职意见,并作为决策的重要参考依据。如果在没有听取副职意见之前就下命令,不但听不到好的建议和见解,而且很可能引起副职内心的不满,甚至使副职产生抵触情绪,影响领导班子内部的团结。从尊重起见,正职领导者对副职应当多以商量的方式去安排工作,切忌采用命令的口吻。

5. 不宜当众批评

作为班子成员的副职,相对下级和群众来说是领导。如果正职领导者当着下属甚至更多的群众去批评指责副职,会使其感到"丢面子",甚至"出洋相",这样会使他在下属面前丧失威信,以后不好开展工作。这样做的结果,不仅会伤害副职,而且其他下属也会感到与你这样的领导一起工作没有"安全感",甚至认为你是一位缺乏涵养和雅量的领导者。正确的做法是宜采取个别谈话的形式,推心置腹地与之谈心,并严肃地指出其错误或问题,让他感到你对他的关心和爱护。这样做既指出了问题,有利于改进工作,又避免了使其难堪,没有让他在下属面前失颜面。副职不但不会对你有意见,相反会对你心存感激,将会更好激起他的工作热情。

6. 要闻过则喜

在工作中,副职对正职领导者的工作提出不同意见是正常情况,而且越是关系融洽的人,越会直言不讳。这对正职领导者来说其实是大好事,对工作只有好处,并无坏处。正职领导者要闻过则喜,做到"知无不言,言无不尽,言者无罪,闻者足戒"。一方面,正职领导者要鼓励副职及时对自己的工作提出批评意见;另一方面,正职领导者对副职的意见要有"有则改之,无则加勉"的姿态。只要所提意见对工作有好处,就不要计较其方式方法,都要认真听取,予以采纳,即使是不能吸收的意见,也可以做出耐心的解释,在充分肯定其意见的同时,说明你不能接受的原因。只有这样,才能消除误解,达到既做好工作,又加强团结的目的。

7. 要妥处冲突

正职领导者应明确,领导班子之间在工作中产生矛盾与冲突是正常的,只要不是原则问题,只要不影响和妨碍工作,大可不必大惊小怪,可采取回避办法进行冷处理。往往在经过一段时间后,矛盾与冲突双方有可能形成共识,加深了解和理解,矛盾与冲突逐渐自动化解与消除。但是涉及原则问题的矛盾与冲突,不能回避,必须采取有效措施及时进行热处理。一方面,冲突双方要认真进行批评和自我批评,要深刻反思和检讨各自的问题,错了就承认、就改正、就主动道歉;另一方面,冲突双方都要顾大局、识大体,事业为重、团结为先,大事讲原则、小事讲风格,大事要清醒、小事要糊涂,主动及时地化解和消除冲突,确保领导班子的团结。

(二)副职处理与正职关系的艺术

副职要做到组织性与独立性并重,甘当使红花更鲜艳的绿叶、使主角形象更突出的配角、使主脑思维更活跃的副脑。

1. 要有配合境界

所谓配合,就是要选准自己的位置,围绕主角"唱戏"。副职要知深浅、懂进退、隐自身,以帮助和辅佐正职为天职,巧妙而又自然地扮演一个"大智若愚,大巧若拙,大辩若纳"的角色。因为,俗话说"声高震主"。在实际工作中我们经常可以看到这样的情况:当一位副职在才能、学问、经验上均超过正职时,极容易使一些正职产生戒备心理,由戒心而产生忌妒，由忌妒而生倾轧，最终反而对副职构成威胁。当然，副职扮演"大智若愚"的角色，并不是成为一个装聋卖傻的"伪君子"，也不是不讲原则是非的"和事佬"。相反，这是为了求得班子的团结稳定做的必要谦让，也是为自己发挥作用创造良好的条件。

2. 要有主动意识

所谓主动，就是以工作大局为重，为正职当参谋、出主意，发挥出自己的特长。副职的首要职责应是处处主动想到帮助正职，帮助整个组织完成奋斗目标，成就一番事业。这既是实现班子工作分工的需要，也是为自己更好地发挥才干奠定基础。但主动不是越位。作为副职千万不可认为，自己已经是副职，是在一人之下，众人之上，便大权独揽，大树个人权威。如果这样很可能铸成大错。因为，若一位副职对任何事情都想自行处理，都想"露一手"，殊不知，当你这样做时，正职并不一定会感激你的"能者多劳"，反而会觉得你目中无人、越权行动、独揽大权等。这不仅得不到正职领导者对自己工作的支持，反而会影响自己与正职领导者的关系，妨碍班子团结。

3. 要有奉献精神

副职领导者必须具有自我牺牲精神和默默无闻的奉献精神。在领导工作中，一个单位工作有了成绩，往往被看成是正职领导的功劳，群众夸奖的是正职领导，立功受奖的是正职领导；而工作出了差错，挨板子、受批评的可能是副职；群众有了意见、牢骚，不敢直接向正职领导发，往往副职领导就成了"出气筒"。而有些问题的原因又不能在群众中去说，只能自己揽着，遭到群众的不满和误解，也是常有的事。因此，副职领导者必须要有自我牺牲精神，从领导班子的整体利益出发，从本单位的整体利益出发而"委曲求全"。在有些情况下，副职领导还要做许多不显眼、无功劳的事。比如，同样是开会，正职领导者可以只做决策、做指示，而副职领导者却要在幕后和台下做许多具体工作，在大政方针确定之后，正职领导者可以只负责检查督促，而副职领导者却要带领群众去进行具体细致的实施工作。有时甚至比一般的群众还要辛苦、操劳。这就要求副职领导者要有默默无闻的奉献精神。

4. 要请示不干扰

副职对于关系全局的重大事情，即使是时间紧迫或出差在外，也不能擅自做主，必须请示正职后再做决定。请示不是懒政，更不是"踢皮球"、矛盾上交。副职在请示时要提出两三个解决问题的方案，并列出各方案的利弊得失供正职选择。若越权做主，势必带来后患，并影响关系。与此同时，副职对自己职权范围内的工作，则应大胆做主，独立指挥，不要什么小事情都去请示正职，干扰正职的工作秩序，要尽量争取独立圆满完成任务，待处理完毕后，在定期的碰头会上再做简单汇报，尽量不让正职分心。

5. 要避免公开争执

面对正职的偏差或错误，成熟的副职总是从关心事业和帮助正职的立场出发，尽自己最大的努力来协助其纠正,而且要非常注意分寸。可选择合适的时机使正职能够冷静地接受批评,并觉得不失面子。同时还应不失时机、和气地帮助正职分析问题、查找原因,既要讲成绩也要讲问题,使正职不因错误而丧失信心,并能够感受到助手的一片真情。副职领导者绝不要把领导班子内部的分歧意见暴露在下级面前,切忌在下级面前说贬低正职的话,更不能在公众场所与正职领导者发生争执,使其在群众面前难堪,甚至下不了台,而应自觉维护正职的权威,帮助正职领导者树立群众威信。

6. 要相互配合

不仅副职与正职领导者之间,而且副职与副职之间,在工作上都要努力做到同舟共济、互相配合。一要做到分工而不分家。不能"各吹各的号,各唱各的调",要尽量增强领导班子的整体效应。二要做到相互支持不拆台。副职之间应倡导"见贤思齐"的风格。副职领导者在行使职权的过程中,同级之间发生这样或那样的矛盾、分歧总是难免的。这就要求每个副职都能做到互相忍让,不积怨成仇,不嫉贤妒能,相互支持,不彼此拆台。三要做到通气而不封闭。副职之间如果产生了分歧,应及时通气,注意彼此之间的信息交流,以融洽双方之间的感情,而不是相互排斥、互不理睬。

◎ **案例 17 - 1**

张浩(原名林育英)是中共第六届中央委员,中国工人运动的卓越领导人,曾任八路军 129 师首任政治委员。张浩在莫斯科期间,作为中共驻共产国际代表团成员出席了共产国际第七次代表大会,并参与了以中共中央名义发表的《八一宣言》的起草和定稿工作。回到延安后,他将有关内容向中共中央传达,推动了中共中央及时调整政策,确定了抗日民族统一战线的策略方针。张浩病逝后,毛泽东亲自为张浩题写了挽联:"忠心为国,虽死犹荣。"张浩病逝后,中央决定为其举行公祭。毛泽东对朱德、任弼时等人说:"林育英是一位很好的同志。他的去世,是我们党的一大损失,我心里非常难过。我想,同志们的心情也是如此。为表示我们对他的敬意和怀念之情,我提议,他的灵柩由我们几个主要领导人亲自抬。"祭礼结束,一万多人自发为张浩送行,参加出殡。毛泽东、朱德、任弼时、杨尚昆、徐特立等中央领导人将张浩的棺柩抬到桃花岭上,又亲自为他执绋安葬。这是毛泽东一生中唯一一次给自己的战友抬棺、下葬。后来,毛泽东还为其墓碑题写了"张浩同志之墓"。

◎ **案例 17 - 2**

1943 年 3 月,已担任 3 年通讯班长的张思德被分配到毛泽东身边当警卫战士。1944 年 9 月,张思德在安塞烧木炭时光荣牺牲,中央机关和中央警备团共 1000 多人参加了他的追悼会。毛泽东同志亲自参加追悼会,还题写了"向为人民利益而牺牲的张思德同志致敬"的挽词,并发表了重要讲话,曾以新闻稿的形式在延安《解放日报》发表,后以"为人民服务"为题收入《毛泽东选集》第三卷。张思德同志身上最重要的品质就是听党的话,全心全意为人民服务。张思德的这种精神,影响了一代又一代共产党人。

◎ **案例 17-3**

周总理向下级道歉。1949年3月25日下午,来到北平的毛泽东和党中央其他领导人,将在西苑机场检阅部队,接见工农商学兵各界代表和民主人士。周总理因不知情两次批评负责西苑机场警卫的扬帆同志犯了工作不负责的错误。扬帆感到很委屈,一连几天闷闷不乐。周恩来得知情况后说:"看来,不是扬帆同志犯了工作不负责的错误,而是我犯了官僚主义的毛病。我找个时间,向他道歉,作检讨。"在一天晚上,周恩来找到扬帆,开口就说:"扬帆同志,对不起,叫你受委屈了!我是来向你作检讨的。"接着又说,"那天我对你的两次批评,是我犯了主观主义的错误,错怪了你,给你思想上造成了负担,请你对我批评帮助。"扬帆听周恩来这么一说,惶恐地说:"不!是我做得不好造成的,周副主席您怎能向我作检讨呢?"周恩来说:"在我们党内,上级可以批评下级,下级也可以批评上级,政治上一律平等,没有高低贵贱之分。"还说,"批评与自我批评就像一个人身上沾了尘土,别人发现后,给你指了出来,你自己用手把它拍打掉了,这有多好哇!"最后又说,"一个政党是在不断改正错误中前进的,一个共产党员是在经常改正缺点毛病中进步的。批评与自我批评,是强党'健体'的法宝,任何时候都不能丢掉它!"说完,紧紧地握住扬帆的手,再一次向他道歉。

◎ **案例 17-4**

皮尔斯和杰夫同时进入美国加州一家电力公司,在工作中他们不相上下。皮尔斯是电力公司总经理的亲属,而杰夫是单枪匹马。但杰夫并没有因为自己没有这样的关系而表现消极。在工作中,杰夫经常与皮尔斯相互协作,完成工作中的难点,两个人相互配合默契。皮尔斯也愿意同杰夫编在一组,相互促进。曾经有朋友劝杰夫:"皮尔斯本来就有关系,现在你帮他的忙相当于断了自己的升迁之路。"杰夫对朋友说:"首先,我佩服的是皮尔斯的能力;其次,如果我自己没有水平,即使主管不看重皮尔斯,我也不会有什么出息,我现在是在向皮尔斯学本事;最后,如果皮尔斯升迁,我与他配合默契,以后工作起来也能更顺手。"通过相互之间的配合,皮尔斯和杰夫取得了很大的成绩,而且上级还通过皮尔斯认识了杰夫,认为两个人的能力同样突出。在皮尔斯被提拔为安装公司经理后,杰夫理所当然也成了副经理。皮尔斯心里明白,没有杰夫的帮忙,仅靠自己是不会有那么突出的成绩的。在不久之后,皮尔斯通过关系将杰夫调到另一个部门担任正职。这样,杰夫的路子也逐渐宽广起来,两个人在两个部门相互配合,工作就更加好干了。

参考文献

[1] 陈东升. 领导下属的艺术[M]. 北京:企业管理出版社,1999.

[2] 陈国治. 现代基层领导者素质论[M]. 呼和浩特:内蒙古大学出版社,2001.

[3] 陈尤文. 领导者的艺术:从起步到成功[M]. 上海:上海人民出版社,2001.

[4] 冯秋婷. 新编领导科学简明教程[M]. 北京:中共中央党校出版社,2001.

[5] 高军. 领导科学与艺术[M]. 北京:高等教育出版社,2003.

[6] 顾云程,王敏,顾丽君. 领导艺术论[M]. 北京:军事谊文出版社,1999.

[7] 杰夫. 领导方法100招[M]. 北京:企业管理出版社,2001.

[8] 孔繁玲,周少歧. 领导误区及其突破[M]. 北京:中共中央党校出版社,1998.

[9] 李富民. 领导的协调艺术[M]. 北京:企业管理出版社,1999.

[10] 理查德·哈格斯,罗伯特·吉纳特,戈登·柯菲. 领导学——在经验积累中提升领导力[M]. 4版. 朱舟,译. 北京:清华大学出版社,2004.

[11] 刘峰. 领导经验和领导方法[M]. 北京:中共中央党校出版社,1996.

[12] 刘峰,陆杰. 跟毛泽东学领导[M]. 北京:红旗出版社,2001.

[13] 刘兰芬,周振林. 现代领导科学基础[M]. 北京:中国经济出版社,2001.

[14] 陆沪根. 领导学案例[M]. 上海:华东师范大学出版社,2002.

[15] 潘云良. 领导者素质分析与测评读本[M]. 2版. 北京:中共中央党校出版社,2001.

[16] 邱霈恩. 成就卓越领导的10大白金法则[M]. 北京:人民出版社,2004.

[17] 邱霈恩. 领导学[M]. 北京:中国人民大学出版社,2004.

[18] 曲连波. 领导立体决策艺术[M]. 北京:中国时代经济出版社,2002.

[19] 苏保忠. 领导科学与艺术[M]. 北京:清华大学出版社,2004.

[20] 孙奎贞. 领导科学教程新编[M]. 北京:中国人民公安大学出版社,2002.

[21] 孙立樵,冯致笺. 现代领导科学教程[M]. 北京:中共中央党校出版社,2002.

[22] 孙钱章. 领导新方略[M]. 2版. 北京:人民出版社,2002.

[23] 谭劲松,陈国治. 现代领导方法与领导艺术[M]. 杭州:浙江大学出版社,2007.

[24] 万良春. 领导科学专题研究选编[M]. 北京:中国经济出版社,2006.

[25] 万良春. 新编领导科学案例与专题[M]. 北京:中共中央党校出版社,2004.

［26］王戈.企业领导科学与艺术［M］.北京:中国经济出版社,1995.

［27］王乐夫.领导学通论［M］.北京:当代世界出版社,2001.

［28］王瑞方.邓小平领导艺术［M］.哈尔滨:黑龙江人民出版社,2004.

［29］王玉新.给领导者的 100 种方法［M］.2 版.北京:中国时代经济出版社,2006.

［30］卫旅顺.中层领导管理艺术［M］.深圳:海天出版社,2004.

［31］吴培良.企业领导方法与艺术［M］.北京:中国经济出版社,1997.

［32］吴向东.转变:思想工作方法创新的要求［N］.人民日报,2000-09-21(9).

［33］吴知论.中国地方政府管理创新［M］.北京:人民出版社,2004.

［34］谢志强,李慧英.社会政策概论［M］.北京:中国水利水电出版社,2005.

［35］邢福石.企业领导方法论［M］.2 版.广州:华南理工大学出版社,2002.

［36］杨伟民.社会政策导论［M］.北京:中国人民大学出版社,2004.

［37］叶宇伟.领导六艺［M］.修订版.深圳:海天出版社,2001.

［38］尤元文.现代领导决策方法与艺术［M］.北京:中共中央党校出版社,2003.

［39］于保政.领导的艺术:领导者必知的实战技巧［M］.北京:中国物资出版社,2005.

［40］曾仕强.中国式领导:以人为本的管理艺术［M］.北京:北京大学出版社,2005.

［41］张培驰.领导学十日谈［M］.北京:中国致公出版社,2001.

［42］张培驰.中层领导手册［M］.北京:中国致公出版社,2003.

［43］张振学.中层领导艺术［M］.北京:中国商业出版社,2005.

［44］周振林.领导者思维方法与艺术［M］.北京:中国经济出版社,1990.

［45］周振林,屠春友.现代领导方式与领导方法创新［M］.北京:中共中央党校出版社,2005.

［46］周振林,杨娟,刘兰芬.领导科学案例［M］.北京:中国经济出版社,2001.

［47］朱立言.行政领导学［M］.北京:中国人民大学出版社,2002.

后　记

　　《现代领导方法与领导艺术概论》一书，是作者在高校长期开设"现代领导方法与艺术"课程基础上，经过多年积累、创作和研究而撰写的。该书既包含了作者长期从事领导科学教学与研究积累的理论成就和科研成果，也参考和吸收了众多中外学者的研究成果。

　　该书的出版，得到了浙江大学出版社徐霞编辑的大力支持，在此特表示衷心感谢！该书在写作过程中参阅了大量中外图书和报刊、网络文献。在此，对本书所引用、参考、借鉴的中外学者（包括书中未注明的各位作者）致以诚挚感谢！

　　由于作者水平有限，书中难免存在缺点与错误，恭请同行专家和读者批评指正，以便作者修改完善。

作　者

2018 年 6 月